GLAC edições

Victor Galdino

IMAGENS DA NOITE

Ensaios sobre raça e racialização

7
Prólogo extraordinário

Então eu cantaria porque **9** Sobre o estatuto
saberia como é ser livre ontológico da raça

Onde viam verde, **49** As potências
nós víamos vermelho noturnas da alma

Desde o início, **101** A matéria
por ouro e prata do mundo

Ah, e assim como um rio, **135** Os tempos
tenho corrido desde então da diáspora

Apenas me prometa uma batalha, **177** Sobre o estatuto
por sua alma e pela minha racial da ontologia

Epílogo ordinário
219

Agradecimentos **221**
Sobre a autoria **222**

Essas formas e imagens autônomas não são as de Platão — estas são imortais, feitas de pura luz. Algumas das formas de que falamos, porém, são escuras.

— Xaabe Aldim Surauardi

Prólogo extraordinário

Este livro começa, em um de seus muitos começos, em 2021, com o curso Filosofia negra I: imagens da noite. Oferecido na pandemia, naquele terrível exercício de empreendedorismo de si que sobrou para quem estava fora do mercado de trabalho formal, o curso foi pensado como uma maneira de ampliar a circulação do que, nos EUA, convencionou-se chamar de *black studies* [estudos negros]. Trata-se de toda uma constelação teórica que, devo confessar, muito me impressionava na época, causava mesmo certa inveja: lamentava a ausência de uma abertura semelhante para a criatividade de pessoas negras no interior das universidades. O curso acabou não sendo unicamente tradução e divulgação dos *black studies*, incorporando outras referências — a filosofia antilhana de Glissant e Fanon, a filosofia às vezes afrodiaspórica e às vezes africana e às vezes as duas coisas de Achille Mbembe e o pensamento filosófico de algumas figuras brasileiras que, em nossos meios, por muito tempo foram ignoradas, permanecendo restritas a outros campos disciplinares. Foi um curso de referências exclusivamente negras; ou melhor, as explícitas e apresentadas na bibliografia o eram. Afinal, várias delas, por motivos óbvios, remetiam a outras, brancas, europeias, que também informaram o meu pensamento, também por motivos óbvios. O que quis com isso, entre outras coisas, foi mostrar uma possibilidade, como se dissesse que tudo que precisamos está em nós, não importa de onde tenha vindo. Agora, não sinto essa necessidade. Não apresento mais o pensamento de outras pessoas, mas o meu, com toda a impropriedade que dizer "pensamento" e "meu" na mesma frase pode carregar. Não é a única diferença entre o livro e o curso: ao longo de meus estudos, pude repensar, revisar criticamente o que encontrei nessas referências, sobretudo as estadunidenses, criar a coragem de elaborar meus incômodos. Pude, também, sair da filosofia *negra*, passear por outras diásporas. Tudo está diferente, nada está tão diferente assim: giro em torno do mesmo. De todo modo, nada está completo; constelação em expansão e revisão, cabe sempre mais alguma coisa, mais uma metamorfose. Espero que este livro seja um convite.

Então eu cantaria porque saberia como é ser livre

Sobre o estatuto ontológico da raça

Para nós, só é possível falar da raça [...] numa linguagem fatalmente imperfeita, cinzenta, diria até inadequada.

— Achille Mbembe

Você nunca teve de olhar para mim. Eu tive de olhar para você. Sei mais de você do que você sabe de mim.

— James Baldwin

Inútil buscar os rastros da Noite nos livros de história. Nossos rumos dormem antigos sob a poeira da discórdia.

— Paulo Colina

10 *Então eu cantaria porque saberia como é ser livre*

"Vocês querem saber como posso ser real? Não sou, sou assim como vocês [...] Não vim até vocês como realidade, vim como mito — porque é isso que as pessoas negras são: mitos". O que pode alguém querer dizer — na densidade autoevidente de sua presença, na sua presença diante de outras pessoas, nesse circuito de reconhecimento e verificação empírica — com a negação da própria realidade? Essa fala vem do filme *Space is the place*, em que o músico-poeta Sun Ra, protagonista e roteirista, encontra-se em uma missão singular: estabelecer uma comunidade de pessoas negras em outro planeta. Para isso, abre um centro de recrutamento em Oakland, na Califórnia, onde se apresenta a jovens que, diante de seus trajes fantásticos, surreais, querem saber se ele é real, se é quem diz ser. Bem, a oposição entre mito e realidade é (enganosamente) simples de entender, faz parte de nossa educação, do modo como se dá nossa iniciação ao recorte de mundos iniciado pelo colonialismo. Há quem *acredite* em mitos, há quem *conheça* o real. Há quem anacronicamente permaneça fora da longa marcha do autodesenvolvimento da razão que nos trouxe até aqui, há quem participe dessa história progressiva sabendo que olhar para trás não deve ser um gesto melancólico, mas triunfante, orgulhoso. "Do mito ao *lógos*", essa ficção germânica inscrita no pensamento histórico-filosófico no mesmo processo que racializou a história da filosofia e nos deu sua origem grega ao fim do século dezessete.

Este ainda não é o texto para este assunto; vamos suspendê-lo.[1] A oposição. Compreensível, claro. Pedagógica. Sun Ra não se justifica negando que esteja ali — está todo mundo ali. Conversando, trocando olhares, todas aquelas pessoas negras, ninguém pensou ter visto algo e se corrigiu depois. São ficções insistentes. Você fecha os olhos, esfrega o rosto, abre de novo; lá estão elas. Você vai embora, dorme, acorda, vive coisas inegavelmente reais, retorna; lá estão elas. Ele está errado, então? Como pode ser mito dessa maneira, articulado nessa oposição em que, a princípio, "mito" só pode querer dizer uma irrealidade, uma invenção como um Sherlock Holmes ou Tony Soprano — algo que *não* está ali? Fantasias descompromissadas, produtos da imaginação, sabemos que não estão circulando por aí, a não ser nas variadas mídias que nos dão a oportunidade de assimilar todas essas criaturas feitas de imagens.

---

1 Para mais sobre como o enclausuramento na imaginação mitopoética foi transformado em característica "natural" (racial) de povos não-brancos — interditando a passagem à razão filosófica — no processo de reforma da historiografia da filosofia iniciado pela escola kantiana, parte de uma justificativa mais ampla para a exclusão desses povos dos manuais (contrariando a norma dos manuais utilizados no continente europeu daquele tempo), ver Peter Park, *Africa, Asia, and the History of Philosophy: racism and the formation of the philosophical canon, 1780-1830* (Albany, State University of New York Press, 2013).

11   Sobre o estatuto ontológico da raça

Da mesma forma, pode-se dizer: "raça é um mito, isso não existe". Mais uma vez, a oposição é compreensível, ou melhor, sua compreensibilidade foi fabricada nos últimos séculos e nos é dada como parte de uma herança. Pode-se apelar a um saber biológico — agora revisado e "purificado" de seus elementos raciais — com o intuito de mostrar que, para além da raça ou espécie humana, nada mais há, nenhuma diferenciação interna que se constitua, de fato, como fenômeno para as ciências naturais. Dizer algo assim, como sabemos, nada resolve. Algo foi inventado e persiste, estranhamente, em nossos dias, mesmo após tantas mudanças, mesmo neste momento em que se diz: "isso não existe". Uma situação perturbadora, insistirmos na inexistência do que não cessa de nos atormentar (isso quando a existência não é negada só para negar, na verdade, as tormentas). Do que não cessa, aliás, de fazer, de alguma maneira e sempre inicialmente contra a nossa vontade, parte de *quem somos*. As raças de que tanto se fala foram inventadas; ponto. Um produto da fantasia socializado como se fosse realidade simplesmente dada. Não sei o quão polêmico pode ser o seguinte raciocínio, mas, dado o fato da invenção, será o ponto de partida de todo modo: antes de tudo, a raça como princípio de uma diferença de natureza é *imaginária*. Se não basta opor esse predicado ao "real", o que mais podemos dizer? Ontologia: sobre o ser-imaginário, então.

As coisas são sempre não muito complicadas, na oposição, quando não precisamos lidar com o que há de real no imaginário e com o que há de imaginário no real. Não é o caso agora. E não é o caso porque, de alguma maneira, Sun Ra está correto e é preciso pensar no que faz verdadeira sua fala, no que sustenta o sentido do enunciado. Vamos a Castoriadis, de volta ao seu livro *A instituição imaginária da sociedade*. O que experimentamos como real, no curso de nossos dias, é o que imaginamos como real. Não o que *eu*, Victor, experimento dentro de minha cabeça. Posso confirmar com outras pessoas ao meu redor, sempre que for necessário e ainda que dificilmente seja, que não é coisa minha, ou seja, uma fabulação inteiramente minha. Estamos no mesmo barco. "Você não imaginou essa árvore na sua frente". Não, definitivamente não. O que me *aparece*, de maneira geral e como um todo, como real não é uma árvore no meio de uma praça. Isso é irrelevante. O que *experimentamos* como real não é — convenientemente — um aglomerado de coisas que diríamos fazer parte de uma "realidade" ou de um "mundo natural" ou "material", as coisas que podemos tocar com nossas mãos e submeter aos nossos aparatos científicos. Não vivemos dentro de manuais escolares de biologia ou física. Vivemos no interior de uma paisagem que se expande para além dessa redução, desse recorte, uma paisagem no interior da qual, na verdade, é possível fazer essa redução, esse recorte. Dinheiro, universidade, nação, fronteira, crime, virtude — experimentamos tudo

12 *Então eu cantaria porque saberia como é ser livre*

isso como parte de nossa realidade, todas essas coisas que poderíamos agrupar em diferentes subcategorias ontológicas, o ser realmente se diz de muitas maneiras. "Subcategorias": todas essas coisas são *imaginárias*. "Ninguém nunca conseguiu pôr uma nação debaixo do microscópio".[2] Imagem péssima, mas a ideia é compreensível. Pode-se dizer: uma nação é uma maneira imaginária, entre outras, de produzir unidade a partir da multiplicidade (dizer "maneira imaginária" talvez seja redundante se retomarmos entendimentos mais antigos da imaginação; produzir essa unidade era precisamente uma de suas funções). Depende de coisas que dificilmente diríamos que vieram de nossa imaginação, um amontoado de terra, paisagens geográficas, organismos humanos e tudo o mais. Depende, igualmente, de coisas fabricadas e coletivamente aceitas, fronteiras, valores, significados, identidades. Coisas, aliás, que levamos muito mais a sério... morremos por elas, matamos por elas, fazemos todo um estardalhaço ao seu redor. Até mesmo na inocência do humor cotidiano revelamos nosso compromisso com a nacionalidade, o que faz sentido até certo ponto, apesar de todos os estereótipos e outras generalizações ridículas. Faz sentido porque nós estamos — não com a mesma intensidade, não com o mesmo comprometimento, não com os mesmos recursos, não exatamente no mesmo sentido, não necessariamente de modo voluntário — cultivando uma nação dia após dia e hora após hora e minuto após minuto. O que Castoriadis queria era dizer algo sobre como a realidade nos aparece como um todo articulado, preenchido de sentido e valor; dizer algo sobre a origem disso, sobre como nosso próprio senso de realidade — e nosso realismo — é sustentado por um imaginário coletivo que nos permite instituir e reinstituir, como sociedade ou comunidade, uma paisagem social habitada por mais do que os olhos da carne podem ver. Como uma nação: nós nos comportamos *como se* fosse algo real e, sinceramente, que diferença faz dizer, nessa altura, que não é?

Dependendo de como se pensa ontologia, em um discurso especializado, faz diferença, claro. Talvez tenhamos que ficar entre isso e alguma outra coisa menos acadêmica; não sei. Importa que há inúmeras pessoas vivendo *como se* algo fosse real, só que a pretensão não é deliberada, consciente. É algo que realmente nos move e nos move pela realidade sem pensarmos muito no assunto. Pode-se dizer que é um *tipo de realidade*, uma realidade imaginária, o que seja — gostaria de preservar o fato de que essas coisas fazem parte dos emaranhados causais em que nos encontramos. Meio que uma variação de uma ideia antiga de que a corporeidade é definida pelo afetar e/ou ser-afetado causalmente, algo que

---

2   Cornelius Castoriadis, "As significações imaginárias (1981)", em *Uma sociedade à deriva: entrevistas e debates, 1974-1997*, trad. Cláudia Berliner (Aparecida, Ideias e Letras, 2006), p. 65.

13 Sobre o estatuto ontológico da raça

encontramos no estoicismo grego, por exemplo. Ou talvez a questão seja não descolar o que seria um *modo de ser* dos possíveis usos do adjetivo "real" (ser-sem-ser real é uma abstração violenta demais para mim). Outro exemplo: dinheiro. "Para que o ouro se torne dinheiro, não basta que ele possua as qualidades 'naturais' enumeradas pelos manuais de economia política que o 'teriam predestinado' para este papel, é necessário esse desenvolvimento social-histórico, que, a partir do aparecimento de formas embrionárias de troca, conduz à instituição de um 'equivalente geral'".[3] É preciso imprimir um *ser-dinheiro* no ouro, em algum metal, no papel. Há uma matéria-suporte imageticamente revestida de maneira coletiva, e pronto: temos agora um elemento incontornável de nossas vidas, objeto fantástico em torno do qual giramos por desespero, inércia ou ganância. É algo que nos move mais intensamente do que um violento empurrão.

Imagine só oferecer uma nota de cem reais a alguém de outro planeta, com outro "desenvolvimento social-histórico". Imagine, tudo dando errado na incompreensibilidade do gesto e das explicações, levar de volta para casa a acusação de irracionalidade, crença em coisas irreais, olhar-se no espelho e se ver *o outro*, talvez mesmo um "primitivo", incapaz de viver fora de sua própria mitologia e em direção ao real...

De todo modo, Castoriadis dava o nome "imaginário social" a essa força de criação instituinte que nos dá uma realidade mais ou menos coesa e coerente que *faz sentido*, realidade propriamente nossa, algo dependente de significações (imaginárias) que animam as invenções sociais, que nelas sopram vida como no movimento da divina criação. Sem elas, nada de vida ou existência social, não seríamos quem somos para além de aglomerado irrelevante de matéria; as significações organizam a nossa existência cotidiana valendo-se de cada psique individual. Diz ele: "[...] o Estado, ou o partido — ou a mercadoria, o capital, o dinheiro, a taxa de lucro —, ou o tabu, a virtude, o pecado, são significações imaginárias sociais. Também homem, mulher, criança, quando os tomamos não como categorias biológicas, mas como seres sociais, são instituições sociais".[4] O que falta nessa lista sem pretensões de completude: raça. Não exatamente um tipo único de significação imaginária, mas o que nos ocupará no restante deste texto (sobre as diferenças e semelhanças entre raça e gênero, por exemplo, deixo para outros trabalhos). Falta ainda um detalhe, porém: Castoriadis está mais preocupado com a fonte imaginária de nosso próprio senso de realidade, não exatamente com a realidade propriamente imaginária.

---

3 Cornelius Castoriadis, *A instituição imaginária da sociedade*, trad. Guy Reynaud (Rio de Janeiro, Paz e Terra, 1982), p. 401.

4 Cornelius Castoriadis, "As significações imaginárias", p. 66.

14   *Então eu cantaria porque saberia como é ser livre*

Saltando, por isso, para uma referência bem mais antiga, medieval, gostaria de trazer um adjetivo que será recorrente a partir deste parágrafo: "imaginal". Foi cunhado em francês por Henry Corbin ao traduzir, no século vinte, textos de filósofos variados da escola iluminacionista, *hikmat al-ishraq*, iniciada pelo dervixe persa Xaabe Aldim Surauardi em Aleppo, atual Síria, no século doze. A tradução era "*monde imaginal*" para "*al-alam al-mithal*", mais literalmente traduzível como "reino dos exemplos", "dos modelos" ou "das formas", referência um tanto platônica (as formas platônicas não se encontram, porém, nesse lugar). A expressão apontava para um plano de realidade feito de imagens, intermediário entre o sensível e o inteligível — uma espécie de radicalização ontológica da ideia aristotélica de que a imagem (*phántasma*) faz a ponte entre o percebido e o pensado; ou, podemos dizer: a imaginação (*phantasía*) como potência intermediária e intermediadora da alma, sem a qual toda a articulação da psique se torna impossível, ao menos do modo como a experimentamos, o único modo que conhecemos.[5] O interessante, aqui, é pensar que, se o imaginal fazia parte de uma estrutura hierarquizada do real, então era *mais* real do que o próprio sensível, sobretudo por estar a um passo metafísico do inteligível e, portanto, mais próximo do divino. E o divino, por sua vez, manifestava-se precisamente no imaginal, acessível pela imaginação particular: "Onde o lugar, qual o órgão dessa convicção íntima na qual Deus o Altíssimo, Ele Mesmo, revela-se a você? Esse lugar, esse órgão é precisamente a Imaginação".[6] Lugar propriamente teofânico.

Não gostaria de acompanhar essa radicalização como um todo, por mais que aprecie a ontologia exuberante, monstruosamente excessiva de Surauardi. Quero reter o seguinte: i) o imaginal como intermediário, habitando esse entrelaçamento que envolve sensibilidade, imaginação e razão; ii) a ideia de que nossa imaginação é um lugar epifânico, espaço peculiar de aparição de imagens que precedem e sucedem nossa existência "individual" (deixo de fora a afirmação mais ontologicamente problemática de que há imagens cuja existência independe inteiramente de nós); iii) a imagem pensada para além da representação ou de uma potência representacional, como algo *vivido* que não necessariamente remete a um fora, a um objeto. A isso, gostaria de acrescentar mais dois pontos recorrendo a Castoriadis: iv) nada do que é imaginário faz sentido de

---

5   Ver Henry Corbin (org.), *Corps spirituel et Terre céleste: de L'Iran Mazdéen à L'Iran shi'ite* (Paris, Éditions Bucht/Chastel, 1979). Os textos de apresentação, "Imago Terrae Mazdéenne" e "La Terre mystique de Hûrqalyâ", oferecem uma boa introdução ao material reunido, que não foi traduzido na íntegra: são trechos selecionados de vários autores, incluindo Surauardi.

6   'Abdol-Karîm Gîlî, "Al-A'râf, la Terre des Veilleurs", em Henry Corbin (org.), *Corps spirituel*, p. 181.

maneira isolada, pois depende sempre de uma teia de significações que nos permite experimentar realidades mais ou menos coerentes e dotadas de sentido e preenchidas de valor (um ponto talvez bem humeano); v) a totalidade do que pensamos como real é indissociável de nossas fantasias, tendo mesmo um caráter mais ou menos fantástico, sobretudo porque o imaginário torna a sua experiência possível *em nossos termos* (exemplo: a maneira específica como experimentamos a realidade de algo chamado "raça" no interior de *um* mundo). Sobre o recorte que nos oferece, mediante o qual podemos chamar de "imaginação científica" o que nos acostumamos a pensar como uma realidade natural, ontologicamente independente de nós, neutra e plenamente objetivável, pouco será dito a não ser nos momentos em que será preciso comentar os modos como algo instituído foi e é dado como natureza inescapável. De resto, importará o que é vivido — sem a mediação constante e deliberada do pensamento — *como se* fosse real, sem que isso signifique que se trata meramente de um problema de confusão entre verdade e falsidade, realidade e aparência. "A aparência pertence, ela mesma, à realidade".[7]

Alguns comentários sobre o ser-ficção. Em primeiro lugar, se isso é distinto do ser-imaginal, na verdade, do ser-imaginal socialmente instituído, se essa segunda categoria é mais ampla, é algo a se deixar em suspensão por enquanto. Porque "imaginário" e "fictício" são duas maneiras — não em todas as ocasiões possíveis — de dizer que algo é de nossa criação *e* que não deve ser levado tão a sério, em nosso cotidiano, quanto o que, em oposição, dizemos "real". Por outro lado, "ficção" ganha sentidos mais específicos, podemos supor, quando remete a uma forma artística. Ao menos as discussões filosóficas sobre ficção, linguagem ficcional e entidades fictícias mais recentes não parecem estar comprometidas com a possibilidade de uma teoria geral do imaginário. Olhar para a arte pode nos oferecer algo aqui; pense em Tony, protagonista da série *Família Soprano* — dizemos, sem constrangimentos ou preocupações metafísicas, que ele não existe. Mafiosos existem, assim como italianos, psiquiatras, ataques de pânico e todos aqueles crimes. Assim como Nova Jérsei, Newark e a comuna de Avellino na Itália. E por aí vai. Mesmo nos casos da ficção mais distante possível do *mundo atual* (onde nos encontramos), para usar o vocabulário de certa metafísica analítica, ainda nos deparamos com todo tipo de coisa remixada,

---

7 Friedrich Nietzsche, *A vontade de poder*, trad. Marcus Sinésio Pereira e Francisco José Dias de Moraes (Rio de Janeiro, Contraponto, 2011), p. 295.

16   *Então eu cantaria porque saberia como é ser livre*

algo que nos dá uma espécie de vínculo com o não-fictício. Esse vínculo não precisa ser pensado como uma relação de representação ou simbolização, o que nos levaria à questão de sua fidelidade. Podemos pensar nesse vínculo a partir do fato de que a ficção não é a rejeição do real, pois é feita no esforço de acompanhar normas *fabricadas* de produção de verossimilhança: normas que não são extraídas do real, mas impostas ao que dele usamos, regulando uma série de "estruturas inteligíveis", como diria Rancière, que nos oferecem sentido em uma ordenação que se distingue da "desordem empírica".[8]

Bem, de todo modo, Tony vive uma realidade — vamos nos colocar em seu ponto de vista — que não é vivida por nós exatamente da mesma maneira que vivemos *a* realidade, por assim dizer. A nossa experiência do que Tony vive exige um deslocamento que se dá pela imaginação, e isso mexe com o resto de nós, de nossa psique. Deixamos o radicalmente familiar em direção a algo mais ou menos estranho; precisamos experimentar um pouco do que é estar ali, naquela realidade-para-Tony que para nós é fictícia. Afinal, ele também imagina o *seu* mundo. Por isso, a imersão na obra fictícia envolve um "recentramento ficcional" que altera de maneira mais ou menos drástica nossos referenciais: assim ficamos, por um tempo, reimaginando o mundo a partir de outro centro.[9] Nisso, o autor precisa nos contar sobre o cotidiano de Tony *como se* fosse um conjunto de fatos conhecidos, não por todo mundo, mas por ele, talvez por algumas outras pessoas, usando a *forma da narrativa factual*, como diz David Lewis. "O autor finge que está dizendo a verdade sobre assuntos dos quais ele tomou conhecimento de uma maneira ou de outra".[10] Devemos pensar nos mundos possíveis, diz Lewis, em que a história contada é mesmo um relato sobre fatos conhecidos, em que o uso da forma narrativa é adequado no sentido de que serve para reapresentar o que outras pessoas já sabem.

Esses mundos, alguns parecem mais com o nosso, como aqueles em que Newark é uma cidade praticamente igual, e isso nos permite reconstruir, até certo ponto e em nossa imaginação, a Newark-de-Tony como a Newark-de-nosso-mundo. É interessante pensar que Lewis também defendia que mundos possíveis *são*, apesar de não serem o nosso, havendo mesmo incontáveis versões do que tomamos como real. Um multiverso de possíveis em que não há sobreposição ou contato: "não há quaisquer relações espaço-temporais entre as coisas que pertencem a diferentes

---

8   Jacques Rancière, *A partilha do sensível: estética e política*, trad. Mônica Costa Netto (São Paulo, Ed. 34, 2005), p. 53-4.

9   Ver Marie-Laure Ryan, *Possible worlds, Artificial Intelligence and Narrative Theory* (Indiana, Indiana University Press, 1991).

10   David Lewis, "Truth in fiction", em *American Philosophical Quarterly*, v. 15, n. 1, jan. 1978, p. 40.

17 Sobre o estatuto ontológico da raça

mundos. O que acontece em um mundo não causa a ocorrência de coisa alguma em outro".[11] Nesse sentido, a obra ficcional permitiria um acesso, vislumbre temporário de um conjunto dessas versões, já que não temos, por exemplo, informações sobre tudo o que se encontra na Newark-de--Tony: a série não nos mostrará isso, mas um recorte aberto. Por isso, usamos um misto de fatos conhecidos para nós, que fazem parte de um *plano de fundo*, como diz Lewis, a partir do qual abordamos tanto nossa própria realidade como a fictícia, e isso nos autoriza a tirar algumas conclusões sobre o que não está explícito nas histórias que assistimos.[12]

Levamos, assim, verdades do mundo atual para a ficção e as tomamos como verdades também *na* ficção, havendo um limite para isso, claro — aquele mundo continua não sendo o nosso. Ele se apresenta como mais ou menos estranha reorganização do nosso, que permanece sendo uma referência importante embora deslocada, de modo que o todo ficcional exibe partes reais *para nós*, outras partes reais para aqueles mafiosos aqui inexistentes. Ficção como remixagem do real, talvez. Além disso, ainda queremos algo que faça sentido nessa encruzilhada imaginal na qual nos encontramos entre o mundo de-e-para Tony e o nosso mundo, então faz pouco sentido supor que qualquer coisa pode acontecer por lá só porque não é o que vivemos como atual. A dramaturgia não é e nunca foi o vale-tudo da fantasia. "Uma ficção nos exigirá, de maneira geral, alguns afastamentos da realidade atual [...] Precisamos, no entanto, manter esses afastamentos sob controle".[13] Na última volta de seu comentário sobre a natureza da verdade na ficção, Lewis introduz uma variação de sua análise com orientação mais epistemológica, pensando nas crenças coletivas da comunidade de origem de quem escreveu a ficção: as verdades que transferimos, de maneira consistente, para o mundo fictício — e a partir das quais o avaliamos e interpretamos — têm a ver com as crenças que coletiva e explicitamente sustentamos, e não necessariamente com os *fatos* de nosso mundo. Agora, deixemos Lewis de lado.

O que acontece quando misturamos essas crenças com o fictício? Ou melhor: quando as coisas se dão inversamente e as crenças de comunidades fictícias — presentes em um conjunto de incontáveis mundos possíveis — saltam para nossa rede de crenças coletivas, fazendo das verdades *na ficção*, como um todo, as verdades em nosso mundo? Quando passamos a ter ficções *na verdade*? O que gostaria de dizer, com isso, é essa estranha possibilidade da imersão e do recentramento não serem eventos temporários sempre marcados pela consciência de que estamos

---

11   Ver David Lewis, *On the plurality of worlds* (Oxford, Wiley-Blackwell, 2001), p. 2.

12   Ibidem, p. 41-2.

13   Ibidem, p. 42.

18 Então eu cantaria porque saberia como é ser livre

participando, em travessia no plano imaginal, de uma realidade que não é a nossa, a despeito do que há em comum (Surauardi e seus discípulos também acreditavam, aliás, que esse plano abrigava todas as possibilidades de existência como realidades imaginárias). Como se os seres imaginais permanecessem, de maneira definitiva, na psique de quem fez essa travessia sem notar que era um exercício ficcional, tomando esse exercício como descoberta de algo no mundo atual. Que algo? Modos raciais de ser, ou modos racializados de ser, ou o *ser-racializado* (as muitas "raças" do discurso colonial). Quer-se muito acreditar que o que está na terra das imagens é um amontoado ordenado de *representações raciais*, meios de apreensão desses modos-de-ser, desses atributos essenciais de povos inteiros, como se eles estivessem, desde sempre, por aqui, embora não tenham sido antes percebidos.

Comecemos com um lugar fantástico: África. Não repetirei aqui, como é habitual em textos sobre raça, racismo e/ou colonialismo, itens do vasto repertório de invenções delirantes europeias sobre o continente, esse verdadeiro arquivo literário, quando não artístico-pictórico, do qual ainda não escapamos inteiramente. "Em se tratando do termo 'África', tudo parte efetivamente da extraordinária dificuldade de produzir uma imagem verdadeira associada a uma palavra também verdadeira. [...] Sempre que se trata da África, a correspondência entre as palavras, as imagens e a coisa pouco importam e não é necessário que o nome tenha um correspondente ou que a coisa corresponda ao seu nome. De resto, a coisa pode, a qualquer momento, perder o seu nome e o nome perder a sua coisa, sem que isso acarrete qualquer consequência que seja no próprio enunciado, no que é dito e no que é produzido, em quem o diz e o produz".[14] A África do/para o europeu rompeu as barreiras entre o fictício e o real conforme as crenças coletivas das comunidades que abrigaram os primeiros autores da raça foram substituídas num ritmo e numa escala surpreendentes. A não-relação entre nome e coisa é a relação entre nome e coisa em outros mundos possíveis.

"O nome 'África' remete, portanto, não somente a algo a que nada se supõe corresponder, mas também a uma espécie de arbitrário primordial — esse arbítrio de designações às quais nada em particular parece precisar corresponder, a não ser o preconceito inaugural em sua regressão infinita".[15] Gostaria de lidar aqui não com o problema da falsidade, mas com o da fabricação industrial de crenças, com o de sua proliferação e assimilação. "Eu vi a África, mas nunca lá pus os pés".[16] Esse desconhecimento

---

14 Achille Mbembe, *Crítica da razão negra*, trad. Sebastião Nascimento (São Paulo, n-1 edições, 2018), p. 100.

15 Ibidem, p. 100

16 Jean-Baptiste Labat citado por Achille Mbembe, *Crítica*, p. 131.

19 Sobre o estatuto ontológico da raça

da África, diz Achille Mbembe, nunca impediu que "filósofos, naturalistas, geógrafos, missionários, escritores, ou quem quer que fosse, se pronunciasse sobre um ou outro aspecto de sua geografia ou então da vida, dos hábitos e dos costumes de seus habitantes [,] predisposição secular a se pronunciar sobre assuntos dos quais nada ou muito pouco se sabe".[17] Uma reunião de múltiplas formas discursivas — filosóficas, científicas, literárias — em torno de um mistério a ser explorado não como os corpos celestes e seus movimentos, mas como fabulação interminável sobre a Newark da família Soprano. Com a popularidade crescente dos relatos de viagem, encontramos no século dezoito, por exemplo, não-cientistas — como os "homens do mar" — em expedições científicas destinadas ao Brasil-colônia que *se autorizavam* a oferecer suas próprias teorias raciais, alimentando um "público sedento por aventuras e experiências que marcavam o encontro do herói civilizador com o bárbaro, o fantasioso, o tropical e o exótico".[18] E, pensando que a produção desses não-cientistas era a incorporação de crenças coletivas de comunidades científicas de outros mundos possíveis, faz sentido a ousadia: qualquer pessoa pode fazer isso, já que as teorias sequer são deste mundo. Está tudo fora de ordem mesmo, então por que imaginar, para si, uma limitação qualquer?

Assim, não só a África, mas outros lugares se tornaram "um inesgotável poço de fantasias, matéria de um gigantesco trabalho imaginativo", em que só se fabula para "melhor se fechar em si mesmo".[19] Esses lugares fantásticos tinham seus habitantes extraordinários, igualmente temas de fábulas contadas *como se* fossem relatórios de múltiplos estilos, com uma diferença peculiar quanto ao que Lewis nos apresenta, ou melhor, duas: como já comentado, esse jogo do *como se* perde-se na literalidade de uma vontade de saber que oculta a própria ignorância, a brincadeira nunca tendo sido de fato brincadeira; em segundo lugar, a incoerência generalizada que parece caracterizar o vasto repertório colonial de representações.

Nunca houve *uma* representação estável de lugares ou povos racializados que, coletivamente incorporada, orientasse as práticas coloniais europeias e, eventualmente, as de outras nações. Nem mesmo *um conjunto* estável de representações. Racializar foi um esforço de fixar a outridade do outro em uma tempestade figural na qual tanto os territórios quanto seus habitantes, para uma mesma comunidade europeia, mostravam-se incrivelmente variáveis em sua mesmidade menos-do-que-humana. Por exemplo: "a África tanto pode ser uma terra estranha, maravilhosa e

---

17 Achille Mbembe, *Crítica*, p. 130.

18 Luciana da Cruz Brito. *O avesso da raça: escravidão, racismo e abolicionismo entre os Estados Unidos e o Brasil* (Rio de Janeiro, Bazar do Tempo, 2023), p. 36. Ver o resto do capítulo para mais informações sobre as fabulações estadunidenses sobre o Brasil.

19 Achille Mbembe, *Crítica*, p. 131.

20 *Então eu cantaria porque saberia como é ser livre*

deslumbrante, quanto uma zona tórrida e inóspita. Por vezes, aparece como região flagelada por uma irremediável esterilidade, noutras como região abençoada por uma fecundidade espontânea".[20] Ou podemos pensar nas taxonomias raciais variadas, ora minimalistas, ora extravagantes, com raças e mais raças e suas sub-raças habitando essas zonas extra-humanas, um monumento à inventividade colonial. Pensemos, por exemplo, nos esforços em produzir categorias raciais de acordo com as necessidades administrativas do momento. "Moreau de Saint-Mérys, topógrafo de São Domingos no fim do século dezoito", por exemplo, "apresentou onze categorias raciais a partir de 110 combinações, classificadas em um espectro que ia do branco absoluto [...] ao negro absoluto".[21] Outra pessoa, em outro momento, talvez no mesmo, podia fabular categorias diferentes e uma quantidade outra delas. Muda-se a região e temos ainda mais outros encontros das ciências raciais de diferentes mundos possíveis, sem unificação possível, sem consenso feito a partir de um processo de filtragem. Ninguém pode controlar os fluxos de fantasmas saídos do poço. Sem contar o caos que tudo isso cria no imaginário popular: penso na Pesquisa Nacional por Amostra de Domicílios (PNAD) feita em 1976 no Brasil, em que, em resposta à pergunta sobre raça ou cor, foram dadas 136 categorias diferentes de autoidentificação, incluindo variações como "morena-bronzeada", "morena-canelada", "morena-clara", "morena-jambo" (já me chamaram assim quando adolescente), "morena-escura", "morena-parda" e outras; toda uma multiplicidade sem sequer sair da morenidade.

Além disso, uma mesma coletividade racializada nunca foi uma coisa só no caótico imaginário europeu, na efervescência delirante do colonialismo. Nenhum caso, aliás, mostra essa oscilação como a racialização amarela, conjurada na forma de uma "barreira racial" pela administração colonial no Caribe, na sequência da Revolução Haitiana e da ansiedade contrainssurecionária que ela gerou: as pessoas chinesas, importadas, foram situadas entre o branco e o negro na escala de valores, com toda a ambiguidade que isso pode carregar. As pessoas racializadas como uma espécie de ser racial intermediário ora eram tidas mais próximas das virtudes brancas, ora tão inferiores quanto quaisquer outras pessoas não-brancas — onde mora o perigo está também a salvação. Só que a salvação era perigosa e ainda precisava ser administrada.[22]

---

20 Achille Mbembe, *Crítica*, p. 132.

21 "Pode-se explicar a proliferação dramática, enciclopédica [...] nesse período a partir da observação da governança racial e sua invenção contínua de novos termos para fins de gestão populacional e dos espaços sociais nas Américas". Lisa Lowe, *The intimacies of four continents* (Durham e Londres, Duke University Press, 2015), p. 32.

22 *Ibidem*, p. 30-31.

21 Sobre o estatuto ontológico da raça

E essa ambiguidade, outro jeito de dizer a flexibilidade desse modo racializado de ser, sua capacidade inigualável de sair do positivo para o negativo e vice-versa de uma hora para outra nunca desapareceu. Frank Wu, ao comentar estereótipos que ainda persistem na racialização de pessoas ásio-estadunidenses, mostra que, em tempos de crise, tudo muda: "ser inteligente é ser calculista e esperto demais", "ser educado é ser inescrutável e submisso", "trabalhar duro é competir de maneira injusta com seres humanos normais", "ser um empreendedor de sucesso é ser maliciosamente agressivo e economicamente intimidador", "reverenciar os antepassados é ser um pagão que cultua ancestrais", "fidelidade à tradição é ignorância reacionária".[23] O chamado *mito da minoria modelo* — desejável para o progresso da nação, elogiada ao ser contrastada com as minorias mais "escuras" — nunca deixou de ser uma arma cujo potencial nem sempre é explorado, mas a sorte dura até a próxima crise.

Para dar outro exemplo, pensemos em como Lélia Gonzalez nos lembra da figura da *mulata*, exaltada no "rito carnavalesco", em que se tenta "fixar sua imagem, estranhamente sedutora, em todos os seus detalhes anatômicos" — "o outro lado do endeusamento carnavalesco ocorre no cotidiano dessa mulher, no momento em que ela se transfigura na empregada doméstica".[24] Os predicados "doméstica" e "mulata", este com toda a carga positiva que uma positividade fetichista pode oferecer, "são atribuições de um mesmo sujeito".[25] O problema que Gonzalez aponta, inclusive, é o problema de toda a história da recepção social das expressões culturais negras na diáspora.[26] Entramos, aqui, na história das positivações raciais que nunca deixaram de ser uma maneira de produzir exotismo. Para dar mais um exemplo, trago a caracterização feita pelo crítico Carl Van Gretchen, um dos patronos brancos do Renascimento do Harlem, sobre a cantora Bessie Smith: "estranhos ritos rítmicos em uma voz impregnada de gritos e gemidos e preces e sofrimento, uma voz selvagem, áspera, etíope, inflexível e vulcânica, mas sedutora e sensual, liberada por lábios avermelhados e os mais brancos dos dentes; a cantora balança levemente, em sintonia com a batida, como é o costume negro".[27] De outras formas inferiorizada, Bessie era vista como duplamente animalesca: ora fenômeno exposto em zoológico para livre apreciação, ora selvagem em demasia

---

23   Frank H. Wu, *Yellow: race in America beyond black and white* (Nova Iorque, Basic Books, 2002), p. 68.

24   Lélia Gonzalez, "Racismo e sexismo na cultura brasileira", em Márcia Lima e Flavia Rios (org.), *Por um feminismo afro-latino-americano* (Rio de Janeiro, Zahar, 2020), p. 80.

25   Ibidem.

26   Ver o capítulo "Contradição e ambiguidade", em Muniz Sodré, *O fascismo da cor: uma radiografia do racismo nacional* (Petrópolis, Vozes, 2023).

27   Carl Van Vechten, "Keep a-inching' along", em Bruce Kellner, *Selected writings of Carl Van Vechten about black art and letters* (Westport, Greenwood, 1979), p. 162-3.

22 Então eu cantaria porque saberia como é ser livre

até mesmo para que fosse apreciada de maneira plena. Exotificar sempre foi produzir essa oscilação entre o domesticado e o selvagem como duas faces de uma menos-do-que-humanidade (Fanon dizia: "quem adora os negros é tão 'doente' quanto quem os execra",[28] e podemos dizer que esse adoecimento era o fato de que se acreditava excessivamente nos próprios delírios, naquilo que foi fabricado para estar no lugar das pessoas, na existência nada problemática da raça e das diferenças raciais).

Toda essa mutabilidade, em seus múltiplos sentidos, diz respeito ao modo como os processos de racialização nos entregam sempre alguma coisa que não é de autoria da pessoa racializada; são possibilidades disponíveis, com frequência improvisadas, que nunca se contradizem no que diz respeito à existência da raça e de pessoas racializadas em geral, de uma diferença nunca abolida — *há o que muda e o que permanece.* Quais serão essas possibilidades, essas representações, especificamente e a cada vez, é outra história, ainda que, formalmente e em suas premissas mais fundamentais, seja a mesma história. "O que define um imaginário racial", portanto, "é o modo como ele traça fronteiras que visam estabilizar as categorias sociais da outrificação e gerenciar formações raciais; mesmo quando há um deslocamento nas fronteiras, é no policiamento de quem permanece dentro e quem fica de fora que o mecanismo de outrificação conserva sua força. Imaginários raciais não formam um todo coerente",[29] sobretudo se pensarmos nos conteúdos representacionais. Pensando ainda na metafísica dos mundos possíveis de Lewis, na ideia de várias versões que não entram em sobreposição, diria que, no caso da racialização, é precisamente essa mistura que acontece: inúmeras possibilidades do ser-negro, por exemplo, um dos modos de ser-racializado, que fariam mais sentido como elementos de diferentes conjuntos de mundos possíveis, proliferam sem problemas por nosso mundo atual. Elas vão-se manifestando em práticas que eliminam o distanciamento entre o atual e o possível, de modo que o possível surge como variação atual do atual, sendo feito existir no gesto que pressupõe sua existência *neste mundo* (o problema é que, aqui, são dois sentidos de "existência" em cena). Como alguém que acredita que Tony Soprano é seu vizinho e passa a levar toda uma vida organizada, em parte, por essa crença. Só que essa pessoa acaba também por acreditar em uma porção de outras coisas que nem fazem sentido juntas: uma vida em um novo mundo atual todo reconfigurado por esses seres imaginais da ficção.

---

28   Frantz Fanon, *Pele negra, máscaras brancas*, trad. Sebastião Nascimento (São Paulo, Ubu, 2020), p. 22.

29   Alia Al-Saji, "Too late: Fanon, the dismembered past, and a phenomenology of racialized time", em Miraj U. Desai, Derek Hook e Leswin Laubscher, *Fanon, phenomenology, and psychology* (Nova Iorque e Londres, Routledge, 2022), p. 180.

Não mais verdades mais ou menos consistentes na ficção: agora, ficções inconsistentes na verdade. Temos essa situação confusa, situação que tendemos a negligenciar em todas as suas implicações porque, quando pensamos em colonialismo, pensamos em algo, em diversas coisas que nos atormentam, e tentamos imprimir certa *ordem* nessa tormenta. Uma tendência não é unanimidade, nada disso — quero dizer que podemos, para fins de análise ou crítica, reunir um conjunto de enunciados, imagens e outros meios de apresentar o que foi, para o colonizador, o seu outro, e isso será unicamente um recorte estabilizado como *objeto* do discurso. Como lidar, no entanto, com a profusão insana de sentidos, expectativas e valorações em torno do *ser-negro*, do *ser-amarelo*, do *ser-oriental*, do *ser-indígena*, do *ser-árabe* e de tantos outros modos-de-ser trazidos pelo colonialismo? Lewis falava das crenças coletivas como algo mais ou menos estável e consensuado, porém temos de lidar com uma dinamicidade perturbadora, com os movimentos erráticos da imaginação, estranhamente insatisfeita com o *um*, sem sistema fechado para oferecer. Isso só contribui para o caráter recalcitrante desse objeto que tomamos, a raça e os processos de racialização que a acompanham.

Está mesmo a imaginação insatisfeita com o *um*? Ou será que, como acontece com todos os personagens importunados pelo Sócrates-mito de Platão, nosso problema é não capturar o *um* no redemoinho violento das aparências/representações em sua multiplicidade incontável? Bem, infelizmente, não se resolve isso focando apenas na intensa presença do que é. Há bons motivos para nos preocuparmos e nos ocuparmos com o que o colonizador de outrora, ou o neocolonizador de agora, ou o branco diz ou pensa que somos. E, nesse caso, somos muitas coisas ao sabor (do desejo) do momento, mesmo que ele seja longo. No início de *Pele negra*, porém, Fanon vai direto ao que interessa: "Por mais que me exponha ao ressentimento dos meus irmãos de cor, direi que o negro não é um homem".[30] Se ser-negro é dito de maneira tão múltipla, no interior de outra multidão de modos do ser-racializado, só é possível dar origem a essa multidão se houver algo que sempre *não se é* — eis aí a coerência na incoerência, o que há de permanente no improviso. Que *não se é*, claro, no interior dessas massas confusas de crenças coletivas que passaram para o mundo atual, agora avaliado a partir do plano de fundo fictício de mil mundos possíveis, lá onde se apoia a consciência racial.

---

30 Frantz Fanon, *Pele negra*, p. 22.

24 *Então eu cantaria porque saberia como é ser livre*

Então, não é um problema empírico, mas um problema de manufatura de mundos, de realidades. É o problema envolvendo a fabricação daquilo no interior do qual será feita a verificação empírica, e os séculos de ciências raciais — é preciso ter em mente que tais práticas não foram deixadas inteiramente para trás em nosso passado de ignorância e pseudoconsciência[31] — nos bastam aqui para dizer a gravidade do problema. Quem dera os supostos fatos, tão suavemente corrigidos por nossos esclarecidos, fossem mesmo nosso problema. Representações problemáticas deixam de ser *o* problema quando lembramos, com Surauardi, que as imagens são *vividas*, e que há algo para além do que a psique representa para si, que modos-de-ser inventados, portanto imaginais, podem ser socialmente instituídos, mesmo que esse processo nunca se dê como pretendido. O estrago feito na tentativa é o que chamamos "colonialismo moderno". A raça, *no singular*, no entanto, não é um desses modos, ainda que venha-a-ser da mesma maneira.

Para lidarmos com isso, porém, foquemos no não-ser, ou no não-ser-humano como um todo, que a despeito de tudo é um problema nada ontológico fora de uma aventura peculiar da consciência humana, perdida na confusão entre mundos. É a partir desse não-ser que se pode dizer o que é. No encontro entre uma vontade de ignorar, a insensibilidade e um desejo talvez incoerente de afastar e capturar ao mesmo tempo, surge a raça. Ela é conservada por esse encontro, mesmo que ele se dê nos mais variados cenários. É mais ou menos isso que nos diz Mbembe. Não encontrei formulação mais precisa, mais coerente com a história dos mais variados processos de racialização, nesse longo percurso de estudos: "O poder na colônia consiste, pois, fundamentalmente, no poder de ver ou de não ver, de ser indiferente, de tornar invisível o que não se faz questão de ver. E se é verdade que o mundo é 'aquilo que vemos', pode-se dizer então que, na colônia, é soberano o que decide quem é visível e quem deve permanecer invisível. A raça só existe por conta de 'aquilo que não vemos'. Para além de 'aquilo que não vemos', não existe raça. Com efeito, o *poder-ver* racial se exprime inicialmente no fato de que aquele que escolhemos não ver nem ouvir não pode existir nem falar por si só. No limite, é preciso calá-lo".[32]

O mundo é aquilo que vemos. A referência a Merleau-Ponty diz respeito a essa "fé perceptiva" inarticulada de nosso cotidiano, relativa a uma "camada profunda de 'opiniões' mudas, implícitas em nossa

---

31 O livro *Superior: the return of race science*, da geneticista Angela Saini, pode ser um bom lugar para checar o estado atual das coisas, apesar da ideia de "retorno" ser um tanto enganosa; pode-se dizer que é mais a volta dos que não foram.

32 Achille Mbembe, *Crítica*, p. 199.

25 Sobre o estatuto ontológico da raça

vida",[33] que consiste em nosso próprio viver cotidianamente como se as coisas vistas fossem as coisas que são. Não algo a se refletir sobre, e sim a ser vivido na correria ou na calma de nossas horas, na imersão radical nos fluxos normais de percepção, que é o próprio não-perceber a imersão. Sabemos o que o mundo é até o momento em que temos de pensar, abstratamente, no que ele é: os termos da fé não se explicam; ao menos, não se explicam tão bem quanto outros. Se essa fé já se mostra obscura, Mbembe adiciona uma volta terrível: a raça só existe porque, na certeza de nossa inércia comum, algo escapa, algo não é autoevidente, e esse algo é a humanidade *plena* de uma pessoa tida como radicalmente outra, como portadora de outra natureza. A percepção racial ou racializada de mundo pressupõe sempre — como o que não está ali para ser pensado, mas para sustentar o vivido, como o próprio solo sobre o qual caminhamos — um vazio no interior do qual encontraremos uma série de outras coisas habitando o espaço não mais automaticamente reservado para a humanidade. Nesse sentido, raça tem a ver com as distâncias imaginárias que fazem de uma comunidade ou de um povo algo apartado do ser-humano na maneira como esse modo-de-ser específico é representado e posto em ato pelos colonizadores como atributo exclusivo seu. Na colônia, não é óbvio que se está diante de outro humano. Assim, a raça como uma criatura imaginal é vivida nessa negatividade, nesse esvaziamento, nesse desaparecimento do ser-humano.

Esse desaparecimento mal é notado porque logo aparecem, na psique do colonizador, os modos do ser-racializado no lugar do que escapa. Tanto raça quanto esses modos-de-ser são indissociáveis de uma insensibilidade dada na socialização colonial que, citando Sodré não muito fora de contexto, "estatui, desde a infância, o que aceitar e o que rejeitar".[34] O rejeitado é condição do que é aceito, aceitável, ainda que aceitável como uma realidade abjeta. Assim, esse poder colonial de ver ou não-ver será, de um lado, o de "estabelecer o real como vazio ou irreal; de outro, o poder de positivar tudo o que é representado ou representável como uma coisa possível, realizável".[35] A raça é o princípio de uma diferença que deverá ser imaginada em suas especificidades, nos múltiplos modos fabricados de sua realidade; assim, as naturezas distintas serão imaginadas de maneira multidetalhada, embora confusa, incoerente. Tudo depende desse poder de não-ver, condição para que se

---

33 Maurice Merleau-Ponty, *O visível e o invisível*, trad. José Artur Gianotti e Armando Mora d'Oliveira (São Paulo, Perspectiva, 2014), p. 17.

34 Muniz Sodré, *O fascismo*, p. 157.

35 Achille Mbembe, "Sobre o exterior do mundo", trad. Claudio Medeiros e Victor Galdino, em *Serrote*, #43, mar. 2023, p. 222.

veja algo no lugar do não-visto, algo proveniente de outros mundos, o que faz da raça a *condição de possibilidade* dos modos do ser-racializado dados nas representações raciais.

Em outro lugar, acompanhando Mbembe e Rancière, chamei o exercício desse poder de "partilha colonial do sensível"[36], envolvendo as formas de perceber — vamos sair um pouco do oculocentrismo — que dependem de um não-perceber fundamental e que vão delimitar as possibilidades de apreensão das pessoas racializadas. Com isso, queria pensar o fato de que, no interior de uma sociedade colonizada, as pessoas racializadas como outras em relação ao ser-branco entrarão em certas relações sociais sob a condição inegociável de que não entrem como propriamente humanas. Uma sensibilidade partilhada, não obstante insensível, precede e excede os indivíduos e as psiques individuadas, como um repertório comum que não é organizado por todas as pessoas que se encontram presentes na sociedade: um tomar parte nada simétrico. Assim, restringe-se o espaço e o tempo próprios e impróprios de aparição legítima das pessoas colonizadas, assim como os papéis sociais que lhes cabem. Elas são apreendidas como uma parte apartada do corpo social porque o sentido do fazer-parte é violentamente imposto por uma outra parte. Apreender, como diz Sodré, no sentido de uma "incorporação emocional ou afetiva do fenômeno", a partir de uma síntese que "informa os esquemas existenciais, ordenadores da experiência comum".[37] Uma fé perceptiva sobre o lugar de negro, por exemplo, mas que depende, desde sempre, da negação de uma *comunidade* autêntica que inclua a pessoa negra e a branca — seu lugar deve necessariamente ser um outro, do outro lado da linha racial. Toda a construção dessa espacialidade, dessa paisagem social gira em torno de um "não".

O que se percebe e é representado — o ser-negro por exemplo — é posterior em sentido não-cronológico, ou não necessariamente cronológico, pois é dado *no lugar do não-percebido*, do que há de imperceptível no fenômeno no modo como ele surge nas relações sociais. Falamos da percepção em um sentido menos restrito e em seu entrelaçamento com as outras potências da psique, como quando Aristóteles definia a sensibilidade humana como aquela capaz de perceber o justo e o injusto.[38] Ele pensava a "comunidade" — comunhão, *koinonía* — dos sentimentos como aquilo

---

36   Victor Galdino, "Raça e a partilha colonial do sensível na obra de Achille Mbembe", em *Griot*, v. 23, n. 2, 2023. Disponível em: https://periodicos.ufrb.edu.br/index.php/griot/article/view/3329.

37   Muniz Sodré, *O fascismo*, p. 159.

38   Aristóteles, *Política*, 1253a8-14. Edição portuguesa: trad. António Campelo Amaral e Carlos de Carvalho Gomes (Lisboa, Veja, 1998),

27   Sobre o estatuto ontológico da raça

que dá sentido e produz "família e cidade",[39] comunidade da qual partes do corpo social não participam porque sua sensibilidade é distinta, fora de sintonia com as questões políticas das quais se ocupa quem participa. Como de costume nas filosofias do antigo mundo grego, a sensibilidade não é pensada, por Aristóteles, como uma parte departamentalizada de nós, da psique — ela se mistura com o resto, às vezes se confunde com o resto, sobretudo com a imaginação em seu ser-intermediário. O imaginal e o sensível, podemos dizer a partir disso, participam um do outro, no sentido de que, de maneira geral, imagens são alimentadas por percepções e, por sua vez, as percepções só são compreensíveis como são porque já organizadas de maneira fantasmática. Há, claro, o papel do pensamento abstrato e discursivo e das racionalizações nisso, mas façamos um recorte temporário. Importa é que o que se passa em nós, diante de um fenômeno, não se dá em partes sequenciais, bonitinhas, bem-ordenadas.

Precisamos sempre, por limitação da linguagem e de nossa forma de compreender relações causais, talvez, separar mais ou menos as coisas. As tais *formas* de ver e ouvir e o que mais for são *formas* de ver e ouvir e o que mais for aquilo que a imaginação permite e organiza previamente recorrendo a imagens. Se o que escapa da percepção é fundamental, é porque esse movimento garante que — idealmente — sempre alguma coisa aparecerá em seu lugar: seres imaginais que capturam a percepção. A percepção também alimenta a fantasia, mas seu sentido não pode vir dela mesma, nem as associações entre percepções distintas no tempo — a imaginação é a potência de costura do que está disperso, separado, ela produz um todo que faz surgir as partes. Na verdade, sem esse trabalho, nem sequer entenderíamos a dispersão e a separação. Como se constitui o ser-racializado, então? Um múltiplo sensível organizado de maneira imaginária, porém à maneira de outro mundo possível, fabricado como aquilo que emerge, no campo da percepção, no lugar deixado pelo que lá não está. Diante da negatividade, entram em cena quantos fantasmas a imaginação puder fabricar, projetados nesse múltiplo e percebidos como se não estivessem, em primeiro lugar, no interior da psique. Aqueles de forma animalesca, monstruosa, mineral ou vegetal. Fantasmas perigosos, submissos, dóceis, selvagens, ingovernáveis ou que demandam atos de governo. São incontáveis as faces do outro, máscaras que se confundem com o rosto porque, mais uma vez, nunca foi um jogo de falar *como se* fossem fatos sabendo-se, da forma mais explícita possível, que não são, como ocorre na ficção audiovisual ou literária. Talvez tenhamos encontrado, logo aqui, aliás, o ponto de diferença entre o fictício artístico e o que é instituído por um imaginário social.

---

39   Ibidem, 1253a15-6.

De todo aquele problema da verdade na ficção, o que desejava pensar, a partir de Lewis, era esse movimento contrário, operado pela imaginação, que faz do fictício — nunca plenamente destituído de realidade no sentido mais estrito da palavra — o plano de fundo de nossos juízos sobre o real, dado à percepção no ocultamento de sua fantasmagoria.

O nosso problema, aqui, é sobretudo imaginário (e não se confunda as palavras deste texto com o descredenciamento filosófico da imaginação que vem de nossos séculos modernos;[40] nada tenho contra o que é imaginário, tirando o que animou as mãos que quase me mataram algumas vezes — sabe-se muito bem, caso se queira saber, que não há vida ou existência ou realidade social sem um imaginário também social). Onde, porém, entra a fantasia no que está fora da percepção social e socializada? A multiplicação das representações fantasmáticas é o outro lado de um esvaziamento, e o vazio deve ter sido igualmente criado, feito a partir de um não-perceber porque se quer uma diferença. Ele não está ali como o que se mostra, e seu não-estar não é como o de um traço biológico inexistente em um organismo particular. É fictício como o ser-racializado, embora não exatamente a mesma coisa; de todo modo, o ocultamento também precisa *fazer sentido*. Em geral, verbaliza-se a justificativa para a negação da humanidade plena, ou para a afirmação de uma menos-que-humanidade por racionalizações que se dão já em torno de fantasmas percebidos como a própria carne — como protuberância corpórea que sinaliza uma diferença interna, ou seja, depois do preenchimento do vazio, do não-ser percebido. Tudo se complica, no entanto, quando tudo vem junto, num emaranhado.

Arriscaria dizer o seguinte: o esvaziamento não pode ser sustentado de modo contínuo sem uma *forma* que dê sentido, ao mesmo tempo, à recusa em perceber e ao que a fantasia oferece à percepção como *suplemento* ao operar uma de*forma*ção dos sentidos, de modo que ambas as coisas se tornam mais do que movimentos precários e efêmeros da psique — estamos falando, afinal, de um problema que chega até nós desde o tempo da colônia. Essa forma é imaginária, imaginal: sua função é sustentar a diferença de natureza lá onde ela não se encontra, é preparar o terreno para a chegada das naturezas diferentes. O nome dela é "raça" e isso faz do ser-racializado, e não da raça, aquilo que é constituído como algo *relacional*. Raça é o *um* e o ser-racializado, dito de muitas maneiras, é o múltiplo de modos raciais de ser, produto dos diferentes processos de racialização que, em sua especificidade, dão-se sempre no contraste com a branquitude, ou: o ser-branco. Raça, por existir na

---

40 Para uma breve reconstrução desse processo histórico-filosófico, ver o capítulo "From *Phantasia* to Imagination" em Chiara Bottici, *Imaginal politics: images beyond imagination and the imaginary* (Nova Iorque, Columbia University Press, 2014).

29 Sobre o estatuto ontológico da raça

negação da humanidade do outro, é uma forma que sobrevive enquanto houver desumanização. Nem todos os processos de desumanização são raciais, claro; a questão é que só pode aparecer o ser-racializado se a raça aparecer antes, e ela só pode aparecer na não-apreensão da humanidade plena de alguém a partir de diferenças triviais e não-raciais existentes muito antes da racialização — a ficção como rearranjo criativo, mesmo quando não é tomada como ficção. Diferentes povos são trivialmente diferentes entre si, mas, de repente, isso não basta, não se reconhece uma diferença humana — não se percebe o contínuo de humanidade e outra coisa é percebida. Os modos do ser-racializado invadem o mundo atual se misturando com as diferenças já existentes, habitando o vazio em que o ser-humano não mais está *como se* nunca estivesse estado.

Já as identidades raciais que podemos ou não tomar como nossas, que nem sempre são uma assimilação total do que dizem que somos, das representações raciais que fazem de nós, são uma outra maneira de continuidade da raça, porque parte da violência racial consiste em nos tornar veículos dessa forma imaginal, desse princípio de diferença, por mais que isso nunca seja uma decisão nossa: não somos nós que inventamos a nossa racialização ou a própria existência de um múltiplo racial, não é de nossa autoria essa ficção que invade o mundo atual, ainda que acabemos tornando-nos coautores de sua recriação cotidiana. É algo que, de maneira geral, está fora de nosso controle.

O imaginal partilha do sensível e é assim que nosso problema começa — "é como estrutura imaginária", diz Mbembe, que a raça "escapa às limitações do concreto, do sensível e do finito, ao mesmo tempo que comunga do sensível, no qual de imediato se manifesta".[41] A proliferação de fantasmas é uma maneira de se libertar dos constrangimentos da carne, da matéria — muito embora o ser-racializado sempre seja algo que se manifesta, na sensibilidade colonial, como qualidade corpórea, indício sensível de uma essência imaginada por trás da pele. Não fosse isso, tudo seria tão somente um problema de representação. Há uma diferença considerável entre uma fabulação despretensiosa, restrita ao ambiente controlado da imaginação, e uma percepção deformada por fantasmas. E, mais uma vez, não podemos ditar os rumos de sua proliferação; no máximo, participamos dela ao produzir identidades raciais como forma de ressignificação do que é imposto, ou como movimento não-deliberado de recusa das representações que nos mostram como algo que não reconhecemos: como algo menos-do-que-humano, por exemplo. Pode-se dizer que Sun Ra, ao afirmar-se mito e não realidade, está produzindo um desvio em seu ser-negro por meio dessa identificação, já que, se a

---

41 Achille Mbembe, *Crítica*, p. 69.

30 Então eu cantaria porque saberia como é ser livre

racialização funcionasse de maneira impecável, ele se veria como realidade exatamente como o branco a descreve. De todo modo, mesmo quando oferecemos um outro entendimento, um outro sentido de ser-negro, por exemplo, isso encontra sempre uma barreira que não está exclusivamente na insensibilidade do outro, mas na multidão de fantasmas que já habita sua psique e informa a percepção. E como o fantasma é convocado? Que necessidade estranha o movimenta?

Mais uma vez citando Mbembe, a raça pode ser entendida, também, como "lugar de contato com a parte sombria e as regiões obscuras do inconsciente", pois está ligada a "apetites, afetos, paixões e temores".[42] Algo a ser mais bem elaborado em outro texto; por enquanto, podemos dizer: tudo vai sendo estruturado em torno do desejo, ou para falar em termos clássicos, da volição, da vontade. A racialização é um movimento e não é possível (*se*) mover sem querer. Um pouco como diz James Baldwin: "se eu era um 'preto' aos seus olhos é porque havia algo em *você* — havia algo que *você* precisava".[43] Racializar é fazer algo, fazer em relação. Não um entendimento equivocado solto no ar, depois lançado em direção ao seu objeto. Não, cria-se o objeto a partir do momento em que ele é tratado *como se* fosse o que, só-depois, o discurso racial afirma que ele é ao mesmo tempo que diz, nem sempre de maneira implícita, o que *não é*. E, retomando o que é removido da cena da racialização, o problema se torna o seguinte: se o rosto é esvaziado de humanidade, como diz Fanon, o que a move para um *fora*? Ela é o que não se quer ali, mas como esse não-querer se relaciona ao querer? E o que se quer, exatamente? Algo impossível, talvez, de ser dito. Olhando para os efeitos, os sintomas, o que foi erguido a partir disso tudo, o melhor que posso é pensar uma *vontade de alteridade* que corresponda à raça como princípio de diferenciação de naturezas. Uma que sirva como autorização de si: para formular as teorias mais delirantes, mas, sobretudo, para fazer o que a história e o presente nos mostram. Olhe para Gaza, por exemplo, e verá tudo que é feito recorrendo à raça. Reconstituir a causa pelos efeitos — se for mesmo adequado falar nesses termos — é o que nos sobrou.

E a fantasia? Se a imaginação deve organizar os dados sensíveis, o que ela faz com o que essa (in)sensibilidade colonial deixa de fora? Como se representa imageticamente o que não está lá? O sentido é dado de maneira indireta, já pelo suplemento? A relutância em perceber e o desejo de perceber outra coisa estão misturados demais, e ambos animam e são animados pela raça como realidade imaginal. Ao longo da

---

42 Achille Mbembe, *Crítica*, p. 68-70.

43 James Baldwin, "A talk to teachers", em Toni Morrison (ed.), *James Baldwin: Collected essays* (Nova Iorque, Library of America, 1998), p. 682.

31 Sobre o estatuto ontológico da raça

história da filosofia europeia, as mais variadas epistemologias, sem tanta variação assim, ocuparam-se de uma linearização sequencial dos processos psíquicos: primeiro isso, depois aquilo, depois termina na abstração. Aqui, no entanto, estamos em um círculo, para onde só a vontade é capaz de levar a psique, a própria origem dessa vontade nos sendo demasiado obscura. Sabe-se lá o que acontece precisamente no lado mais escuro da psique em vias de se embranquecer. Algo já irrecuperável nessa altura da história; sabemos o que vem depois, em sua racionalização discursiva ou em sua articulação pictórica, ou pelo registro de práticas mais ou menos violentas que podemos chamar de "práticas raciais", parte dos processos de racialização. Ou de relações violentas que são as que já caracterizamos como relações raciais. No meio disso tudo, uma mistura infernal: o gesto violento, a abertura do poço de fantasmas, a insensibilidade reforçada — e algo que fica de fora. Depois, teremos também as racializações as mais variadas que, com o passar do tempo, encontrarão seu lugar nesse caldeirão, tudo reconfirmando o não-estar lá da humanidade. Importa mais do que tudo sair dessa ideia bastante comum de que textos têm alguma participação fundamental na produção da raça. Mais fácil é dar voltas nesse circuito de retroalimentação "interna". Prossigamos... vamos ver no que isso dá.

Como forma, portanto, a raça tem a ver com o negativo — não-perceber o que é, *como se* não fosse. Ela ordena, organiza a insensibilidade. Esse fundo negativo é o que permite, a cada vez, a remontagem do ser-racializado (ser-negro, ser-amarelo, ser-marrom...) a ser percebido, não necessariamente fiel às primeiras representações raciais que encontramos arquivadas na modernidade. Todas essas representações, no entanto, guardam uma relação de parentesco, *semelhanças familiares*, como dizia Wittgenstein. E, por outro lado, como dizia Marx, "o indivíduo *A* não pode se comportar para com o indivíduo *B* como para com uma majestade, sem que, para *A*, a majestade assuma a forma corpórea de *B* e, desse modo, seus traços fisionômicos, seus cabelos e variadas características *se modifiquem* de acordo com o soberano em questão".[44] Dois corpos do rei: carne e imagem. Finitude e possível infinitude. Um morre, outro entra no lugar, corporifica a *mesma forma* majestosa. No extremo oposto do espectro de valor, temos esse outro racializado a partir de uma negatividade, mais uma corporificação da raça. Pode-se dizer: a raça é a forma imaginária que positiva o negativo (o vazio) epistêmica e ontologicamente, que converte o não-perceber o que não se quer perceber em um perceber excessivo que é interpretado como

---

44   Karl Marx, *O capital: crítica da economia política* [livro I], trad. Rubens Enderle (São Paulo, Boitempo, 2013), p. 128, grifos meus.

32 Então eu cantaria porque saberia como é ser livre

conhecimento acerca do ser-da-pessoa, capturado pelas mais variadas representações raciais — raça é a forma da alteridade radical, esta sim *objeto de um querer*. Curiosamente, para assumir esse lugar, é preciso que uma sociedade a torne o *mesmo* não importando a diferença, a mesmidade sendo essa outridade vazia-a-ser-preenchida em relação ao que é naturalizado como propriamente humano, o que se dá por processos de iniciação e socialização que refazem a cada vez o nosso mundo na normalidade fantástica do cotidiano.

Como intervenção nessa normalidade, Sun Ra não vem como realidade, vem como mito: pode-se interpretar seu anúncio como dizendo respeito aos conteúdos inventados sobre ele e as pessoas como ele, mas o conteúdo não é o que oferece a diferença entre mito e realidade. No fundo, ele quer falar também sobre a forma como as pessoas negras e brancas são situadas na ontologia popular. Digamos que ele, então, chama atenção para si *como imagem* falante, perambulante, vestida de modo extravagante como se quisesse deixar nítido o contraste entre dois modos imaginais de ser: uma farsa criada por si e uma criada pelo outro. Fantasiado, ele chama atenção para o fato de que há uma fantasia anterior em cena: o negro. O radicalmente outro que só é por causa da raça. Debaixo dessa dupla fantasia, um vazio fictício, para o qual escorregamos no breve momento entre a negação de si como realidade e a afirmação de si como mito. Ele se apresenta, assim, como o caráter perturbador do que (não) se percebe no interior de uma "atmosfera sensível", em que o "vivido concreto [...] transparece".[45]

O que você vê, o que você ouve é a própria coisa? Não que exista uma por trás dessa aparição. As práticas raciais são responsáveis por "substituir aquilo que é por algo diferente, *uma realidade diferente*".[46] Ou seja, o que muda é a composição da realidade, que é, desde sempre, preenchida de imagens, de seres e linhas e armações e formas imaginais. Outro mundo possível agora atual. Sun Ra vem como a caricatura da caricatura, uma volta no próprio sensível que deixa o imaginal à mostra sem denunciar as imagens como um todo. Seus trajes de outro planeta, sua missão intergaláctica, a segurança que sente no seu ser-mito que não é outra coisa que um ser-ficção que não é outra coisa que um ser-imaginal, só que agora tentando habitar outro imaginário — agora a imagem fala por si e tem péssimas notícias: vocês são como embora não pareçam, e isso porque definitivamente não são como eles, os brancos. A despeito disso, ainda está ali como realidade biológica, física, o que seja. Só que não é disso que ele quer falar, e sim de sua *realidade social*. Realidade

---

45 Muniz Sodré, *O fascismo*, p. 157, p. 99.
46 Achille Mbembe, *Crítica*, p. 69, grifos meus.

que nega num gesto que desautoriza a própria negação, pois mitos (supostamente) não falam e socializam e conspiram — um lembrete do que há de não-percebido no não-perceber. Ele vem, portanto, como um tipo peculiar de realidade, consciente de que sua origem é outro mundo possível o ser-negro é uma natureza, de que está ali por um embaralhamento de mundos estruturado pela ficção. Ele vem trajado como realidade alternativa, com suas vestes surreais, porque ficções não podem escapar das telas, a não ser dentro da ficção, ou seja, de uma tela no interior da tela.

A imagem na tela é feita a partir de um roteiro, um texto. A origem moderna da raça não é discursiva. Se temos esse vasto amontoado de registros históricos textuais — literários, antropológicos, geográficos, historiográficos, filosóficos, médicos e tudo o mais —, isso só nos mostra a escrita em uma de suas características mais básicas: ela sempre chega atrasada em cena. Há o performativo, há efeitos do contato entre discurso e carne, claro, só que vem algo antes disso que carregará a palavra de sentido, peso e força; algo que sustenta as associações imaginárias, que toma a forma de um conjunto de ideias, crenças, hipóteses, teses. Antes disso, o ininteligível do passado, aquele momento em que se formou, pela primeira vez, uma sintonia precária entre desejo, ação, sensibilidade e imaginação, sintonia depois racionalizada, permitindo, inclusive, que sua passagem para o texto se tornasse possível. No momento em que as coisas se tornam públicas — para nós no presente, nós que não somos o destinatário dessas palavras —, no momento em que elas formam um arquivo para o futuro sem querer, é tarde demais. Como percorrer o rastro das ações que se encontram nessa precária sintonia? O importante é sempre desconfiar do inédito como aquilo que se mostra (n)o primeiro registro em ordem cronológica do que procuramos, como na primeira vez que raça apareceu como um conceito nas mãos de filósofos e outros profissionais do saber. A palavra deve ser previamente autorizada.

Para nossa sorte, a palavra carrega algo do que a sustenta. Pela palavra, reconstruímos um imaginário e uma sensibilidade, lendo contra as intenções de quem deixou o registro — há o que é dito e há o que se mostra para certa organização do olhar. Tentamos, assim, reconstruir a condição de possibilidade do discurso racial ao invés de nele encontrar a origem de nosso problema. Não, o problema não começa com um pensamento registrado, como no livro de um filósofo. Uma besteira. Seria interessante, aliás, se nos perguntássemos se essa ideia teve uma relevância para outros tempos como tem para nós, agora que foi canonizada, agora que nos vem como "o pensamento ocidental". O crime do filósofo é outro.

34 *Então eu cantaria porque saberia como é ser livre*

Podemos retomar, inclusive, a crítica marxista, em *A ideologia alemã*: não tomar como ponto de partida o que "os homens pensam, imaginam ou representam", ou melhor, "os homens pensados, imaginados ou representados", um modo de colocar em questão a consciência de si da própria consciência de si — e do outro.[47] Gostaria de seguir uma variação disso em duplo sentido: lembrar das práticas e relações, da vida social que fomenta as ideias e as representações, meio mediante o qual elas surgem em primeiro lugar; e pensar o não-pensado do pensamento.

Prosseguindo: nada ganha vida a não ser pela ação (e a ação, por sua vez, é animada pela vontade). O que dá vida à raça são as práticas raciais, que incluem as práticas de racialização. Vamos a um exemplo histórico: o longo debate de Valladolid, que nos chega, usualmente, como o embate entre Bartolomé de las Casas e Juan Ginés de Sepúlveda sobre os direitos e a própria natureza dos povos indígenas nas Américas, foi algo que só ocorreu após a violência do sistema de *encomiendas* ser transformada em um problema pelo que veio a ser um dos partidos dessa disputa. Sylvia Wynter nos mostra que, a partir dali, tornou-se cada vez mais comum o discurso sobre uma diferença de *natureza* entre os povos ameríndios (destituídos de razão) e os espanhóis (dotados de razão, exemplares do humano), que daria um sentido racionalizado à submissão do menos-do-que-humano ou mesmo não-humano a sistemas de servidão ou escravidão. Assim, surgiria o que ela chama de um "espaço de alteridade" ou "outridade", projetado sobre o globo onde quer que diferenças fenotípicas e culturais fossem percebidas como excessivamente grandes para que coubessem no mesmo conceito de Homem.[48] Ao invés de um direito dos conquistadores, uma determinação inescapável da "lei natural": por natureza, alguns povos teriam de ser violentamente submetidos a sistemas violentos de trabalho. O problema é que isso *já acontecia* — foi precisamente o estopim do debate.

Wynter foca mais no modo como uma forma de conceitualizar o Homem e seus outros ganhou força ali, e em como esse debate participou, por sua vez, da autorização de uma violência futura (ainda que uma violência *de mesmo tipo*). Aqui, porém, uma coisa já alimenta a outra. Ações, palavras e ideias foram parar num circuito de retroalimentação, podemos dizer. Antes, o que havia eram práticas raciais sem nome, sem grandes agitações discursivas ao seu redor, sem preocupações com a

---

47 Friedrich Engels e Karl Marx, *A ideologia alemã: crítica da mais recente filosofia alemã em seus representantes Feuerbach, B. Bauer e Stirner, e do socialismo alemão em seus diferentes profetas*, trad. Rubens Enderle, Nélio Schneider e Luciano Cavini Martorano (São Paulo, Boitempo, 2007), p. 94.

48 Sylvia Wynter, "Unsettling the coloniality of being/power/truth/freedom: towards the Human, after Man, its overrepresentation — an argument", em *The New Centennial Review*, v. 3, n. 3, p. 296.

Sobre o estatuto ontológico da raça

elaboração teórica do feito. O feito que, por sua vez, também não se deu em um vácuo de pensamento — podemos rastrear outros circuitos de retroalimentação que vieram antes, e para onde isso nos levará? Podemos começar com toda a ideia de *limpieza de sangre* em terras espanholas. E depois? Isso deve ter um fim, ou melhor, um limite dado pelo recorte que nos interessa. Poderíamos, talvez, montar uma genealogia que nos levasse de volta ao primeiro ato violento que produziu distância entre dois grupos humanos a ponto de dar a um deles a estranha ideia de uma diferença abissal, intransponível. Algo que poderia mesmo ser incrivelmente pré-moderno.

O problema é que estou lidando, aqui, com *um* problema, ou um conjunto deles, algo que me afeta e afeta outras pessoas como eu, e que provocou uma série pouco linear e mais ou menos ordenada de pensamentos — mediados por textos e obras artísticas e experiências e conversas e mil outras coisas — que tem este texto como um de seus desdobramentos. Se há *um* conceito de raça em elaboração por aqui é porque tento pensar uma coisa e não outra, algo não muito rigorosamente delimitado, claro, dada a natureza problemática e maleável e fantasmática do objeto. Ainda assim, "todo conceito remete a um problema",[49] e há muitos problemas e muitos conceitos em torno de nosso tema: raça. Nenhuma pretensão, aliás, de oferecer uma teoria empiricamente aplicável, ou de assumir a estranha posição de um falante que, ao mesmo tempo em que é dado a uma impossível audiência universal, esclarece as peculiaridades vividas em cada instância de experiência racial. Estas importam para que algo seja *pensado* por intermédio e a partir delas. Algo como o problema que Sun Ra nos coloca: como diabos uma irrealidade veio parar *entre nós*. Ou como a realidade foi reescrita por meio da ficção (digo isso a despeito do fato de boa parte deste e de outros textos ter sido pensada antes que me viesse essa caracterização específica; a escrita chega atrasada para organizar as coisas).

De todo modo, se digo "entre nós" é também porque estou situando meu problema nas várias cenas da diáspora negra, ponto de partida para pensar com e por meio de outras diásporas e processos de racialização, sob o abrigo abrangente da discursividade metafísica em seu falar de tudo ao mesmo tempo em que fala de nada específico, da especulação alheia ao excessivamente particular, mesmo tendo nela o seu ponto inevitável de partida; uma forma, enfim, de pensar o *um* no múltiplo, de pensar raça como algo distinto dos modos do ser-racializado, como o que excede meu modo de ser-racializado: o ser-negro. Uma maneira, talvez,

---

49 Gilles Deleuze e Félix Guattari, *O que é a filosofia?*, trad. Bento Prado Jr. e Alberto Alonso Muñoz (São Paulo, Ed. 34, 2016), p. 25.

36 *Então eu cantaria porque saberia como é ser livre*

de me lembrar que os problemas que tocam outras pessoas estão embolados nos meus, mas evitando que o movimento para fora de uma clausura me lance em direção a outra, ou me jogue num labirinto de vivências. Dito isso, raça, racialização, colonialismo, escravidão e todos esses assuntos me interessam a partir de uma série de recortes que me leva a abordar um problema propriamente moderno, em que todos esses elementos aqui mencionados se encontram misturados, num caldeirão que inclui, ainda, o capitalismo e outras invenções modernas. Pode-se falar, por exemplo, da escravidão pré-moderna, ou da que ocorria entre os povos africanos ao mesmo tempo em que os europeus montavam o tráfico transatlântico. Nada disso me permite pensar, de modo adequado, na inadequação de meu esforço em pensar adequadamente, nas questões diaspóricas como as que movem esta escrita, que gira em torno de uma mistura infernal que produziu a paisagem social na qual me encontro neste exato momento. Ignorar essas outras *formas* de escravidão, por outro lado, seria um erro grotesco — é preciso saber no que consiste a novidade moderna indissociável da raça em sua expressão também moderna, nem que isso signifique desinflacionar o ineditismo da coisa, que nos leve a oferecer nada além de uma minúscula diferença. É tudo que precisamos para nos entender, e disso diversas pessoas já trataram antes de mim. Quero, por enquanto, dar mais umas voltas conceituais ao redor da raça como tema/objeto.

Tudo tem a ver com o título do livro de Fanon: *Pele negra, máscaras brancas*. Ele não escreveu *Pele negra, máscaras negras* ou *Pele branca, máscaras brancas*. Seu problema era o de pensar uma comunidade diaspórica que não podia lidar com o drama da identidade e das formações subjetivas da mesma maneira que as comunidades para as quais a psicanálise, por exemplo, podia fazer sentido. Porque ali havia duas cidades, como ele diz em *Condenados da Terra*. Havia o colonizado e o colonizador e uma imposição violenta de uma realidade da qual ambos participavam de maneiras terrivelmente distintas, em que uma parte só podia ser, para a outra, algo menos-do-que-humano, numa diferenciação dada pela conversão das diferenças culturais em diferenças de natureza com múltiplos desdobramentos, levando à fabulação de intransponíveis e nada triviais diferenças morais, psíquicas e outras. Ele teve de fazer a psicanálise — e o existencialismo, a fenomenologia e algumas outras coisas — fazer sentido *ali* onde ele estava. Uma reorganização dessas formas discursivas e de pensamento diante de um problema inexistente no Velho Mundo. O que ele fez fazia sentido nessa cena na qual há uma oposição colonial entre o negro e o branco. De que importa o pensamento fanoniano para o escravo na antiga Atenas, por exemplo? Ou para a pessoa que hoje se encontra trabalhando escravizada para alguma corporação em uma zona ignorada de nosso vasto território nacional? E Fanon nem escravo era e nem estava falando, primariamente, de escravidão. Sua obra, no entanto, ainda ressoa no pensamento sobre a escravidão nas Américas. Ela *faz sentido* porque pode ser ressituada de algumas maneiras, não de todas.

Fanon me interessa por muitos motivos. Um deles é que ele sentiu todo o peso de tentar entender o que ele era, entendimento que, no fim, era sobre o que ele *só era* em relação a um outro. Não um indivíduo aleatório na rua como aquele que o interpela gritando "um negro!".[50] Era toda uma composição de coisas. Fanon lutava contra sua própria realidade, sobretudo para abrir um espaço entre "própria" e "realidade". Um homem, jamais sozinho, contra um mundo, assim como inúmeras outras pessoas antes e depois. Para isso, entre tantas coisas, precisava compreender como havia se tornado ficção no mesmo processo que o havia tornado real para aquele mundo, ele mesmo feito, em parte, de uma matéria fantástica. Por isso, Fanon lamentava: "Queria simplesmente ser um homem entre outros homens. Queria ter chegado lépido e jovial a um mundo que fosse nosso e que juntos construíssemos".[51] Há algo a ser dito em outro canto sobre a construção de mundo e a raça como tecnologia imaginal empregada para esse fim. Por aqui, basta notar que Fanon reivindicava, como liberdade, a destituição da raça como condição de possibilidade do próprio ser-negro, e isso significava poder ter chegado a um mundo igualmente sem brancos — jamais poderia ele chegar ao *mesmo* mundo no qual foi socializado e iniciado. Ele queria ter estado, no passado, em outro mundo possível, um que não tivesse sido povoado por seres imaginais de ainda outros mundos possíveis. Distinto, podemos dizer, do mundo que ele pretende construir, também possível, também atual em realidades alternativas. Nos dois casos, uma contraficção. Seu problema era de ordem cosmológica.

Como é falar a partir de seu próprio ser-imaginal? Talvez isso não seja um problema. Como é falar a partir de seu impróprio ser-imaginal dado pelo outro? Temos um problema fanoniano agora. Como escrever sobre raça sendo aquilo que a raça fez, ou aquilo feito por meio da racialização, dada a força destituinte dessa clausura imaginal? Não deve haver

---

50 Frantz Fanon, *Pele negra*, p. 127.
51 Ibidem, p. 128

38 *Então eu cantaria porque saberia como é ser livre*

uma resposta única para isso, ou: não tenho interesse em uma resposta única. "Para nós, só é possível falar da raça [...] numa linguagem fatalmente imperfeita, cinzenta, diria até inadequada".[52] Quem é esse "nós"? Não é a totalidade das pessoas negras, muito menos das racializadas de múltiplas formas. Há sempre quem não tenha ou não sinta esse problema da inadequação, essa dificuldade de fazer a língua operar como se espera (se na frase colocarmos de volta "racismo" logo após "raça", palavra que foi cortada na citação, isso talvez fique mais claro). É um *nós* que surge quando se lida com a possibilidade de muitas coisas sobre esse nosso tema não serem tão óbvias assim, mesmo quando se fala como uma pessoa racializada que, bem, vive toda uma vida afetada por esse objeto peculiar. O velho problema de como tornar algo do sujeito um objeto sem se perder em alguma confusão qualquer, que desde a descoberta psicanalítica do inconsciente se tornou um problema infernal. Eu me incluo nesse "nós", que nada mais é do que o "nós" inaugurado por Fanon: comunidade de pessoas brigando com a linguagem.

Sem lamentações. Uma primeira obviedade a ser desfeita é a de que "raça" significa o que parece significar. Isso tem sido feito sem cessar há décadas, mas vale a pena se demorar um pouco mais aqui. Disse que a raça é algo que confunde mundos possíveis e mundo atual; uma maneira de dizer que, sendo ficção, comporta-se como algo impróprio para o ser-ficcional. A linguagem racial, veículo dessa imagem, é performada em uma literalidade impossível que, mesmo assim, fez-se norma. Sabe-se que os nomes raciais não correspondem às cores da pele de fato, mas são nomes que, de alguma forma, foram e são aplicados pela catacrese,[53] como diz Alessandra Raengo, essa perturbadora figura de linguagem caracterizada por um esquecimento comum — quando a metáfora já não é mais lembrada como metáfora e, por isso, deixa de ser usada como tal. Os termos raciais ("negro", "branco", "amarelo"...), "conforme são utilizados em sua capacidade de nomeação, suturam a relação infinita entre ver e dizer que tanto Magritte como Fanon tentaram reabrir afirmando, de maneira retórica, *isto NÃO é um cachimbo*".[54] Como se tentássemos pôr um sapato no pé da cadeira, ou avaliá-lo de acordo com suas funções motoras, ou mesmo dizer que lhe falta uma boa pedicure. O problema é que a madeira é menos plástica do que o humano.

De repente, faz-se do deslocamento estagnação. Agora que a ficção está desse lado, agora que a imagem saiu do espelho e habita o mundo extraespecular, é como se esse movimento nunca tivesse ocorrido.

---

52 Achille Mbembe, *Crítica*, p. 27. Na ed. brasileira, "dúbia" no lugar de "cinzenta".

53 N. da E.: Do grego *katakhresis*, significa "mau uso das palavras".

54 Alessandra Raengo, *On the sleeve of the visual*: race as face value (Hanover, Dartmouth College Press), p. 54.

39   Sobre o estatuto ontológico da raça

Do outro lado do espelho está o real. Esse é um dos poderes da raça: "apagar, continuamente, os traços de sua própria manufatura violenta".[55] Paul de Man diz: "algo de monstruoso espreita na mais inocente das catacreses: quando se fala das pernas de uma mesa ou da face de uma montanha, a catacrese já se faz prosopopeia, começamos a notar um mundo de fantasmas e monstros em potencial".[56] Bem que Surauardi nos avisou que, no reino das imagens, não são as belas Formas platônicas que encontramos: por lá, há outros tipos, incluindo formas sombrias capazes de punir e atormentar...,[57] ele que sabia, também, que experimentar o imaginal não era um movimento tranquilo da psique, seus efeitos corpóreos podiam ser mais ou menos intensos: "como um raio de prazer", "água morna pingando sobre a cabeça", "o som de tambores e trompetes", "um peso que parece demais para se carregar" ou mesmo algo que parece quase "estraçalhar as articulações".[58] Metáforas, também — como esforço de capturar os modos de a imagem ser sentida, possibilidades imaginais. Não devemos esquecer que a imaginação é função de um organismo, algo irremediavelmente carnal. O problema é que ainda estamos, aqui, numa interioridade, e o problema da raça é que ela não é qualidade do corpo. É fixada nele, oferecendo a possibilidade de a imagem ser confundida como *mera representação* (quando o mundo é apenas e inocentemente "aquilo que vemos") que, por sua vez, oferece o ser-negro, o ser-amarelo etc. A raça articula o visível pelo que faz desaparecer, ela mesma servindo para o esquecimento catacrético que a linguagem racial exibirá, abrindo o espaço para as representações específicas da pessoa racializada, representações de seu modo-de-ser imaginado.

O trabalho, portanto, é falar a partir do interior dessa linguagem, através de um salto, um metacomentário que sirva de lembrete. "O trabalho de quem faz filosofia é reunir lembretes para um propósito específico",[59] diz Wittgenstein. Sun Ra oferece algo nesse sentido: sua linguagem nos lembra do fato de que ele não pode estar querendo dizer o que parece, ele o mito-falante. Agora: podemos falar, a partir desse interior, e ainda insistir na pretensão de captura? Penso na tradição de escrita negra que, nas palavras de McKittrick, não reúne diferentes gêneros

---

55   Ibidem, p. 59.

56   Paul De Man, "The epistemology of metaphor", em *Critical Inquiry*, v. 5, n. 1, 1978, p. 21.

57   "Essas formas e imagens autônomas não são as platônicas, pois estas são feitas de pura luz e imortais; algumas das formas de que falamos, porém, são escuras". Shihâboddîn Yahyâ Sohravardî, "Hûrqalyâ, *mundus imaginalis*: le monde des Formes imaginales et de la perception imaginative", em Henry Corbin (org.), *Corps spirituel*, p. 156.

58   Suhrawardi, *Philosophy of Illumination*, trad. John Walbridge e Hossein Ziai (Provo, Brigham Young University Press, p. 1999), p. 160.

59   Ludwig Wittgenstein, *Investigações filosóficas*, 127.

40 *Então eu cantaria porque saberia como é ser livre*

literários e materiais variados para "capturar algo ou alguém", e sim para "questionar o trabalho analítico da captura" e o desejo que o move.[60] Escreve-se para recuperar, para si, um grau de mobilidade no interior da clausura racial — talvez até para desfazê-la. Pretensão para outro tipo de texto, aqui ofereço somente palavras, palavras com variadas funções, menos a de fazer uma revolução sem gente. Há expectativas em excesso em torno de tudo que é negro, não precisamos de mais uma.

A superfície negra, aliás, é continuamente organizada por expectativas — o corpo negro deve *representar* algo. Entre o olho e a pele: este é o espaço de pensamento em que o "nós" que nos liga a Fanon se encontra, pois é onde se desdobra a produção fantasmática que dá sentido à afirmação de Sun Ra em seu retorno ao que foi esquecido na catacrese. Nessa fantasmagoria, o que se organiza é a própria literalidade da fala e do que ela visa capturar ao valer-se de um regime do sensível que, para operar com toda a eficiência possível, precisa se ocultar ali na pretensão inarticulada de que os olhos e os ouvidos não são socializados, de que "aquilo que vemos" na superfície corpórea não pode também ter uma história que envolve o que é socialmente instituído. Ao mesmo tempo, é verdade que o mundo é *o que vemos* e que, contudo, precisamos aprender a vê-lo "[...] dizer o que é *nós* e o que é *ver*".[61]

Como, nesse aprendizado filosófico do qual Merleau-Ponty fala, não ser capturado de volta pela própria superfície? Não de maneira geral, na vida cotidiana, como certo *nós* tem resolvido isso na escrita? Trabalhando com conceitos. Todo conceito de valor filosófico opera um deslocamento mais ou menos drástico, intenso, perturbador — está sempre submetido a uma forma de pensar que de outras se diferencia. Aqui, mais precisamente, o deslocamento é relativo a uma metafísica racial naturalizada a ponto de fazer parte de nossa socialização, agora convertida em fé perceptiva a ser assimilada em nossa conversão a *este mundo*. Sem maiores explicações, sem toda uma parafernália abstrata, justificações, argumentos e demonstrações — a inocência do visível. Houve outro tempo em que falar de raça, como se passou a falar na modernidade, era algo *estranho*. Esses autores de ficção, então, e não unicamente os filósofos de ofício, é que promoviam o deslocamento, propondo uma forma de pensar que, para sua sorte, tornou-se *a* forma de pensar, até que o pensamento racial mais violento foi perdendo espaço no discurso explícito, embora nunca tenha saído dele. Sobraram, ainda, formas de sentir e imaginar, o circuito de retroalimentação composto pela partilha colonial

---

60   Katherine McKittrick, *Dear science and other stories* (Durham, Duke University Press, 2021), p. 4.

61   Maurice Merleau-Ponty, *O visível*, p. 18.

41   Sobre o estatuto ontológico da raça

do sensível e pelo imaginário colonial em sua capacidade de imprimir certa ordem no caos que autorizam. Agora, o que foi novidade em outros tempos num falatório desavergonhado nos chega como herança muda. Fazemos o deslocamento inteligível com o auxílio de outro deslocamento. Nesse sentido, o conceito de raça que tento aqui oferecer não vem, a não ser por uma corrupção, de algum ponto do vasto arquivo colonial: é produto de um trabalho de pensamento sobre o pensamento arquivado e sobre a relação deste com uma série de outras coisas, inclusive com o intuito de trocar a ordem e remover a prioridade do pensado na análise, refletindo sobre suas condições de possibilidade. Um meta-contra-conceito, no mesmo sentido de que, para falar de uma ficção esquecida de si, nós já não podemos mais reivindicar o real-para-além-da-ficção como fonte de saber e correção. Pois não se trata de corrigir representações equivocadas, mas de figurar o que se confunde com a representação ao usar novas ferramentas. Trabalhamos, como comenta Raengo ao comentar Stoichita ao comentar Plínio, com uma *sombra* produzida pela racialização — a imagem em "relação de contiguidade com o real", um "outro do mesmo" e não um simulacro desajeitado e possivelmente equivocado do real, a ele vinculado pelo esforço de semelhança. Uma emanação que vai de um ponto a outro.[62] Produzida em relação, a sombra emana da coisa sem poder representá-la e representando ainda assim. Uma fronteira foi cruzada. É necessário, portanto, distinguir a representação do outro na qual se acredita e os *modos imaginais* da outridade que lhe oferecem um lugar na consciência como ser-racializado. A raça é a forma que organiza essas emanações. O conceito, por isso, não pode ser oferecido aqui como uma abstração do sensível, do objeto da percepção racializada, pois ficaria preso à confusão entre imagem-sombra e representação imagética — uma proposta, contraficção enquanto contramixagem do real, pode-se dizer: o que digo sobre raça é uma série de *e se pensássemos raça como se...*

Não me importa, além disso, dizer o que é a pessoa racializada por trás da máscara. Isso ela deve fabricar por si mesma. Quero falar de maneiras diferentes de pensar a imagem, de lidar com ela. Pouco importa, também, denunciar ou criticar o caráter fantástico das imagens em geral, ou o ser-instituído do imaginário, comentar seus usos e desusos, para onde isso tudo nos leva. Estou mais preocupado com a ética e a política das imagens. Por isso, "contraficção" não é palavra que me perturba. "Devo me lembrar a todo momento de que o verdadeiro *salto* consiste em introduzir na existência a invenção".[63]

---

62   Alessandra Raengo, *On the sleeve*, p. 41.
63   Frantz Fanon, *Pele negra*, p. 240.

A raça, ao permitir a representação de algo *como se* fosse real, participa da própria fabricação da realidade. Até certo ponto, não havia pessoas negras. Agora, estão por aí, em seu ser-mito como Sun Ra. A raça oferece um esquema geral para as representações: "Não se trata de *ver* (perceber e compreender) a realidade tal como se apresenta e daí constituir as opiniões ou as crenças que possam confluir para uma imagem social, e sim de aderir a um modelo de representação anterior à percepção [...] não se representa aquilo em que se acredita: acredita-se naquilo que se representa", diz Sodré.[64] Mais uma vez: como no regime da arte representacional do qual nos fala Rancière, importa compor uma apresentação que faça sentido dentro do que se convencionou fazer sentido ou não. O problema é que, na consciência racial que nega sua própria atividade imaginal, sempre será mais plausível acreditar na representação mais delirante, na caricatura mais monstruosa, tornada radicalmente familiar, do que em outra coisa (a humanidade do outro racializado, por outro lado, torna-se uma ficção improvável no mundo atual, plausível talvez em distantes mundos possíveis); a outra coisa que sai de cena no mundo como "aquilo que vemos", o mundo já racializado. Não me interessa dizer o que ela é em sua essência, defini-la, mas faz sentido dizer que, no momento de certas experiências, o que a pessoa racializada pensa ou sente é que "outra coisa" = quem ela realmente é. Não é preciso determinar o significado dessa expressão do lado direito da equação.

Vejamos esse relato contado por Wu: "Eliane Kim, professora de literatura da Universidade da Califórnia em Berkeley, conta que ouviu, de um amigo branco que havia lido *The woman warrior* de Maxine Hong Kingston — um dos primeiros romances ásio-americanos a se tornar leitura básica em cursos de literatura —, que foi graças ao livro que passou a entendê-la. A personagem fictícia se torna mais crível do que a pessoa real, como se fosse mais fácil conhecer as pessoas ásio--americanas pela representação e não pela realidade".[65] Duas coisas: o que significa essa oposição entre representação e realidade aqui? O que significa conhecer pessoas por meio de uma representação? É claro que, se adotarmos uma postura filosófica que nos comprometa com um conhecimento ou um entendimento sempre mediado por construções imagéticas representacionais (e não-representacionais), a questão se torna entender o papel específico da *imagem racial*. Algo que, por sua vez, leva à confusão entre pele/superfície e representação mediante a recusa

---

64 Muniz Sodré, *O fascismo*, p. 68.
65 Frank H. Wu, *Yellow*, p. 8.

43 Sobre o estatuto ontológico da raça

— ou a redução drástica — de uma distância. É assim que opera a percepção racial e racializada: ela enxerga plausibilidade na mais absurda possibilidade, naquilo que, poderíamos dizer, só faria sentido mesmo se nossa realidade fosse outra. Infelizmente, não é o caso.

É como diz Fanon: "Eu havia criado, por baixo do esquema corporal, um esquema histórico-racial. Os elementos que utilizei não me foram fornecidos por 'resíduos de sensações e percepções de ordem sobretudo tátil, vestibular, cinestésica e visual', mas pelo outro, o branco, que teceu para mim mil milhares de detalhes, anedotas, relatos".[66] E, diz Mbembe, "antes mesmo de aparecer, esse corpo já havia sido processado".[67] A representação, que se pretende apreensão do ser-racializado, está pronta antes de entrarmos em cena. Quando o "rosto negro entra na sala", diz Henry Gates Jr., "num vislumbre, o espectador sabe tudo que precisa sobre a pessoa que veste a máscara da negritude", saber que se nutre, pré-conscientemente, de um vasto respositório "que contém uma longa lista de conotações, significados, estereótipos, folclore, mitos, piadas, ostentações, suposições, predisposições e contra-argumentos",[68] tudo isso pronto como um texto memorizado à exaustão, roteiro lido mil vezes mesmo sem leitura, como se capturado por antenas na própria atmosfera — roteiro que pode mesmo ser variação cotidiana do saber racial formal e institucionalizado em outros tempos. E o que importa é o que esse roteiro — *fé perceptiva* — autoriza na abertura que oferece para possíveis ações.

O testemunho de Darren Wilson, policial responsável pelo assassinato do adolescente negro Michael Brown, mostra que, em sua percepção, o garoto era excessivamente grande (embora ele mesmo se descreva como dois centímetros e meio mais alto), agarrá-lo era como ser "criança de cinco anos segurando Hulk Hogan" (famoso lutador estadunidense de luta livre); Michael olhava de maneira intimidadora com "um rosto intenso", "parecia um demônio", "grunhindo", e depois, após a cena da viatura, já numa rua próxima, correu em sua direção sem reduzir a velocidade após ser atingido múltiplas vezes, como se "tivesse ficado maior para atravessar os tiros", "como se eu nem estivesse ali, como se não fosse nada em seu caminho".[69] Sobrenatural. Plausível, ainda assim — mais do que isso, uma certeza inabalável anima o dedo do policial.

---

66 Frantz Fanon, *Pele negra*, p. 127.

67 Achille Mbembe, *Crítica*, p. 198.

68 Henry Louis Gates Jr., *Caixa-preta: escrevendo a raça*, trad. *floresta* (São Paulo, Companhia das Letras, 2024), p. 15.

69 Citações retiradas das matérias "'I felt like a five-year-old holding on to Hulk Hogan': Darren Wilson in his own words" e ("What happened in Ferguson?") publicadas sobre o caso, respectivamente, no *The Guardian* e no *New York Times*.

Um adolescente desarmado, nada mais. Tudo isso em menos de 90 segundos. O tempo de entrar em uma sala e ter seu rosto identificado a partir de um roteiro familiar em excesso.

Podemos redizer tudo isso nos seguintes termos: o outro racializado é menos plausível em sua *auto*apresentação do que na representação feita dele, não importam as características surreais, improváveis ou empiricamente insustentáveis (para quem?). Vamos esquecer do real e pensar em um conflito entre *representações*. O que Wu deseja que seja visto *e* conhecido é o que entrará em cena assim que cessarem os efeitos da racialização, quando outras aparências se mostrarão sob o holofote, não menos socialmente construídas, mas, se tudo der certo, zero-compromissadas com uma diferença abissal de naturezas (um problema: ele não poderia ter sido a *mesma pessoa* se não tivesse sido racializado, mas deixemos isso de lado). Um *eu* não-racializado, propriamente humano. É preciso lembrar, porém, que o *eu* é sempre ficção socialmente elaborada e aceita — não foi isso que aprendemos com a psicanálise? Ou mesmo antes, com Hume ou Pascal? Bem, então: "O negro chega antes da pessoa, o negro chega antes do indivíduo, o negro chega antes do profissional, o negro chega antes do gênero, o negro chega antes do título universitário, o negro chega antes da riqueza. Todas essas dimensões [...] têm de ser resgatadas *a posteriori*, isto é, depois da averiguação, como convém aos suspeitos *a priori*".[70] Cada uma dessas coisas que chegam depois, na lista de Sueli Carneiro, são as que gostaríamos que fizessem parte de um jogo de aparências, embora recusemos ser disso que se trata. A diferença que importa é a diferença racial, e seus efeitos conhecemos em sua profundidade abissal, por mais que seja difícil fazer dela palavras.

Penso no documentário *Meeting the man*, com James Baldwin, em toda aquela primeira parte em que, nas ruas de Paris, o cineasta branco tenta enquadrá-lo de uma maneira específica; a tensão é palpável no ar, nos olhos arregalados do entrevistado. Toda a cena é marcada por digressões e dispersões que parecem ter a ver com o esforço que Baldwin faz para ser entendido ao seu próprio modo, esforço dificultado pelo fato de que luta contra as *representações* que a racialização oferece. A atmosfera carregada de expectativas, assim como de uma certeza que emana de trás da câmera sobre quem é aquela figura diante dela. Há um outro rapaz negro, saindo e entrando do enquadramento, irritado, irriquieto, às vezes ironicamente sorridente; entre ele e Baldwin, quase nenhuma palavra é trocada, mas ambos parecem estar ali enlaçados em um entendimento mútuo que não precisa ser verbalizado: é o branco que está

---

70   Sueli Carneiro, *Dispositivo de racialidade: a construção do outro como não ser como fundamento do ser* (Rio de Janeiro, Zahar, 2023), p. 130.

Sobre o estatuto ontológico da raça

por fora. Não *aquele* branco — o que fica nítido é que, antes do cineasta, antes do saber que ele pensa ter, há um outro conjunto de certezas, um outro aglomerado de representações que sufoca Baldwin, que faz com que seu problema não seja, na verdade, não conseguir dizer o que deseja; não, há algo ainda mais angustiante: saber que, mesmo que ele consiga dizer, é provável que seja mal-entendido, interpretado a partir de um entendimento prévio de ser, para falarmos meio heideggerianamente. É um tanto nítido, aliás, o modo como, na sequência do filme, ao conversar unicamente com pessoas negras, a tensão desaparece: Baldwin sorridente, extrovertido, falando sem constrangimentos. Antes, no entanto, o que havia? Seu problema era lutar contra uma interpretação errônea?

Parte do que é dito aqui é que a categoria do erro não nos parece levar muito longe. Será que há mesmo um erro, uma falha cognitiva em não ver uma pessoa, ou uma variedade enorme de pessoas por trás da raça? Uma generalização, um estereótipo sobre pessoas negras, por exemplo. Pode-se dizer que é um juízo falso porque "nem todas elas são assim" — mas o que está sendo predicado é predicado de quê? Se um atributo negativo é associado a um modo-de-ser racial, e se esse modo é pensado recorrendo às representações raciais, não seria ele oferecido como propriedade do próprio ser-negro fabricado, precisamente, para lhe servir de suporte? Onde está o desvio nesse encontro inevitável, no interior de uma cena inteiramente preparada para isso, entre sujeito e predicado? A generalização seria falsa se o que estivesse sendo julgado não fosse *todo um modo de ser* fabricado na generalização. Por outro lado, talvez pudéssemos dizer que o erro consiste em achar que uma pessoa é instância do ser-negro, mas parece ser tarde demais para isso, até mesmo porque viver em uma sociedade racializada é se tornar involuntariamente, mesmo que parcialmente, essa instância. Ao invés de pensar em falsidade, podemos dizer, por exemplo, que, sendo a raça uma força de deformação do real — que não o cobre com o véu da ilusão, mas faz dele um outro de si também real —, há mundos possíveis nos quais, estando ela ausente, os próprios juízos raciais que ela autoriza consistiriam em um *nonsense*, movimentos incompreensíveis nos jogos de linguagem socialmente aceitos. Aqui, no mundo atual, quais são as regras do jogo de linguagem em que a verdade na ficção reaparece, no ocultamento de seu próprio movimento, como ficção na verdade?

Há conceitos, portanto, que não nos servem. E há conceitos que nos servem desde que não sirvam para pensar, como um todo e sem qualificações ou recortes ou corrupções, a raça. Penso em Charles Mills, por exemplo, em uma de suas caracterizações do contrato racial: um "acordo para interpretar *erroneamente* o mundo. É preciso aprender a ver o mundo de maneira errada, mas com a segurança de que esse conjunto de percepções

46 *Então eu cantaria porque saberia como é ser livre*

equivocadas será validado pela autoridade epistêmica branca".[71] De fato, ele diz, com muita clareza, que o conceito envolve um reconhecimento da "*realidade* da raça (poder causal, centralidade teórica)" ao mesmo tempo que a "desmistifica" e aponta o seu ser-construído — a raça "é sociopolítica e não biológica, mas ainda assim é real".[72] Os pontos de acordo são evidentes. O que exatamente é, porém, a maneira correta de ver as coisas? Não mais está em questão o ver ou não ver *quem* alguém é ou não, mas todo um mundo. E, dada a realidade da raça, esse mundo é, para todos os efeitos, um mundo racializado — é nele que encontramos essa criatura sociopolítica, para repetir os termos de Mills. Será esse mundo o chamado "natural"? É certo que ele está presente, como referente, nas ciências raciais ou mesmo no pensamento racial mais cotidiano. Não parece ser isso que Mills diz. Então, fala ele de toda uma realidade social produzida por pessoas negras e racializadas em geral, irreconhecida, invisibilizada, sempre em relação dissensual com outra realidade social? Seria, portanto, um acordo para interpretar erroneamente *somente uma parte* do mundo, composto de duas realidades irreconciliáveis?

Prefiro pensar em dois mundos, mantendo essa relação entre atual e possível do ponto de vista de um consenso social que exclui possibilidades que, para uma comunidade mais específica, não passam de senso comum. Dissenso, diz Rancière, é "presença de dois mundos em um" pela ação política em sua função de embaralhamento da sensibilidade comum.[73] Algo, alguém *aparece* onde antes não aparecia — ao menos não daquela maneira (como sujeito político). Afinal, estamos falando do ser-social, não de um puro organismo biológico nitidamente visível, seja lá o que isso possa parecer. Estamos falando também da dimensão social da percepção, claro. Dois mundos porque são mesmo duas realidades, mas o ponto aqui é suspender o juízo sobre o que seria um mundo — para além do "natural" — primário, substância sobre a qual predicamos verdadeira ou erroneamente o que seja. É certo que há um uso retórico legítimo da linguagem em que a afirmação de Mills ganha sentido e mesmo uma força interessante do ponto de vista político. Estou tentando, no entanto, pensar algo no sentido da escala de nosso problema. Cosmológica, ou seja, *um* mundo é nosso problema.

Pense no fato de que, retraído em uma comunidade exclusivamente negra, posso participar, com sorte, de relações não mais mediadas pela raça, por fora do olhar branco, longe de suas instituições. O fato de que

---

71 Charles Mills, *O contrato racial*, trad. Breno Santos e Teófilo Reis (Rio de Janeiro, Zahar, 2023), p. 52.

72 Ibidem, p. 177.

73 Jacques Rancière, "Ten theses on politics", em *Dissensus: on politics and aesthetics*, trad. Steven Corcoran (Nova Iorque, Continuum, 2010), p. 37.

47 Sobre o estatuto ontológico da raça

só há pessoas negras ali pode ser notado num primeiro momento, mas logo esquecido. Relembrando a citação de Carneiro, todo o resto pode aparecer, agora, no jogo de aparências, antes do negro, que talvez nunca dê as caras. Pequeno mundo ou fragmento ainda em elaboração de mundo. Assim que saio desse ambiente, deparo-me com o quê? Com o fato de que há uma reunião mais ampla de ecossistemas sociais que ainda é governada pelo que o próprio Mills chama de "contrato racial", os acordos que sustentam a supremacia branca, incluindo o que se habituou chamar de "racismo estrutural", "racismo institucional" e outras coisas mais.

Preciso, assim, de um conceito de raça que me permita sair do circuito representacional e da crítica platônica das imagens, que tem mais a ver com os usos e efeitos da representação, com a dignidade do objeto representado, e não tanto com os usos de outros seres imaginais; raça "não é simplesmente uma construção histórica ou um conceito, pois é vivida como um conjunto de sensações corpóreas".[74] As imagens podem ser vividas e é isso que nelas nos importa, como na ontologia de Surauardi. A raça parece emanar da pele — aparência enganadora no sentido de que a direção do movimento foi trocada. Ela é projetada para a pele e, pela mais violenta conversão, pode ser experimentada até mesmo *a partir de seu interior*, como realidade mais íntima. Tal como as imagens luminosas das quais Surauardi fala: não representações, e sim aparições — como a própria voz divina que fala ao profeta. Porém como um raio de desprazer. Vivido no interior até o ponto em que, como se fosse uma profecia, é disparado de volta na forma de um comportamento violento que só confirma, mais uma vez, nossa monstruosidade. Se isso não ocorrer, confirma-se alguma outra falta, insuficiência, menos-do-que-humanidade.

Terrível é falar sobre isso que faz com que pouco importe o que se diga. A autoapresentação *e* a apresentação do que nos concerne é menos plausível do que o repertório de representações inabaláveis de quem nos olha. Nem sempre, felizmente: que alguma pessoa, ainda não inclusa no *nós* fanoniano, negra ou não, encontre aqui o princípio de uma conversa, colaboração, conspiração.

De todo modo, preciso de um conceito de raça que opere um deslocamento, restitua a distância entre imagem em geral, a representação e o representado — que faça reaparecer o imaginal entre a superfície da pele e o olhar, entre o sensível e a sensibilidade, a verdadeira forma do emaranhamento. A linguagem parece sempre insuficiente, sempre me sinto como se estivesse forçando muito a barra. "A verdade é ainda mais estranha do que a ficção, e isso ocorre porque a ficção é obrigada

---

74 Alia Al-Saji, "Too late", p. 181.

48 Então eu cantaria porque saberia como é ser livre

a se ater ao que é possível; a verdade não", escreveu Mark Twain.[75] Gosto de pensar que há algo parecido com isso quando se tenta falar de uma realidade toda reorganizada por ficções já tão naturalizadas que acabam por exercer, sobre nós, uma obrigação, um dever realista — como quando a própria abolição da raça parece uma utopia sem sentido, por exemplo, algo tão estranho aos nossos modos de falar, pensar e viver que se torna quase uma impossibilidade. Ou quando tentamos algo supostamente mais simples, como falar de uma realidade imaginal. Penso também em como é mais fácil continuar uma ficção em coautoria, sem sentir o peso de dizer algo distante demais do que está dado, como se eu mesmo viesse de outro mundo possível sem tanta relação com o atual e com os outros mundos que nele se encontram entranhados agora, destinado à incompreensão. Exagero, talvez, embora o sentimento seja bem real. Um filósofo, no entanto, produz um problema no mesmo ato que produz o conceito, sempre mexendo no que está quieto a partir de uma inquietude estrangeira. Du Bois também poderia ter sido perguntado: como é ser um problema que escreve um problema envolvendo algo que não é um problema?[76]

---

75 Mark Twain, *Following the Equator: a journey around the world* (Hartford e Nova Iorque, American Publishing Co. and Doubleday and McLure Co., 1987), p. 156.

76 "Entre mim e o mundo existe um questionamento nunca feito: por alguns, em razão de sentimentos de delicadeza; por outros, pela dificuldade de encontrar palavras para fazê-lo. Mesmo assim, todos dançam ao redor dele. [...] 'Como é a sensação de ser um problema?' [...]". W. E. B. Du Bois, *As almas do povo negro*, trad. Alexandre Boide (São Paulo, Veneta, 2021), p. 21.

Onde viam verde, nós víamos vermelho

As potências noturnas da alma

[...] os sonâmbulos fazem muitas coisas, nos sonhos, que não ousariam fazer acordados.

— Bento de Espinosa

O nome do arco é "vida", sua obra, a morte.

— Heráclito de Éfeso

Assim, quando os outros desejos — banhados em incenso, mirra, coroas, vinhos e todos os outros praze-res abundantes nessas sociedades — passam a zum-bir em torno do zangão que é o amor, alimentando-o e fazendo-o crescer cada vez mais, eles fincam nele o ferrão da vontade, fazendo com que esse condutor da alma tome a loucura como escolta, sendo picado até o frenesi. E se encontra, no interior do homem, opiniões ou desejos tidos como bons e a possibilidade da vergo-nha, mata-os e os joga fora, para longe de si, até que dali seja expulsa toda a temperança [...]

— Platão

50 *Onde viam verde, nós víamos vermelho*

Como se. A raça *como se* fosse isso ou aquilo. Como se fosse, talvez, uma forma imaginal que opera como condição de possibilidade una do múltiplo das representações raciais pelas quais se apreende o ser-racializado fabricado, em primeiro lugar, nas próprias representações; apreende-se esse modo peculiar de ser em toda a sua variedade, e raça opera como forma de uma outridade radical que permite converter o que não se percebe em um excesso de percepções, emaranhado numa fantasmagoria interminável. Algo estranho de se dizer, não sei. Pode ser, no entanto, que alguém já tenha dito algo nesse sentido.

Raça como se fosse, talvez, instrumento de guerra, guerra entre mundos e realidades: tecnologia bélica de hierarquização para fins de dominação. É possível fazer toda uma série de experimentos: cada "e se raça..." nos leva adiante, até o ponto em que um novo "e se raça..." nos leva adiante, até o ponto em que... até que estes ensaios cheguem ao fim arbitrário que é preciso sempre impor ao texto, sempre abandonado em sua incompletude e, neste caso, sem nunca se constituir o veículo de uma teoria. *Imagens da noite*: modos sombrios do ser-imaginal que emanam do lado noturno da psique, representações imagéticas que pretendem capturar essa escuridão viva; nossos precários esforços de figurar tudo isso. Não mais que registros de recortes — um momento é capturado e trazido, contra sua vontade, para um cercadinho que receberá o nome "texto", "ensaio"; em alguns casos, "livro". Ainda assim, movimento.

Gostaria de tentar capturar, igualmente, não importa quão inutilmente, outras formas de movimento: práticas de autoexpansão da mobilidade pelo enclausuramento alheio que formaram a geografia *deste* mundo que herdamos: linhas regionais, nacionais, globais. Linhas de cor, dizia Du Bois; linhas raciais, digo. Toda uma cartografia militar. No interior dela, quero pensar raça, também, *como se* fosse tecnologia de libertação e aprisionamento, condição de possibilidade de uma nova humanidade imperial. Liberdade que não é a dos tratados filosóficos, políticos, morais. Uma liberdade do outro lado do mundo, do outro lado de si, lado noturno, lá onde fantasmas governam e a mão está sempre nervosa no gatilho. Lá onde o sinal abriu para a correria da exploração, para a movimentação incessante que, por vários motivos, nunca pode ser desvinculada — ainda que esse vínculo tenha sido recalcado de formas diversas — de um outro deslocamento: a marcha linear e progressiva que nossa educação histórica (nossa iniciação à mitologia colonial) nos apresentou.

Movimento real por trás de um imaginário? Ou o mesmo movimento com duas faces, uma recusando-se a se identificar com a outra? São inúmeras as formas de recalque quando se produz uma realidade feita de intermináveis e variados processos de racialização, essa proliferação de criaturas e criações espectrais que deixam um outro mundo

51 As potências noturnas da alma

impossível para habitar o nosso, aproximação sempre perigosa. "A movimentação permanente, a revalidação e a propagação da tópica do perigo e da ameaça — e, consequentemente, o estímulo a uma cultura do medo — fazem parte dos motores do liberalismo".[77] Medo insuficiente para interditar a intimidade, o colonizador se lança, sem cessar, ao que o perturba; de onde a pressa, a urgência, a animação? O que agitava, afinal, o corpo entregue ao devir-colono? O que sustentou a sua ereção e para onde era movido esse falo?

1 O grande Hans

Ó covarde consciência, como me afliges!
Azuleiam as luzes; meia-noite morta agora.
Temerosas as gotas, gélidas, na carne trêmula.
O que temo, a mim? Próximo não há mais quem.
Ricardo ama Ricardo, ou seja, eu [sou] eu.
Um homicida por aqui? Não. Sim, eu mesmo.

— Ricardo III

A racialização faz parte da construção de um "objeto fobígeno e ansiógeno", diz Fanon. Esse objeto "não precisa estar ali, basta que ele *seja*: é uma possibilidade. Esse objeto é dotado de más intenções e de todos os atributos de uma força maligna".[78] O que significa a oposição entre "ser" e "estar", nessa afirmação, não é nada distinto de todas as maneiras mais ou menos inadequadas que encontramos de dizer uma espécie de deformação dos sentidos a partir da qual os predicados "fictício", "real", "imaginário", "existente" (e outros) ganharão contornos cada vez mais esquisitos ao longo do colonialismo moderno. É sempre essa questão de conseguir pensar a diferença em relação ao que seria a organização pré- ou não-racial da realidade — algo que deveria ter aparecido não é notado, outra coisa se mostrou em seu lugar. O objeto da fobia não está ali; ele é objeto da percepção, no entanto. Podemos dizer, dado o que foi previamente elaborado, que ele é *feito estar ali onde nunca esteve* — não basta que seja em um sentido ontologicamente inofensivo, que habite o plano das meras virtualidades. Ele sempre ameaça extrapolar o reino da fantasia, perigo sempre à espreita, emanando da própria deformação do corpo. Como no relato sobre o estudante negro que ouve uma paciente de sua clínica ginecológica dizer o seguinte: "Tem um negro ali dentro. Se ele me tocar, dou-lhe um tapa. Com eles, nunca se sabe. Ele deve ter mãos grandes e, seja

---

77 Achille Mbembe, *Crítica*, p. 147.
78 Frantz Fanon, *Pele negra*, p. 170.

como for, é brutal".[79] *Seja como for*: pouco importa, desde que seja um perigo, potencial aterrorizante. As práticas raciais fazem parte de uma prevenção recorrente diante do fantasma que assombra.

Estive em um ônibus, certa vez, e uma pessoa branca se atormentava com a possibilidade de um assalto no futuro, indicando, com o olhar, com palavras ditas quase como um segredo, um rapaz negro que vestia enormes fones de ouvido e contemplava sossegado o horizonte para além da janela. Sua tranquilidade, estando alheio ao olhar que tremia em sua direção, oferecia um contraste que tudo nos mostra. No lado esquerdo do ônibus, a mochila deslocada para o lado, o alerta pouco mais do que sussurrado, as mãos firmes capturando a propriedade ameaçada; no lado direito, nada acontecia. Eu olhava mais para ela do que aquele jovem. Até mesmo porque ela estava falando... comigo. Fez tanto sentido quanto um fato qualquer da história do colonialismo.

Estranho é o medo, como diz Mbembe, "daquele a quem, apesar de tudo, se menosprezou".[80] Incompreensível do ponto de vista lógico, essa aversão não deixou de ser racionalizada, e sempre *a posteriori*, dado que o motor da ação é um afeto. Essa tentativa de fazer da fobia algo dotado de sentido envolve a conciliação entre a negação de humanidade — uma inferiorização — e a projeção de uma potência assustadora — uma superiorização.[81] O que Fanon oferece, por exemplo, é a gênese dessa fobia no horror sexual diante da potência fálica do *selvagem*. "Imaginem só, com toda a liberdade de que desfrutam no meio do mato! Ao que parece, fazem sexo não importa o lugar nem a hora. São genitais. Eles têm tantos filhos que até perdem a conta. Precisamos ser cautelosos, pois acabarão nos inundando de pequenos mestiços" — trata-se de "uma potência sexual alucinante".[82] Comentando a diferença entre o racismo contra pessoas negras e o antissemitismo, Fanon comenta que, se temos a imagem do judeu como ameaça intelectual — criatura que, sorrateiramente, instala-se no interior de instituições políticas e econômicas —, a imagem do negro é a de um "perigo biológico": "São animais. Vivem nus. E só Deus sabe...".[83] Tendo entrevistado uns quinhentos brancos de quatro países europeus, Fanon nota que há uma recorrência de associações entre "negro" e uma superpotência física ou sexual. De todo modo, nos dois casos, há um perigo *racial* que emana do objeto, a ameaça de uma *outridade*.

---

79   Ibidem, p. 173.

80   Achille Mbembe, *Políticas da inimizade*, trad. Sebastião Nascimento (São Paulo, n-1 edições, 2020), p. 136.

81   Ver o relato sobre o assassinato de Michael Brown no ensaio anterior.

82   Frantz Fanon, *Pele negra*, p. 172.

83   Ibidem, p. 178.

53   As potências noturnas da alma

A racialização está ancorada no desejo de uma alteridade radical, podemos dizer. Sem desejo, não há movimento. A ideia de um objeto "fobígeno", porém, parece-nos indicar um movimento de afastamento, mesmo quando feito de alguns gestos agressivos. Muitas vezes, é isso mesmo — aversão total ao toque e à intimidade. Sabemos, no entanto, que o colonialismo não foi feito disso, mas de vários processos que exigiam ou dependiam de uma proximidade, de uma aproximação sem fim, ainda que, na imaginação do colonizador, ela fosse ou pudesse ser destrutiva, embora pusesse em risco não só a si mesmo, mas a própria civilização.

A fantasia colonial se deixou excitar e horrorizar, ao mesmo tempo, com essa ausência imaginada de tabus que pudessem civilizar o falo no meio da selva. De maneira mais genérica do que Fanon, Mbembe nos diz o seguinte: "falo negro" é o "nome de uma força a um só tempo totalmente afirmativa e transgressiva, que não é contida por nenhuma interdição".[84] Uma ausência sem a qual não é possível dar lugar a uma presença aterrorizante que se situa para além da compreensão, como se a diferença entre *aqueles* povos não pudesse ser a diferença entre dois sistemas culturais capazes de conviver, ainda que com alguns conflitos (como ocorria, em grande parte, entre os povos europeus). Para sairmos do caso negro, temos de pensar em algo que exceda o problema da sexualidade e o pavor do biológico. Podemos pensar, talvez, que, nas múltiplas possibilidades de racialização que o europeu inventou, uma constante foi e ainda é a impossibilidade da própria moral, da moralidade em si — e não *daquela moral* francesa, alemã, inglesa... Como se o outro fosse capaz de tudo que a civilização e os próprios constrangimentos da "natureza", em alguns casos, interditaram ao branco. Como um retorno de fantasias infantis de onipotência, agora instanciadas de maneira ameaçadora em uma figura corpórea — o delírio se fez carne.

A impossibilidade da própria moral. A ameaça dessa impossibilidade. Assim, tecendo para si toda uma mitologia, "pela construção de um discurso desrealizado, desligado da história", o colonizador tornava as "vítimas responsáveis pela violência de que são justamente as vítimas. Na base desse mito não está apenas uma separação original entre 'eles' e 'nós'. O verdadeiro problema é o seguinte: que eles não sejam como nós está errado. Mas que se tornem como nós também está. Para o dominador, ambas as opções são tão absurdas quanto insuportáveis".[85] Sabemos, por exemplo, que ao longo da história moderna da escravidão, tentou-se corrigir de alguma maneira o problema imaginário de natureza das pessoas negras. Forçar ao trabalho para forçar um mínimo de

---

84   Achille Mbembe, *Políticas*, p. 139.
85   Ibidem, p. 141.

54 Onde viam verde, nós víamos vermelho

progresso moral, por exemplo — quando não um fortalecimento corpóreo. Porque a potência fálica do negro não se inscreve, sob hipótese alguma, na ordem do progresso, ela não serve a esses fins, muito pelo contrário: faz-se, na fantasia colonial, ameaça permanente a esses fins e a essa ordem. "Cria-se, em decorrência disso, uma situação insana, que, para sua perpetuação, requer uma violência incessante, mas é uma violência que desempenha uma função mítica, na medida em que é constantemente desrealizada. Não é reconhecida pelo dominador, que, além disso, nunca deixa de negá-la ou eufemizá-la. [...] Como o dominador não é responsável por ela, só pode ter sido provocada pela própria vítima".[86] Denegação, ou ainda: civilização.

"Assim, por exemplo, se são mortos, é por serem quem são. Para evitar serem mortos, basta que não sejam quem são. Ou então, se forem mortos, só pode ser de modo fortuito, como danos colaterais. Para evitar serem mortos, basta que não estejam no lugar em que estão naquele exato momento".[87] Tudo retorna, nessa circularidade infernal, quando não ao acaso, à natureza *radicalmente outra* de quem sofre a colonização. Não somente isso: "se os matamos", continua Mbembe, "é porque estão fingindo ser como nós, nosso duplo. E ao matarmos nosso duplo, garantimos nossa sobrevivência. Basta então que sejam diferentes de nós".[88] A racionalização da fobia em suas múltiplas formas certamente produz um amontoado incoerente de justificações; é preciso lembrar, porém, que isso não significa muita coisa — a coerência está na distância que é produzida, na prática, entre *eu* e outro. "Na prática", importante dizer, porque não se trata meramente de um problema no que o colonizador pensa ou deixa de pensar, fala ou deixa de falar; a questão está na resposta violenta dada ao que, em sua fantasia, em sua percepção altamente carregada de espectros dos mais perigosos e violentos, aparece como um perigo. Age-se por prevenção e cautela, ou seja, por medo, um medo violento que agita toda a psique do colonizador. Agita em que direção?

O colonialismo não foi feito unicamente de distâncias intransponíveis e distanciamentos permanentes, embora seja isso que, a princípio, a expressão "objeto fobígeno" pareça indicar; nem de uma paralisação angustiante, não-movimento, como acontece com medos e aversões de outra ordem. Por que, diante dessa suposta selvageria, não há uma fuga generalizada de volta ao continente europeu? Como pensar uma fobia que, no mesmo esforço de distanciamento, no próprio medo do toque que abre o corpo para a mistura e para o intercâmbio, encontra-se

86   Ibidem.
87   Ibidem.
88   Ibidem, p. 142.

55 As potências noturnas da alma

carregada de um fascínio, um encanto, uma incapacidade de ir embora? O movimento de colonização foi marcado, em grande parte, pela fabricação de uma *intimidade* com aquilo mesmo que se lançava para fora da *imagem do humano*. Você já foi amado ou amada por uma pessoa racista? Não se trata de uma relação inteiramente falsa, não no sentido de que o *eros* colonial fosse apenas ódio disfarçado, aparência que oculta realidade. Nosso problema é outro: o fato de o amor mesmo poder ser racializado, de que se pode, igualmente, aprender uma forma colonial de desejar e satisfazer o desejo, corromper as formas da atração, transformar o sexo em algo monstruoso. A colonização nos trouxe diferenciação inclusive em seus esforços monoculturalizantes, monolinguísticos... variações noturnas do psíquico.

Não foi só pelo ódio que se governou, que se submeteu populações inteiras a uma forma de vida marcada pelo culto à morte. Tudo fica ainda mais caótico. Assim, se Mbembe diz, por exemplo, que "a história da modernidade tem menos a ver com o progresso da razão e mais com a *irrazoabilidade da razão*",[89] essa irrazoabilidade vem do próprio esforço de racionalização, do que se tenta envolver dessa maneira. No fundo, o problema é o desejo acompanhado pela fantasia, causa motora do enlouquecimento, que agora precisa se ocupar de justificar os descaminhos da psique, e não abraçar a própria loucura. E porque, ali onde se produzia distanciamento, produzia-se, igualmente, proximidade, um sem-fim de delírios foi inventado, alimentando mais uma rodada de racionalizações para dar conta de tudo isso. No sentido, claro, de um movimento narcísico, instrumentalização violenta do outro para a própria satisfação, para além dos tabus.

O que se teme no outro é o que se deseja: o fim da castração de si. Isso se dá, no entanto, na castração do outro, inversão curiosa das coisas — uma investida contra o mundo selvagem. Se, "com ajuda da fobia", é possível instaurar "uma nova ordem do interior e do exterior, uma série de limiares que se põe a estruturar o mundo",[90] é necessário considerar a linha racial que tudo divide em dois, duplicando também a própria existência do europeu: civilizado e civilizador, castrado e castrador — conhece limites na primeira versão, desconhece na segunda. Duplica-se, portanto, a transgressão. Só uma será passível de constrangimento, e isso porque o outro racializado, ainda não-castrado,

---

89 Achille Mbembe e David Theo Golberg, "In conversation: Achille Mbembe and David Theo Goldberg on 'Critique of Black Reason', *Theory, Culture & Society*, online, 3 jul. 2017, disponível em: https://www.theoryculturesociety.org/blog/interviews-achille-mbembe-david-theo-goldberg-critique-black-reason.

90 Jacques Lacan, *O Seminário, livro 4: a relação de objeto*, trad. Dulce Duque Estrada (Rio de Janeiro, Zahar, 1995), p. 253.

56 Onde viam verde, nós víamos vermelho

desconhece o "não"; seu consentimento, por isso mesmo, nunca será solicitado. Diz Mbembe: "colonizar é ter um tipo de coito bem próprio, cuja característica é fazer coincidir prazer e horror".[91] Assim, podemos imaginar que o que se deseja não é, de fato, o outro, mas o que ele permite, o que *essa* construção racializada permite, exibe como promessa contra a vontade de quem encarnará o ser-racializado, esse tipo imaginal de *ser*. Nada surpreendente, o outro racializado como tal não é mais que um instrumento. E essa promessa nunca feita, proibida no interior da civilização, por ter sido inscrita na carne racializada, dará ao colonizador a ideia de um convite à própria carnalidade "selvagem": é ali mesmo que o prazer começa. Nenhum interdito ao toque, perverte-se a própria aversão no excesso de intimidade não-consentida; habitam-se os corpos capturados como se fossem "extensões de si", mas com essa "dissociação peculiar que deu a possibilidade de violentá-los".[92] Não só as pessoas capturadas por intermédio da escravização, mas todas aquelas que, desacorrentadas, encontravam-se nos territórios colonialmente ocupados enfrentando outras clausuras, outras formas de vínculo não-consentido, naturalizadas como relações inofensivas e até mesmo benévolas (elas nos dariam, eventualmente, uma democracia racial, por exemplo). Não se pode esquecer, também, que colonizar foi *possuir* — dar a si o objeto fobígeno em mais de um sentido.

Lá pelo meio do século dezenove, na colônia britânica de Hong Kong, foi montado todo um aparato de vigilância e gerenciamento de mulheres chinesas na forma de solução para um problema "sanitário"; dizia-se que a maioria delas se oferecia em prostituição e transmitia doenças venéreas para os pobres homens britânicos que ali desembarcavam. Como Lowe bem nota, as políticas de controle autorizadas por uma série de regulamentos poupavam as prostitutas brancas (europeias e estadunidenses) e os lugares frequentados exclusivamente por homens chineses. Tudo foi organizado a partir da geografia racial, e a própria prostituição, "assim como o vício em ópio, foi 'orientalizada' e representada como um vício ou um 'hábito chinês', algo essencialmente dado e não um subproduto do comércio britânico ou do encontro colonial".[93] Todo o esforço de fronteirização, segregação e policiamento das linhas que dividiam tudo em dois — trazendo os dois pesos e duas medidas da governança dos corpos — tinha como pano de fundo o fato mesmo da mistura *já existente*. Essa promiscuidade da qual o homem britânico não consegue se livrar nunca sai de cena; a própria constituição de cena

---

91 Achille Mbembe, "Sobre o exterior", p. 204.

92 Dionne Brand, *A map to the Door of No Return: notes to belonging* (Toronto, Vintage Canada, 2011), p. 30.

93 Lisa Lowe, *Intimacies*, p. 127.

57 As potências noturnas da alma

dela depende, pois é sua promiscuidade que está ali, projetada, praticada. Mais importante do que a retirada, parece ser a elaboração de um *saber* em torno da impureza e do decaimento moral da mulher racializada, acompanhando-o de uma série de práticas de governo que nunca, de fato, desfizeram a intimidade perturbadora do encontro colonial; no máximo, produzia-se um distanciamento moral e intelectual. O sexo mesmo nunca parou, naturalizado à exaustão.

O que temos nesse e em tantos outros exemplos é essa aparente impossibilidade de ficar longe do objeto exótico, de abrir mão da penetração do exato mesmo corpo que se julga *naturalmente* problemático. Se há uma ameaça ali — ao que for: à saúde branca, à ordem civilizatória, ao progresso —, ela não deixa de ser quase sempre trazida para perto demais. A escravidão, por exemplo, o que ela foi senão um jeito de trazer todas aquelas pessoas para o interior do próprio lar? A ordem da plantação e a ordem da democracia, diz Mbembe, "não se desgrudam, do mesmo modo que George Washington e seu escravo e companheiro William Lee, ou Thomas Jefferson e sua escrava Júpiter. Uma agrega sua aura à outra, numa relação estreita de distância aparente e de proximidade e intimidade reprimidas".[94] Ou, como diz Fred Moten: "Venha aqui e faça toda essa merda que não queremos fazer e então saia fora. Mas não vá. Você não pode sair".[95] As pessoas também foram continuamente forçadas a fazer o que eles queriam mesmo fazer. Se, por exemplo, por um lado, a mulher escravizada foi transformada em instrumento público de reprodução do sistema de trabalho das plantações, se ela também foi o meio de cuidado de tantas crianças brancas por aí, por outro, também foi submetida aos prazeres obscuros de senhores de engenho e outras autoridades coloniais, o que deu origem a incontáveis descendentes na violência de uma intimidade fabricada e assegurada pela força. Descendentes que, frequentemente, foram mantidos e mantidas por perto. "Precisamos ser cautelosos, pois acabarão nos inundando de pequenos mestiços"[96] — quem é que não tinha controle, de fato, sobre o exercício de sua sexualidade? Projeções e projeções.

No Brasil colonial, além disso, e se retomarmos o relato de Freyre, a mesma doença venérea que preocupava, ao menos na aparência, o colonizador britânico no caso de Hong Kong, era usada como sinal de virtuosa virilidade pelo jovem da casa-grande: "o filho do senhor de engenho contraía quase brincando entre negras e mulatas ao

---

94 Fred Moten, "Uma poética dos subcomuns", em Fred Moten e Stefano Harney, *Mais uma vez, subcomuns: poética e hapticalidade*, trad. Bruno Amorim e Victor Galdino (São Paulo, GLAC edições, 2024), p. 59.

95 Achille Mbembe, *Políticas*, p. 42.

96 Frantz Fanon, *Pele negra*, p. 172.

58   *Onde viam verde, nós víamos vermelho*

desvirginar-se precocemente aos doze ou aos treze anos. Pouco depois dessa idade já o menino era donzelão. Ridicularizado por não conhecer mulher e levado na troça por não ter marca de sífilis no corpo. A marca da sífilis, notou Martius que o brasileiro a ostentava como quem ostentasse uma 'ferida de guerra'".[97] Além disso: "Costuma dizer-se que a civilização e a sifilização andam juntas: o Brasil, entretanto, parece ter-se sifilizado antes de se haver civilizado. Os primeiros europeus aqui chegados desapareceram na massa indígena quase sem deixar sobre ela outro traço europeizante além das manchas de mestiçagem e de sífilis. Não civilizaram: há, entretanto, indícios de terem sifilizado a população aborígine que os absorveu".[98] Desnecessário o debate sobre a origem geográfica da doença; gostaria de focar nessa espécie de saber comum sobre o fato de que, desde o início, o colonizador se entregou a uma violência sexual generalizada, fato diluído na retórica quase celebratória de tio-punheteiro de Freyre, em seu fascínio pela miscigenação como grande aventura sexual infelizmente manchada pela sifilização. A intimidade não está do outro lado do problema, algo que demanda repensar a violência; o que precisa ser repensado é a própria intimidade, o misturar-se e estar perto demais da impureza, e os modos como um sentido de pureza (como superioridade *de natureza*) será preservado.

Sobre a miscigenação como uma das formas sexuais da mistura, nunca houve consenso entre os teóricos da raça e praticantes da racialização.[99] O que ela faria com as populações, as sociedades, as nações, ruína ou redenção, nunca saberemos. Definitivamente, porém, era algo a se pensar de maneira obsessiva, porque ali estava uma ameaça sobre a qual era preciso se tranquilizar (otimismo racial, fé na força da branquitude, desaparecimento da negridade) ou para a qual era preciso se preparar, pois estava-se em guerra (pessimismo na impotência diante do perigo negro). Tivemos nossas variações brasileiras do Mesmo. Pensemos, por exemplo, nas conclusões opostas às quais chegaram o Conde de Gobineau, após visita diplomática ao Brasil em 1869, e o médico João Batista de Lacerda, quando diretor do Museu Nacional em 1911. O primeiro, submerso no terror e em pensamentos apocalípticos, imaginava a miscigenação como via de um decaimento racial que resultaria na extinção da própria civilização brasileira.[100] O segundo, tomado por afetos alegres

---

97   Gilberto Freyre, *Casa-grande & senzala: formação da família brasileira sob o regime da economia patriarcal*, 48. ed. (São Paulo, Global, 2003), p. 109.

98   Ibidem, p. 110.

99   Ver Luciana da Cruz Brito, *O avesso da raça*, capítulo 1.

100   Ver Ricardo Alexandre Santos de Souza, "A extinção dos brasileiros segundo o conde Gobineau", *Revista Brasileira de História da Ciência*, v. 6, n. 1, 2013, p. 21-34.

59 As potências noturnas da alma

dos mais perversos, no esforço de suavizar as ansiedades brancas, previa que desapareceriam os últimos traços negros de nossa sociedade no tempo de um século.[101] Nos dois casos, o problema é o mesmo: a disseminação de uma presença indesejada no corpo social. Uma presença que foi parar ali nada misteriosamente, assim como não foi uma misteriosa cegonha que deixou crianças miscigenadas por todo o território nacional. Estranhas paixões, o tanto que foi feito por meio delas...

Pensando em todo o histórico já batido de contrastes entre o Brasil e os EUA nos tempos de escravidão e no pós-abolição, nunca tão precisos quanto parecem, é inegável que temos, na história de nossa sociedade, um excesso de marcas dessa intimidade monstruosa. Eu mesmo sou uma delas. Se isso nos tornou menos racistas — nada racistas está obviamente fora de cogitação, a despeito de nosso querido racismo por denegação, como dizia Lélia —, é algo que deixo para quem tem tesão em calcular e medir esse tipo de coisa. Este não é um texto sobre racismo, exceto no sentido de que essa relação violenta, como normalmente a entendemos, é tornada possível pela raça, pela racialização. Aqui, neste momento, a pertinência da miscigenação reside no modo como mostra as sutilezas perversas da erótica colonial, assim como a estranha produção de um distanciamento como condição da intimidade e de uma intimidade como meio de assegurar as distâncias. Trazer para perto para mostrar, talvez, com a maior nitidez possível, uma diferença. Penso nas pinturas analisadas por Anne Lafont, produzidas na França dos séculos dezesseis e dezessete, em que a figura negra se encontra a serviço da aristocrata branca em mais de um sentido: não só está presa em uma relação de servidão, mas oferece um contraste exacerbado, inclusive, pelo exagero na produção da brancura na tela.[102] A proximidade exibe essa ordem do sensível na qual a raça, sinalizada pela cor da pele, opera um distanciamento de ordem metafísica (uma metafísica naturalizada até perder toda a violência de sua abstração).

Como um amante que não consegue deixar um relacionamento que ele mesmo enxerga como abusivo pelo prazer que sente em demonstrar, de maneira recorrente e punitiva, sua superioridade moral e intelectual. Porém, nesse caso, os abusos são imaginários.

Imaginários como os perigos. O problema é que pouco importa se você viu o que viu porque não viu o que não viu e que estava ali para ser visto dada uma outra ordem do sensível. A resposta a um perigo fabricado não é unicamente imagem, também é um ato. Ato que, por sua vez,

---

101   João Batista de Lacerda, "Sobre os mestiços no Brasil", *História, Ciências, Saúde*, v. 18, n. 1, 2011, p. 240.

102   Anne Lafont, *A arte dos mundos negros: história, teoria, crítica*, trad. Rita Paschoalin, Leo Gonçalves e Vivian Braga dos Santos (Rio de Janeiro, Bazar do Tempo, 2023), p. 36-46.

60 *Onde viam verde, nós víamos vermelho*

serve para a fabricação de uma realidade; muito se fez como resposta a uma série interminável de ameaças. E, nessa realidade, feita de reações fóbicas — aproximação ou distanciamento —, a sociedade só pode ser uma espécie de *comunidade de fantasmas*. Depois da primeira violência, cada resposta se torna uma volta a mais na loucura, conflito interminável com todos esses espectros. Pode-se mesmo temer o que será feito em retribuição à violência cometida. "A instância mestra imagina que eu a poderia sujeitar às mais variadas sevícias degradantes, possivelmente as mesmas que ela me inflige. Alimento nela um temor ansioso, que deriva não de meu desejo de vingança, muito menos da minha ira ou da raiva impotente que me habita, mas do estatuto de objeto fobígeno com que ela me adornou. Ela tem medo de mim não pelo que lhe fiz, nem pelo que lhe dei a ver, mas por conta do que *ela me fez* e que ela pensa que eu poderia fazer a ela em retribuição"[103] — multiplicação dos feitos na racionalização permanente da fobia.

Nunca faltou, no colonialismo, algo que excitasse a imaginação das maneiras mais febris, assim como não faltou toda sorte de racionalizações da loucura recobrindo o enlouquecimento da razão. Podemos dizer, via Mbembe,[104] que esse é um dos problemas diagnosticados por Fanon: quando passamos por todos os ritos de iniciação e socialização em um mundo racializado, aprendemos — nós e os brancos — a ver sentido, a justificar, a dar razões para este mesmo mundo. Todo o drama da identidade começa no momento em que algo finalmente parece não ter sentido algum nesse excesso de sentido. Há razões para tudo: para não sermos essa e aquela coisa, para não podermos estar nesse e naquele lugar; mil explicações para o múltiplo das diferenças no *um*. Não quero oferecer um problema na forma do erro cognitivo — o que é racionalizado é o que se aprendeu a perceber, a imaginar, e o racional só entra em cena quando demandado. Se a filha de uma família branca, por exemplo, inocentemente apaixonada, quer saber o motivo para a interdição de sua relação com um rapaz negro.

"Se você tivesse uma filha solteira, você a entregaria a um negro?" — a pergunta tantas vezes repetida, registrada por Mannoni, o psicanalista tão citado por Fanon, atravessa fronteiras espaço-temporais; na Nova Iorque de 1990, ainda está lá para ser respondida pelo Public Enemy: "cara, não tem com o que se preocupar / Tua filha, putz, nem é meu tipo / mas e se ela dissesse que me ama? / Te assusta uma mistura de negro e branco?". O nome da música e do álbum é *Fear of the Black Planet* [*Medo de um planeta negro*]. Nessa variação da pergunta, já temos um acúmulo

103 Achille Mbembe, *Políticas*, p. 135.
104 Achille Mbembe e David Theo Goldberg, "In conversation".

61 As potências noturnas da alma

estadunidense de todas as discussões sobre miscigenação, "amálgama", mas o fato é que o medo precede essas preocupações específicas com o futuro de uma nação. Precede, também, Fanon e Mannoni. Estava lá, embrionário, no primeiro gesto de racialização, na possibilidade de tudo ser contaminado por uma selvageria fantástica. E sua racionalização das mais variadas e incoerentes maneiras nunca desfez a proximidade, simplesmente a tornou um meio de participação no excesso: "desregramento sexual, espetáculos orgiásticos".[105] Afinal, o negro deve estar por perto para que a filha solteira esteja em risco. Seu mordomo, traficante ou entregador de comida. Vizinho, às raras vezes. O suficiente para que o amor seja possível. Quem, no entanto, tornou possível esse encontro?

O perigo racializado não está dado somente nas coisas menores. O que me toca na música é a escala planetária da ameaça, que parece repetidas vezes estar em contraste com o tamanho dos problemas anunciados — tal como na fobia estudada na psicanálise, o mundo é "pontuado por toda uma série de pontos perigosos, pontos de alarme que o reestruturam".[106] Mas mundo, aqui, é feito existir na base da porrada. É preciso lembrar que o problema da miscigenação, na verdade, não se limitava à deterioração de um indivíduo ou de um núcleo familiar específico. A fantasia apocalíptica do conde de Gobineau, por exemplo, encontrava-se esquematizada como variação não do medo do planeta especificamente negro, mas da aversão mais geral — em escala ainda cosmológica — a uma presença racializada que, objeto de uma fobia sem precedentes, sempre *pode* ser visualizada como infinitamente expansiva. A selvageria, afinal, caracteriza-se precisamente pela ausência do "não" e das fronteiras civilizacionais e civilizatórias. "Quanto à guerra encarregada de vencer o medo, ela não é local, nacional ou regional. Sua superfície é planetária e a vida cotidiana é seu teatro privilegiado de ação. Porque o Estado de segurança pressupõe a impossibilidade de uma 'cessação das hostilidades' entre nós e aqueles que ameaçam nosso modo de vida — e pressupõe, portanto, a existência de um inimigo que não cessa de se metamorfosear —, essa guerra agora é permanente".[107] Como no fantasma-imigrante, chegando em números cada vez maiores e multiplicando-se no interior do país, a ponto de ultrapassar a quantidade de "nativos" e tomar para si tudo que encontra pela frente. Capacidades extraordinárias as que nós temos.

Podemos considerar outro exemplo envolvendo o medo de um roubo: o chamado "perigo amarelo", que surge na consciência racial em

---

105 Frantz Fanon, *Pele negra*, p. 178.

106 Jacques Lacan, *Seminário 4*, p. 252.

107 Achille Mbembe, *Políticas da inimizade*, p. 93-4.

62 *Onde viam verde, nós víamos vermelho*

momentos de crise (financeira, sanitária, militar) reveladores, ao mesmo tempo, da precariedade da identidade branca e de seu estar-sempre em vias de se desintegrar diante da outridade. Em 1882, uma lei proibindo a entrada de trabalhadores chineses no país foi sancionada pelo Congresso Nacional dos EUA e aprovada pela Suprema Corte sete anos mais tarde. "Foi a primeira, porém não a última vez", na história do país, "que um grupo inteiro foi selecionado e excluído por sua raça e também por motivos de classe".[108] O medo era de que aquelas pessoas não só afetassem os salários — por serem pagas abaixo da média —, mas acabassem tomando para si o próprio país. Durante a Segunda Guerra, após o ataque do império japonês a Pearl Harbor, o tenente-general DeWitt, um dos responsáveis pela organização da defesa do país, declarou que "a raça japonesa era a raça inimiga, e mesmo havendo japoneses de segunda e terceira geração nascidos nos Estados Unidos, de posse de cidadania americana, que se tornaram 'americanizados', os caracteres raciais não foram diluídos";[109] a lealdade dessas pessoas à nação sob a qual viviam, portanto, estava em questão. Todas seriam conquistadoras em potencial, e assim surgiram as primeiras propostas de campos de concentração para japoneses. "Uma víbora é uma víbora, não importa em que lugar os ovos são chocados".[110] Em 1999, o cientista nuclear Wen Hon Lee foi preso e confinado em uma solitária por 278 dias, sem direito à fiança, suspeito de ter passado segredos militares ao governo chinês em uma visita ao país. Com isso, os chineses seriam capazes de dominar os EUA. Inocente, tendo feito nada de diferente do que fizeram os brancos que o acompanharam, Lee foi atormentado por um longo e caótico processo de criminalização pública que em muito excedeu a paranoia específica relativa à ameaça comunista, como bem analisou Frank Wu.[111]

Três casos, não os únicos, nada singulares. O terceiro carrega uma peculiaridade por envolver apenas um homem, somente ele responsável pela possibilidade de invasão/dominação. E, embora a ameaça fosse o comunismo, foi a raça que serviu para firmar um laço intrinsecamente suspeito e perigoso, o que fez com que ele não fosse simplesmente *um homem*, apesar de tudo. Seus interesses eram tidos como indissociáveis dos interesses daqueles que governam a sua raça, a cidadania que ele de fato possui, assim como todo o seu histórico, sendo irrelevante na indistinção

---

108 Entrevista com Erika Lee, "Long before anxiety about Muslims, Americans feared the 'yellow peril' of Chinese immigration", *The World*, 9 dez. 2015, disponível em: https://theworld.org/stories/2015/12/09/long-anxiety-about-muslims-americans-feared-yellow-peril-chinese-immigration.

109 Frank H. Wu, *Yellow*, p. 96.

110 Ibidem.

111 Uma análise mais completa do caso pode ser encontrada em Frank H. Wu, *Yellow*, p. 176-90.

63   As potências noturnas da alma

geral do ser-chinês como variação do *ser-amarelo*. Agora, vejamos: se ele era tão perigoso assim, por que diabos lhe confiaram um emprego em uma área tão delicada para a segurança nacional? Quem o colocou exatamente ali onde ele seria capaz de trazer tão grande ruína?

Precisamos nos lembrar do fato de a racialização não produzir uma *constante* nitidamente ameaçadora; como encarnação da ideia de "agente adormecido", Lee só é um problema quando, por qualquer motivo, a raça é ativada para tal, abrindo o espaço para a aparição de um perigo imaginal. Na verdade, os múltiplos casos de histeria em torno de um perigo amarelo mostram isso com a maior nitidez possível, dado que a racialização amarela envolve, há muito tempo, o mito da *minoria modelo* — uma celebração da contribuição asiática ao progresso nacional. Pensemos mais uma vez em como Wu aponta para o fato de que, instaurada uma crise na qual se imagina ser necessário responder com violência às pessoas de origem asiática, todos os predicados positivos podem ser convertidos em negativos, motivos de ódio e suspeita. Isso é um traço comum, mesmo não sendo tão evidente como no caso do ser-amarelo, de todas as formas modernas de racialização: a conversão do positivo em negativo e vice-versa é sempre questão de satisfação de um desejo, do que se precisa que a pessoa assim racializada seja.

Um padrão notável nos casos aqui apresentados é o conflito entre uma acomodação aparente do ser-amarelo e a realidade imaginada de sua integração impossível. No século passado, muito se debatia, aqui no Brasil, o "insucesso" da imigração asiática no país. Oliveira Viana, sociólogo eugenista, dizia que o problema era praticamente impossível de resolver, "não pela inferioridade" racial, "que fica patente não existir, mas pela sua incapacidade de se deixar absorver pela massa nacional. [...] o japonês é como o enxofre: insolúvel. É este justamente o ponto mais delicado do seu problema imigratório, aqui como *em qualquer outro lugar do globo*".[112] É assim que, ao longo da ditadura varguista, o ser-amarelo cumpriria "uma dupla função em relação à brasilidade": de um lado, "oposto diametral do brasileiro (branco, negro e indígena) [...] devido ao seu caráter de *inassimilabilidade*"; de outro, contribuiria com o "trabalhador disciplinado e resiliente" que unicamente o asiático poderia ser, devendo ser preservado da miscigenação para que se mantivessem "excelentes ativos econômicos"[113] — resolvido, desse modo,

---

112   Francisco José Oliveira Vianna, *Raça e assimilação* (Rio de Janeiro, Companhia Editora Nacional, 1938), p. 14, grifos meus.

113   Henrique Yagui Takahashi, "Somos nós asiáticos brasileiros? Ideologia do branqueamento na brasilidade da diáspora leste-asiática", em Hugo Katsuo e Edylene Severiano (org.), *O "perigo amarelo" nos dias atuais: reflexões de uma nova geração* (São João de Meriti, Desalinho, 2023), p. 33-5.

o problema da constituição de uma democracia racial: sempre de fora e a despeito disso, a parte sem-parte amarela do Brasil faria a máquina do progresso operar com toda a eficiência necessária. Tudo isso estaria em disputa, claro, pois houve também as representações do ser-amarelo como destrutivo para o mundo do trabalho e do progresso, inclusive por meio de caricaturas produzidas em artigos críticos de jornal dedicados a questionar a importação de chineses pelo governo.[114] Não foi o suficiente: a imigração ocorreu e o perigo amarelo surgiu dessa estranha mistura de necessidade e medo. Traz-se para perto uma comunidade racial cujos atributos sequer podem ser diluídos, sempre ali, inativos, nada problemáticos até se tornarem um problema.

Podemos pensar também no fato terrivelmente óbvio e tão difícil de acomodar em certas críticas do colonialismo: os europeus fizeram negócios, por exemplo, sem problemas e inúmeras vezes, com africanos, sobretudo para conseguir mais pessoas a serem escravizadas à *sua maneira*. Isso exige que o pior do que a raça pode oferecer fique temporariamente fora da cena. Ou talvez seja mais correto dizer que a violência racial direta, por assim dizer, seja o temporário. Dependendo do cenário, na maior parte do tempo, ou o problema não existe, ou ele só se manifesta de maneira inofensiva — aos olhos do próprio branco, claro —, como nas piadas diárias sobre olhos puxados de pessoas asiáticas em geral ou sobre a pronúncia chinesa, por exemplo, ou sobre bombas e barbas no caso árabe. E por aí vai. Nesses casos, a intimidade, a proximidade não é uma questão, e isso não difere muito do apreço delirante que os colonizadores exibiam por mulheres "exóticas", assim como nunca interditou todo tipo de fetiche orientalista. Isso não significa que, nesses momentos, qualquer representação racial negativa esteja ausente; são formas de humilhação e subjugação mais ou menos sutis, afinal. O caso da racialização amarela nos oferece, de todo modo, a possibilidade de apreender, com mais nitidez, algo importante sobre a racialização, pois são longos os períodos de uma "paz racial" interrompidos por uma violência maior, em termos de escala e intensidade, quando se torna necessário fabricar uma ameaça maior: a raça mostra sua *raison d'être*, no vir-a-ser ato pleno de sua potência de autorização da violência, quando algo a ativa. Um último caso de fazer-ato o perigo amarelo talvez nos permita pegar um pouco melhor isso. Voltemos para um tempo ainda mais próximo do que o da perseguição contra Lee: 2019, pandemia.[115]

---

114 Ver a análise feita por Maria Victória Ribeiro Ruy, "'Pastel de *flango*': a construção de um estereótipo", em Hugo Katsuo e Edylene Severiano, O *"perigo amarelo"*, p. 129-131.

115 Devo agradecer ao querido Everson Fernandes por ter me ajudado com todo um vasto repositório de materiais sobre pandemia e "perigo amarelo".

65 As potências noturnas da alma

Logo no começo, o FBI elaborou um relatório alertando para um futuro aumento nos casos de violência contra pessoas chinesas e descendentes de chinesas, previsão não muito difícil de fazer dado o histórico do país.[116] Esse, no entanto, passou longe de ser um problema estadunidense, como sabemos. No discurso não-científico, o uso do predicado "chinês/chinesa" para falar do vírus e da própria pandemia foi a verbalização de um movimento de reativação de toda a carga negativa da racialização amarela que, como vemos ainda melhor no caso da expressão "vacina chinesa" — cujo referente foi alvo da maior desconfiança possível entre as vacinas de outras origens[117] —, foi muito além de afirmar uma trivialidade geográfica. Malgrado as comunidades científicas não mais adotarem essa forma de nomeação para doenças e agentes virais, algo tido como signo de progresso, o fato é que de nada adiantou; nem mesmo veículos de mídia, incluindo alguns brasileiros, deixaram de oferecer notícias usando a expressão "vírus chinês".[118] Bem, se nada disso lembra, de início, a paranoia em torno de uma expansão ilimitada do ser-amarelo e a tomada de nações autoimaginadas como brancas, por outro lado, a agitação febril em torno do perigo chinês se deu num momento de extrema vulnerabilidade e incerteza, mais do que propício a reações identitárias violentas.

Como notou Butler em seu livro sobre fenomenologia pandêmica, o pavor de nossa própria porosidade, do fato de que somos invariavelmente vulneráveis ao que está ao nosso redor (não apenas outras pessoas) por sermos, constitutivamente, um entrelaçamento, uma abertura, e não unidades individuais apartadas e bem fronteirizadas (a não ser em nossas próprias fantasias liberais), foi jogado com todas as forças em nossa cara diante de um inimigo invisível global.[119] Podemos dizer, talvez, que o ser-amarelo foi transformado em veículo dessa ameaça que, a partir disso, não foi mais da subjugação ou mesmo extinção de um povo, e sim da própria humanidade. Processo ao qual ele sobreviveria por dois motivos: é *ele* que traz a infecção e, portanto, deve estar vivo para tal, deve permanecer até o fim contaminando o resto; ele não é propriamente humano, não sendo, portanto, um movimento suicida. No fundo, logicamente, trata-se ainda do perigo amarelo como ameaça à nação, todas as nações supostamente brancas. O infiltrado universal, "pan-".

---

116   Josh Margolin, "FBI warns of potential surge in hate crimes against Asian Americans amid coronavirus", *ABC News*, 27 mar. 2020.

117   Luiz Fernando Toledo, "Brasileiros confiam menos em vacina da China do que nas de outros países", *CNN Brasil*, 16 out. 2020.

118   Kimmy Yan, "Progress is why viruses aren't named after locations anymore, experts say", *NBC News*, 22 mar. 2020.

119   Ver Judith Butler, *Que mundo é este? Uma fenomenologia pandêmica*, trad. Beatriz Zampieri, Gabriel Ponciano, Luis Felipe Teixeira, Nathan Teixeira, Petra Bastone e Victor Galdino (Belo Horizonte, Autêntica, 2022).

Se trago essa longa digressão, é porque o medo pandêmico era inevitavelmente o medo do *toque* e da *intimidade*. Mesmo isso foi racializado por muitas pessoas e em muitos cantos do planeta. O chinês toca a sua comida, toca a vacina que produz. Suas mãos, imaginadas impuras, contagiosas, mais contagiosas do que as outras, vão servir para a renovação da mais terrível apreensão colonial: o inimigo está demasiado perto. Sua entrada em quase todos os lugares foi liberada para que servisse ao progresso, para que trabalhasse por salários minúsculos, agora é tarde. O tremor diante do perigo amarelo e o medo do planeta negro são variações do Mesmo porque, apesar das diferenças nos detalhes, remetem a uma mesma ameaça: a descontenção do ser-racializado inimigo e a possível destituição de todas as formas de pureza e superioridade brancas, sempre ataques à sua identidade, seu *eu*. São golpes futuros gestados no presente contra a branquitude e seu mundo (que nunca foi inteiramente seu). A ameaça começa menor, visualizada ao longe, mas o europeu foi se aproximando, misturando-se, satisfazendo-se, levando para casa. Outros fizeram o mesmo depois. A racionalização do perigo sempre tarde demais, sempre inútil — a despeito de toda a violência, não conseguem se livrar de nós.

Para concluir este momento do texto, retomo as palavras de Aimé Césaire: "a colonização age para descivilizar o colonizador, para embrutecê-lo na real acepção da palavra, para degradá-lo, para despertá-lo para os instintos subterrâneos".[120] É possível, agora, acrescentar o seguinte: a selvageria *imaginada* nos aponta sempre, se quisermos ver, para uma vontade impossível no interior da civilização, projetada no outro *e* exercida contra o outro por meio da racialização, sua condição contingente de possibilidade. O que foi feito a partir dessa vontade — a descivilização de si — nunca pode ser plenamente acomodado na consciência colonial, nos registros que herdamos das mais variadas racionalizações da violência. Não é por acaso que Césaire interpretou o espanto diante do nazismo como dificuldade em entender o que havia sido disponibilizado como recurso pelo próprio colonialismo: muito tempo se passou em uma negação geral da selvageria no interior da psique europeia. A liberdade de violentar sem limites, oferecida no outro lado da modernidade, produziu uma "civilização da barbárie" que poderia, sempre e a qualquer momento, fazer "emergir a negação pura e simples da civilização".[121] Por fim, pelo fato mesmo de que descivilizar, nesse sentido, foi se livrar de um mundo de constrangimentos, podemos dizer: foi nada mais nada menos do que uma *prática de liberdade*.

---

120   Aimé Césaire, "Discurso sobre o colonialismo", em *Aimé Césaire, textos escolhidos: a tragédia do rei Christophe; discurso sobre o colonialismo; discurso sobre a negritude*, trad. Sebastião Nascimento (Rio de Janeiro, Cobogó, 2022), p. 164.

121   Ibidem, p. 168.

67 As potências noturnas da alma

2 Abre as asas sobre nós

Estou tentando demolir uma prisão também.
Quando o homem branco faz algo assim,
é porque está tentando se libertar.
Quando eu faço o mesmo, sou apenas mais um selvagem.

— James Baldwin

Voltemos ao inimigo público. "Tenho pensado em por que as pessoas vivem com medo de minha sombra", "não sou eu na correria, mas me botam para correr, eles me tratam como se estivesse portando uma arma"; assim a música se encaminha para o seu fim. Aqui, temos a chave deste texto: mobilidade/movimento + violência como resposta *prática* contra uma ameaça *fantástica*. O outro racializado como objeto fobígeno é uma senha — aquilo que é sem estar está ali serve como autorização. Mais uma vez, dificilmente encontramos casos nos quais a violência colonial não seja precisamente o tipo de barbárie ou selvageria que, tomado por aversão, o colonizador vê como possibilidade na raça colonizada; uma *forma* de organização das políticas de inimizade que reencontramos, com a mesma intensidade no que se convencionou chamar de "Guerra ao Terror" ou "Guerra às Drogas", e que nada mais são do que a mesma guerra contra o perigo representado pelas comunidades raciais anti- ou menos-do-que brancas/humanas. Se digo "representado", não é para confirmar o *visto* ou *ouvido*, mas para dizer: é exatamente para isso que raça serve. Racialize seus olhos e represente, para si, um mundo de perigos antes inimagináveis. Mova-se não na direção contrária desses riscos, mas em direção a eles, imparável. Eis o segredo da colonização: produzir mobilidade por meio do enclausuramento alheio, tudo como resposta ao que não se quer perceber em si e é percebido no outro.

Mobilidade, sobretudo, do desejo e da fantasia. Pergunta Mbembe: "o que seria a colônia se não fosse esse lugar onde o Europeu — liberado não somente de todas as inibições, mas também da necessidade de controlar sua imaginação — desvela-se tal como é? [...] Que seria da colônia se ela não fosse mais lugar propício para o desdobramento de toda sorte de fabulações, lugar do delírio gratuito e imbecil?".[122] Se a potência fálica do selvagem pode ser entendida, de maneira geral, como recusa da civilização e não só como algo vinculado aos aparelhos genitais do homem negro, a colônia pode ser entendida, de forma igualmente geral, como meio de ereção de uma falicidade propriamente branca: "A existência do colono enquanto sujeito é marcada, de uma ponta a outra,

---

122 Achille Mbembe, "Sobre o exterior", p. 219.

68 Onde viam verde, nós víamos vermelho

por esse gozo fácil que consiste em encher uma coisa de um conteúdo para logo, imediatamente, esvaziá-lo. O colono é um sujeito enrijecido pelas sucessivas imagens que fabrica do indígena". E mais: "uma lasca de pele que baba sem parar, o pau do colono mal consegue conter seus espasmos, mesmo que, na aparência, alegue preocupação com cores e odores".[123] A possibilidade do gozo na aversão nos dá a cena onde encontramos, de um lado, o colonizador na correria desvairada de seu autoerotismo, e o "indígena" do outro lado sendo posto para correr — duas formas bem distintas de movimento. O que é ser posto para correr senão encontrar-se numa clausura dada como condição desse ser-posto? Quanto mais um se move, mais o outro tem sua mobilidade restrita.

Se esse é o jogo da violência social como um todo, temos aqui uma especificidade dada pela raça: o lance bem-sucedido humaniza valendo-se da desumanização ao dividir o globo a partir de linhas raciais. Isso serviu para constituir, também e sobretudo, territórios de outridade radical, vazios a serem preenchidos pela mesma fantasia. Juridicamente, na prática, *terra nullius* — terra de ninguém. Quem não está ali não pode reivindicar direitos sobre a terra, nem dizer o que ela oferece: "O colono, enquanto pessoa que toma posse, não sucede a ninguém".[124] Como diz Anne McClintock, "o mito da terra virgem é também o mito da terra vazia" e, nessa "erotização do espaço 'virgem'", o terreno é preparado para as práticas de apropriação-por-penetração, para a "inseminação sexual e militar de um vazio interior".[125] Muito da capacidade de rejeição dessa presença espacial propriamente humana, ela diz, devia-se a uma espécie de deslocamento simbólico, constituindo um *"espaço anacrônico"* — os povos colonizados existiriam em um "tempo permanentemente anterior no espaço geográfico do império moderno como humanos anacrônicos, atávicos, irracionais, destituídos de atuação humana".[126] Assim, a "jornada colonial [...] é figurada como avançando no espaço geográfico, mas regredindo no tempo histórico",[127] aventura um tanto surreal. O que mais teria Hegel tentado dizer, aliás, ao afirmar que a África não era parte da história? Isso não significava também a possibilidade de inventar o que se passava lá? Uma espacialidade anacrônica que, em nossos dias, assume outras formas — desde que racializadas, desde que sirvam como *tabula rasa*. Como uma favela carioca ou as ruas de Gaza.

---

123   Ibidem, p. 204.

124   Achille Mbembe, "Sobre o exterior", p. 216.

125   Anne McClintock, *Couro imperial: raça, gênero e sexualidade no embate colonial*, trad. Plinio Dentzien (Campinas, Editora da Unicamp, 2018), p. 57

126   Ibidem, p. 58.

127   Ibidem.

69   As potências noturnas da alma

Um outro preenchimento possível. Sabemos como isso se deu, para que serviu: "Sob o *jus publicum*, uma guerra legítima é, em grande medida, uma guerra conduzida por um Estado contra outro ou, mais precisamente, uma guerra entre Estados 'civilizados'. A centralidade do Estado no cálculo de guerra deriva do fato de que o Estado é o modelo de unidade política, um princípio de organização racional, a personificação da ideia universal e um símbolo de moralidade. No mesmo contexto, as colônias são semelhantes às fronteiras. Elas são habitadas por 'selvagens'. As colônias não são organizadas de forma estatal e não criaram um mundo humano. Seus exércitos não formam uma entidade distinta, e suas guerras não [...] implicam a mobilização de sujeitos soberanos (cidadãos) que se respeitam mutuamente, mesmo que inimigos. Não estabelecem distinção entre combatentes e não combatentes ou, novamente, 'inimigo' e 'criminoso'. Assim, é *impossível firmar a paz com eles*".[128] Zonas de exceção: pela mais perversa necessidade inventada, será preciso levar a elas a civilização por meio de uma série de respostas à selvageria — como se faz isso onde não se percebe respeito à norma alguma? Como vencer fora das regras do jogo? E não é essa a pergunta feita hoje, da maneira mais cínica, na esteira da matança generalizada de crianças ditas "terroristas"?

Xadrez no qual as peças brancas se movem erraticamente, numa ordem mais ou menos improvisada, na confusão fantasmática do desejo ziguezagueante que tromba com uma representação no interior de uma coleção no mais das vezes desprovida de qualquer coerência. As peças pretas... bem, o que sobra para elas? Não foram testemunhas inteiramente passivas, é claro, dessa movimentação incessante — disso não podemos dúvidar. É preciso dizer, ainda assim, que a colônia é formada mediante a divisão em zonas, duas cidades, como dizia Fanon.[129] Clausuras sequenciais, mas que reforçam umas às outras: geográfico-espacial, temporal, político-social, e mesmo *existencial*, para falarmos de modo resumido. É a negligência para com essa estrutura, aliás, que faz com que certa recepção da obra fanoniana seja capaz de separar *Condenados da Terra* de *Pele negra*, como se fossem textos sobre assuntos inteiramente distintos, abordados por metodologias incompatíveis, animados por pensamentos apartados, um mais valorizado do que o outro, a depender das filiações teóricas de quem lê. Deve-se redizer, na trivialidade não mais autoevidente dessa afirmação, que o Fanon ocupado com o drama existencial-identitário do negro (*Pele negra*) é o mesmo que analisa a organização material da colônia e o problema da violência em vista da libertação nacional (*Condenados*).

---

128   Achille Mbembe, "Necropolítica", trad. Renata Santini, *Arte & Ensaios*, n. 32, 2017, p. 133, grifos meus.

129   Frantz Fanon, *Condenados da terra*, trad. Ligia Fonseca Ferreira e Regina Salgado Campos (Rio de Janeiro, Zahar, 2022), p. 34-6.

70 Onde viam verde, nós víamos vermelho

Se a descolonização é um "programa de desordem absoluta",[130] isso se deve ao fato de que o objeto desse contramovimento é uma estrutura em--cascata, multiescalar, em que é preciso expulsar tropas estrangeiras *e* abolir o negro como modo-de-ser dado por essa mesma ocupação militar. Uma coisa sem a outra nos dá a permanência do problema e a própria relevância de Fanon na realidade pós-colonial. Vejamos: O mundo colonizado é fraturado em dois, a cidade do colono e a cidade do colonizado, duas zonas em oposição. Não se trata unicamente da diferença entre opressor e oprimido reduzida a uma materialidade crua — as cidades são preenchidas e habitadas, inclusive, por diferentes *representações*. A "aldeia dos pretos [...] é um lugar mal-afamado povoado de homens mal-afamados".[131] Além disso, diz Fanon que a "violência que presidiu ao arranjo do mundo colonial [...] será reivindicada e assumida pelo colonizado no momento em que, decidindo ser a história em atos, a massa colonizada se entranhar nas zonas proibidas".[132] Essa entrada é um desmantelamento, princípio de desordem — pensando *formalmente*, é o exato mesmo movimento autoliberatório de entrada na "zona do não ser", aquela que, de maneira geral, "na maior parte dos casos, o negro não goza da regalia" de participar — "de onde pode brotar uma aparição autêntica"[133] na queda definitiva das representações raciais (do ser-negro) que a raça torna possíveis e plausíveis.

Essa zona de não-ser, equivocadamente interpretada à exaustão, a ponto de dar origem a uma multiplicidade de linhas teóricas com toda uma vida própria nos estudos sobre raça e colonialismo, reiteradamente oferecida, agora, como uma zona de não-humanidade *de onde* a pessoa colonizada é excluída, na verdade era o espaço existencial *para onde* as pessoas colonizadas em luta, na visão fanoniana, moviam-se — com violência, pois não é possível desfazer e refazer a si de maneira suave. A zona de uma liberdade de afirmação de si que viria de um desprendimento, na negação, dos modos dados de ser e de toda a estrutura que os sustenta; não para que o sujeito emancipado se fixasse recorrendo a outro essencialismo identitário, mas para que experimentasse, enfim, nacional e globalmente, o direito inalienável de não-ser *isto ou aquilo* e nada mais. "Não, eu não tenho o direito de ser um negro". E mais: "no mundo para onde estou indo, eu me crio incessantemente. Sou solidário com o Ser, na medida em que o supero".[134] O mundo pós-colonial, sonho inacabado.

---

130   Frantz Fanon, *Condenados*, p. 32.

131   Ibidem, p. 35.

132   Ibidem, p. 37.

133   Frantz Fanon, *Pele negra*, p. 22.

134   Ibidem, p. 241.

As potências noturnas da alma

Se Fanon oferecia o problema nesses termos, é porque um emaranhado de clausuras foi o que ele identificou no colonialismo. Palavras, imagens, ações e coisas faziam parte desse emaranhado. De certa maneira, para ele, a violência anticolonial como resposta apropriadora e criativa à violência colonial era a introdução de uma diferença em relação ao europeu. Não repetir, indefinidamente, o que havia sido feito aos povos colonizados e escravizados. Era também um gesto de apropriação de um conceito prático de liberdade forjado na própria violência colonial — liberar os músculos e os sonhos. Livrar-se até mesmo de tabus impostos. Produzir uma segunda metamorfose, só que, dessa vez, de si e para si na mediação da luta coletiva, e não aquela transformação que fez do humano um negro. "O poder é farmácia, pela sua capacidade de transformar os recursos da morte em força germinativa — a transformação e a conversão dos recursos da morte em capacidade de cura", diz Mbembe.[135] Uma libertação que não deixa de ser existencial, sem sombra de dúvida; em jogo, estava o próprio sentido da humanidade *como* universal. Negócio arriscado, sempre muito próximo de reproduzir a ilimitação de si e a abolição de *todos* os tabus, não somente dos coloniais.

Era mesmo uma ilimitação absoluta? Da parte do colonizador, se havia algum limite que não fosse dado em uma crise de consciência, ele só podia ser situado nas demandas (com frequência ignoradas) de ordem comercial, logística ou administrativa, podemos dizer. Era necessário garantir, afinal, a exploração e o domínio, todo um mundo globalizado dependia disso. Isso significou, então, uma castração geral? Talvez, no sentido de que a destrutividade seria dotada, ocasionalmente, de um sentido para além do capricho. Não o suficiente para desfazer a raça como "uma das matérias-primas com as quais se fabrica a diferença e o *excedente*, isto é, uma espécie de vida que pode ser desperdiçada ou dispendida sem reservas".[136] Leopoldo II sabia disso tanto quanto sabia do valor do látex extraído no Congo. Se havia alguma preocupação biopolítica com as populações colonizadas ou escravizadas, o limite disso não seria exclusivamente dado pelo que, por contraste, foi nomeado "necropolítica". O problema começa já no fato de que, no colonialismo, todas as noções relativas à vida foram pervertidas de maneira despreocupada, de que as políticas de vida já eram insalubres.

É preciso lembrar que o trabalho escravo foi racionalizado, muitas vezes, como uma espécie de remédio, um cuidado; para dar um exemplo, nas plantações dos EUA, médicos usaram espirômetros para medir a capacidade pulmonar dos escravizados negros em relação aos brancos

---

135 Achille Mbembe, *Crítica*, p. 233.
136 Ibidem, p. 73.

72 Onde viam verde, nós víamos vermelho

livres, "descobrindo" que ela era "naturalmente" inferior. Felizmente, pensaram os médicos, a escravidão fazia bem ao sangue, devolvendo-lhe a sua vitalidade, benefício do trabalho. Os pulmões também eram tidos como "marcadores de diferença", como se fossem, como tudo que era racializado, distintos por sua *natureza* — um pensamento que exigia a distorção da ordem causal das coisas: a exaustão pulmonar não podia ser notada como efeito do trabalho forçado sob todas as condições climáticas possíveis; este se tornava causa da manutenção da vida negra no interior das plantações.[137] Uma forma de sustentar *e* administrar, portanto, essa vida. Exercício de um biopoder delirante. O que não quer dizer que não houvesse qualquer forma de cuidado menos destrutivo, sobretudo quando se tratava de preservar o mínimo da integridade de uma *mercadoria*. Talvez isso não fosse constrangimento algum, pois é preciso desejar a existência/sobrevivência daquilo que se quer violar. Morre com o todo da raça a promessa da recusa à civilização, da liberação geral de si. Os indivíduos que corporificavam a raça eram mais ou menos dispensáveis; porém ela não existe sem essa corporificação, sob o risco de ser nada mais do que: ficção literária.

Pouco se pode dizer, então, sobre restrições à liberdade. Para todos os efeitos, as colônias se tornaram o lugar do que Mbembe chamou de um "imaginário sem simbólico" — a irrestrição da fantasia e abolição das interdições morais familiares.[138] Ou, como dizem Fred & Stefano, a logística, na qualidade de um saber/uma arte indissociável do colonialismo, fez do aprimoramento dos fluxos um processo de desobstrução visando o acesso a tudo quanto era possível ter acesso. Ou, para ser mais preciso, a possibilidade de acesso foi violentamente criada. A aceleração do progresso não foi algo a ser posto na balança do outro lado da destruição, estava tudo no mesmo prato. "Um progresso de capangas na esteira de uma soberania imaginal".[139] Se é possível pensar o colonialismo em termos de ordem, e não de puro caos, é porque, como já sabiam Deleuze & Guattari, toda essa transformação destrutiva deve servir a uma estrutura global, ainda que esta seja caracterizada por uma extraordinária flexibilidade, como a dinâmica *ser* e *não-ser* na racialização: produz-se uma multiplicidade de modos determinados de outridade (ser-negro, ser-amarelo, ser-indígena etc.), frequentemente incompatíveis entre si, na manutenção de uma mesmidade que é a ausência do propriamente humano,

---

137 Hamza Haban, "How racism creeps into medicine", *The Atlantic*, online, 29 ago. 2014, disponível em: https://www.theatlantic.com/health/archive/2014/08/how-racism-creeps-into-medicine/378618/.

138 Achille Mbembe, *Crítica*, p. 205.

139 Fred Moten e Stefano Harney, *Tudo incompleto*, trad. Victor Galdino e vinícius da silva (São Paulo, GLAC edições, 2023), p. 40.

73 As potências noturnas da alma

ausência a ser estabilizada não importa como, por quais meios. Não é um acaso, pois sem o que *não* é, a espoliação gratuita da terra nas colônias teria sido um crime. *Terra nullius*, mais uma vez. Entre um ponto A e um ponto B do continente africano, por exemplo, nada havia; ninguém. Descobriu-se, claro, "que essa terra vazia, na verdade, era cheia de obstruções e negava todo tipo de acesso".[140] O colonialismo, em sua dimensão logística, foi um exercício constante de superar os entraves ao movimento, uma prática da liberdade e de sua otimização. Não se tratava do livre-arbítrio cristão, inevitavelmente assombrado pelo pecado e pela queda, indissociável de um projeto de redenção possível — este ficou restrito aos pecados do Velho Mundo. Também a lei moral kantiana foi deixada para trás no continente europeu. Certamente não estava em cena o que Locke pensava como um "poder de *suspender* a execução e a satisfação de qualquer desejo", "fonte de toda a liberdade", dádiva divina que nos permitiria "examinar, visualizar e julgar o bem ou o mal que estamos prestes a fazer".[141] Dito de outra maneira, a liberdade, na colônia, reaparece na reivindicação do direito extraordinário de não suspender a satisfação de qualquer desejo violento, de não exercer esse poder, produzindo uma variação fora-de-casa do mal que, no máximo, pode ser imaginada como um mal *necessário* — no caso de um eventual peso na consciência ou da necessidade de justificar a si mesmo. De resto e de maneira geral, um vale-tudo. A passagem para um continente fora da história, para repetir Hegel, significou desfazer-se do peso da própria civilização, corrompê-la no ineditismo da terra (es)vazia(da) e inaugurar um novo tempo histórico, reencenando livremente a cena do Éden.

Nessa nova realidade, Adão não vê diferença entre Eva e natureza. Não reconhece — porque não quer, não pode — um desdobramento de sua costela propriamente humana. Já não vê necessidade em comer o fruto, satisfeito com o saber que formulou em sua prática autoerótica. Reempoderado pelo delírio, forjou sua própria espada flamejante para dividir o mundo em dois. Deus ficou em silêncio, preocupado com o significado das palavras "imagem" e "semelhança".

Como diz Baldwin, uma sociedade racializada é aquela que tem "a força e as armas necessárias para traduzir o dito em fato, de forma que essas pessoas, supostamente inferiores, são efetivamente tornadas inferiores, ao menos no que diz respeito à realidade social. Esse fenômeno, em nossos dias, já não é mais tão visível, como o era no tempo da servidão; não se tornou menos implacável por isso".[142] A prática da liberdade,

---

140 Fred Moten e Stefano Harney, *Tudo incompleto*, p. 40.

141 John Locke, *An essay concerning Human Understanding*, II, xxi, 47. Edição brasileira: trad. Pedro Paulo Pimenta (São Paulo, Martins Fontes, 2012).

142 James Baldwin, "Notes of a native son", em Toni Morrison, *James Baldwin*, p. 16.

74 Onde viam verde, nós víamos vermelho

na colônia, foi garantida militarmente. O dito sozinho não tinha poder algum, falado em língua estrangeira. Depois, a linguagem se tornaria arma também, mas a racialização veio primeiro como movimento bélico; mais precisamente como parte de um movimento bélico mais amplo, multifacetado. Além disso, saindo dos recortes específicos que Baldwin faz — o tempo da escravidão nos EUA e o presente —, podemos, mais uma vez, lembrar: no princípio era o ato, não o verbo. Mais um motivo para desconfiar das análises excessivamente centradas nas palavras, nos textos, nos conceitos institucionalizados, como se o outro racializado tivesse saído das páginas de um roteiro bem pensado. Isso não muda, claro, a pertinência da afirmação de Baldwin; há todo um estado militarizado de coisas que sustenta a conversão do dito em feito. Complemento dizendo que, antes desse circuito específico, havia o exercício de poder. "[...] o poder é sobretudo *tangível*. Não há poder que não aquele que se oferece ao toque e que, por sua vez, não toque quem é assujeitado".[143] É assim que se constrange, e raça é constrangimento.

Então, liberdade. De expressão, de ir e vir, de comércio. Liberdade e mobilidade. O que significa uma circulação mais livre de mercadorias, por exemplo, quando você *pode* ser uma delas? E o que significa hoje, aliás, para nós, a ideia de que nosso progresso foi uma multiplicação e intensificação das liberdades, quando não a criação de novas formas de sermos livres? É precisamente nesse ponto que faz sentido retomar a visão fanoniana: as clausuras dadas pela racialização são várias, como o são as liberdades. É certo que o tráfico transatlântico se tornou um fato do passado, assim como é certo que a maioria das colônias de que Fanon falava foi juridicamente extinta; sobrou, no entanto, a raça — foi ela que mostrou o sinal verde para a indústria colonial, um dos exercícios possíveis da liberdade branca. O que ela torna possível pode existir, desaparecer e reaparecer: é um instrumento de guerra cosmológica que passa mais ou menos tempo adormecido. Como a ameaça que quem a incorpora oferece. Tudo pode despertar quando conveniente.

A questão da mobilidade se oferece, então, como o problema da clausura, em múltiplos níveis. O primeiro é o do desejo. O segundo é o da fantasia. Depois, todos os outros; mesmo que, no ato, esteja tudo emaranhado, sobreposto, o todo se obscurece, mas recusa as profundezas. Na formação pública do indivíduo-colono, em seu alocamento no interior de uma sociedade que se forma ao seu redor, está a conversão alquímica da noite ao dia — imagens da noite circulam diante de seus olhos. Por fim, a aposta aqui é a seguinte: conheceremos algo sobre o lado noturno da

---

143 Achille Mbembe, *On the postcolony*, trad. A. M. Berrett (Califórnia, University of California Press, 2001), p. 166-7.

75 As potências noturnas da alma

psique, sobre a operação das variações mais grotescas de suas potências no colonialismo, prestando atenção ao que é feito. Do feito, tiramos o sentido da própria raça — para que serve, por exemplo, para que diabos foi fabricada. Podemos retornar, assim, a essa peculiaridade de uma aversão e de um esforço de intimidade que não cessam de alimentar um ao outro. Tudo ligado pelo desejo de possuir um falo selvagem, de se libertar definitivamente de todas as amarras civilizatórias, de *todos* os tabus. Isso só pode ser feito, claro, fingindo-se que era um movimento ele mesmo civilizatório, o que encontramos no arquivo do *eu* ocidental, em suas racionalizações da própria brutalidade. Fingindo no sentido de uma mentira na qual nós acreditamos, uma mentira que *nós somos*. Que eles foram. São.

3 Tornar-se branco

os vimos todos caindo um a um
alguns em direção ao paraíso
alguns em direção ao inferno.
— The Pogues

"O negro não existe. Não mais que o branco".[144] Se tudo que vimos até aqui disse respeito à fabricação de um *outro*, e se talvez pareça que unicamente a isso foi dado o nome "racialização", é porque sabemos que o ser-branco sempre foi elaborado, fabricado e posto em ato, mesmo que não de maneira consciente, como apenas... *ser*. Nas exuberantes ou minimalistas taxonomias raciais produzidas ao longo da modernidade, sempre houve espaço para a multiplicidade convertida em ser--branco e, do ponto de vista científico, ou quando se assumia a posição do sujeito cognoscente com pretensões de cientificidade, a existência de tal ser-racial era indubitável. Por outro lado, na construção mais geral de um sentido excludente de humanidade, a raça serviu para produzir um excedente em relação ao humano que foi caracterizado, de variadas formas, na especificidade do ser-outro. Ora um dos elementos no conjunto das raças humanas, ora definido como a própria humanidade, o ser-branco existiu, na prática colonial, como aquilo que se nutria da desumanização alheia, afirmação pela negação. "Como marca da diferença colonial, *raça* é um lembrete permanente dos processos de universalização e libertação do humano por meio de formas liberais".[145] Libertar e universalizar o humano = enclausurar e particularizar seus outros nas práticas raciais. Movimento imaginal. Movimento corpóreo. Movimento, movimento, movimento.

144   Frantz Fanon, *Pele negra*, p. 242.
145   Lisa Lowe, *Intimacies*, p. 7.

76 *Onde viam verde, nós víamos vermelho*

Há uma flexibilidade extraordinária nos processos de racialização, e isso não teria como ter deixado de fora o ser-branco; mesmo quando equivalente ao ser-humano, não foi exclusivamente um o sentido de humanidade verificado nas práticas, transposto para os variados textos que herdamos. Nem mesmo as pessoas que receberam esse predicado, que seriam incluídas nesse modo-de-ser, foram as mesmas. Um exemplo do século dezenove pode nos oferecer algo interessante aqui: os chamados "pretos brancos", *white niggers* — termo usado sobretudo para imigrantes de origem italiana, irlandesa e polonesa na América do Norte. Não por acaso, essa nomeação era acompanhada da submissão a condições degradantes de trabalho e a todo tipo de violência. Foquemos no caso irlandês; caso que se inicia antes, na verdade, lá em terras britânicas. Pode-se dizer, aliás, que não há exemplo mais nítido da surrealidade dos processos de racialização — como separar, recorrendo a uma diferença tão profunda, as populações inglesas das irlandesas, dada a "ausência do marcador visual da diferença na cor da pele que era usada para legitimar a dominação em outras sociedades coloniais"?[146]

O que parece impossível, no entanto, foi feito, como era de costume colonial: o uso desse nome paradoxal "era consistente com a suposição, desde a década de 1860, de que certos traços físicos e culturais dos irlandeses os marcavam como uma raça de 'calibãs celtas' por contraste aos anglo-saxões".[147] Todos os recursos possíveis foram reutilizados para verificação e afirmação dessa negridade peculiar: análises fisionômicas e linguísticas, caricaturas publicadas em jornais, afirmações metafísicas sobre uma natureza servil etc. A imagens e os discursos deixam nítido que "foram feitos grandes esforços para assemelhar a fisionomia dos irlandeses à dos macacos"; uma caricatura analisada por Anne McClintock mostra um irlandês na frente de um desordenado e sujo barraco, que "vadia alegremente sentado sobre uma tina virada, prova visível de uma relaxada falta de dedicação à ordem doméstica"; além disso, "a ausência da cor da pele é compensada pelo simiesco das fisionomias: lábios exagerados, testas baixas, cabelo desleixado e assim por diante".[148] Olhando rapidamente e sem saber do que se trata, seria possível pensar que se trata de um chimpanzé antropomorfizado. Não foram, porém, somente palavras e imagens lançadas contra um outro.

A colonização inglesa da Irlanda, até certo ponto, não diferiu muito do resto: implementação de um sistema de plantações como tecnologia civilizatória nos séculos dezesseis e dezessete, imposição de leis penais

---

146 Claire Wills, "Language, politics, narrative, political violence", *The Oxford Literary Review*, n. 13, 1991, p. 21.

147 Anne McClintock, *Couro imperial*, p. 91.

148 Ibidem, p. 92-3.

77 As potências noturnas da alma

severas, proibição do uso da língua irlandesa a partir de 1537, entre outras medidas coloniais altamente restritivas que regulavam a totalidade da vida. Um esforço de submissão holística. Toda uma diáspora se deu como consequência, feita tanto de homens submetidos à servidão por contrato quanto de pessoas que foram parar na América inglesa como punição. Desnecessário ir adiante recontando todas as atrocidades cometidas ao longo desse tempo. Basta lembrar a fala de um escravizado negro anônimo, comentário popularizado na época: "Meu senhor é um baita tirano, ele me trata mal como se eu fosse só um irlandês ordinário".[149] Ou de uma expressão usada para falar de pessoas negras: "irlandesas defumadas". Ou ouvir as palavras de Phil Chevron cantadas por Shane MacGowan em *Thousands are sailing*; na cena que abre a música, temos a Estátua da Liberdade em sua cumplicidade silenciosa, testemunha do lado noturno da república: "A ilha, agora está em silêncio / as ondas, porém, fantasmas continuam a assombrar / E a tocha ilumina um homem esfomeado / A quem a sorte não pode salvar". Segue-se, então, um diálogo entre imigrantes de diferentes gerações. O mais novo faz uma série de perguntas sobre como foi trabalhar na América, terra das oportunidades, na ferrovia ou no policiamento das ruas, como foi a experiência, quais foram os sentimentos que emergiram dessa mobilidade conquistada. Revelando-se um fantasma, porém, o mais velho responde: "Ah, não, não era para ser / em um navio-caixão eu vim / nunca cheguei longe o suficiente / para que trocassem o meu nome".

Era um hábito popular, na Irlanda, usar o nome "navio-caixão" para falar das embarcações — em geral superlotadas, infestadas de doenças, carregando o mínimo de água potável e comida, com alta taxa de mortes — que carregavam os irlandeses que sobreviviam à jornada de sua desumanização para a América inglesa. A voz fragmentada de MacGowan nos traz, com uma beleza antimelancólica, imagens sonoras que conhecemos até demais. Já o fundo do oceano não conhece distinções cromáticas, conhece raça.

Nada disso, no entanto, bastou para que se formasse uma aliança de escala maior entre as pessoas racializadas como negras e as racializadas como aparente paradoxo. Quando o assunto foi a abolição, por exemplo, de maneira geral, estas últimas "agiram de maneira descaradamente americana".[150] Inútil transformar um dado em condenação: o colonialismo operou, quase que sistematicamente, jogando povos uns contra outros, sobretudo para conter a insurreição negra. Condenação, além disso,

---

149   Noel Ignatiev, *How the Irish became white* (Nova Iorque e Londres, Routledge, 1995), p. 42.

150   Angela F. Murphy, *American slavery, Irish freedom: abolition, immigrant citizenship, and the transatlantic movement for Irish repeal* (Baton Rouge, LSU Press, 2010), p. 218.

78 Onde viam verde, nós víamos vermelho

que só poderia ter como objeto um povo, reprodução da lógica racial. O que importa é que foi possível, para as pessoas irlandesas, tornarem-se brancas. Como? Em primeiro lugar, *desejando*, aprendendo a desejar a branquitude. Gosto de como Baldwin diz que pessoas brancas são aquelas que acham que são brancas, ou que, por algum motivo, querem ser assim. Começa com o desejo. As fantasias, a aversão, a paranoia. Com uma dúvida corrosiva sobre a possibilidade de um laço genuíno com certos outros. Com a guerra entre Norte e Sul, escravocratas sulistas buscaram o apoio de trabalhadores nortistas, e o Partido Democrata ofereceu um reconhecimento há muito desejado para a parcela irlandesa, envolvida, até então, em múltiplas insurreições contra o governo inglês. "Não foi o caso, como dizem alguns historiadores, de a escravidão ter feito com que fosse possível dar às pessoas irlandesas os privilégios da cidadania, foi o contrário: a assimilação dessas pessoas como parte da raça branca é que tornou possível conservar a escravidão".[151]

Ninguém se torna branco por meio de um compromisso individual — há toda uma estrutura social que sustenta a heteroidentificação como condição para autoidentificação. Lembro-me de quando era criança e queria ser branco. Irrelevante.

Em 1844, já se mostrava uma divisão nítida entre dois blocos eleitorais de alta coesão, cada um votando em direções opostas: os irlandeses e os negros livres. Tudo indica que o compromisso com o Partido Democrata foi o princípio mais relevante de uma reorganização da sensibilidade racial — ambas as partes tiveram de se acostumar com sua nova fraternidade. Gangues irlandesas se colocaram a serviço da violência racial contra pessoas negras, tornando-se cada vez mais antiabolicionistas. Solidariedade branca, foram se metamorfoseando. Com todas as suas exceções, claro. Muitas outras coisas aconteceram, mas paremos por aqui, no começo de tudo.[152] Para complementar essa história resumida, podemos retomar a ideia de um "salário psicológico" que Du Bois nos apresenta quando diz que "o sucesso político da doutrina da segregação racial, que derrubou a Reconstrução ao unir o senhor de engenho e o branco pobre, foi muito além de seus [...] resultados econômicos. [...] É preciso lembrar que, apesar do salário baixo, os trabalhadores brancos foram compensados, em parte, por uma espécie de salário público, psicológico",[153] benefícios de outra ordem: "Eles foram aceitos livremente, junto de todas as

---

151 Noel Ignatiev, *How the Irish*, p. 69.

152 Para o resto da história, ver Noel Ignatiev, *How the Irish*, capítulo "The transubstantiation of an Irish revolutionary".

153 W. E. B. Du Bois, *Black Reconstruction: an essay toward a history of the part which Black folk played in the attempt to reconstruct democracy in America, 1860-1880* (Nova Iorque, Harcourt, Brace and Company, 1971), p. 700.

79 As potências noturnas da alma

classes de pessoas brancas, em funções públicas, parques públicos, nas melhores escolas. Entraram na polícia, e as cortes, dependendo de seus votos, tratavam-nos com tanta leniência que acabavam por incentivar sua criminalidade. Seus votos elegeram servidores públicos e, apesar de isso ter tido um efeito pequeno em sua situação econômica, o efeito foi enorme no tratamento pessoal e na deferência a eles exibida".[154] A história das adesões à branquitude e de sua reprodução complica bastante a redução de nossos problemas ao problema de classe, mas deixemos isso de lado; a prática segregacionista — que ocasionalmente foi, é e será codificada no âmbito jurídico — é alimentada por uma troca simbólica de consequências nada simbólicas. É preciso assinar um contrato racial, como diria Charles Mills, e ambas as partes devem respeitá-lo.

Para participar da branquitude, os signatários desse contrato terão de viver "em um mundo delirante": "Haverá mitologias brancas, Orientes inventados, Áfricas inventadas, Américas inventadas, com uma população correspondente forjada, países que nunca chegaram a ser, habitados por pessoas que nunca existiram — Calibã e Tonto, Man Friday e Sambo —, mas que alcançam uma realidade virtual através de sua existência em contos de viajantes, mitos folclóricos, ficção popular e erudita, relatos coloniais, teoria acadêmica, cinema de Hollywood, vivendo na imaginação branca e impostos com determinação sobre suas contrapartes *alarmantes* da vida real".[155] O contrato racial exige "certo esquema de cegueiras e opacidades estruturadas para estabelecer e manter o regime político branco".[156] Pode-se dizer que isso é a *partilha colonial do sensível*. Não basta, portanto, a aliança política — a aliança, por sua natureza racial, sustenta-se na insensibilidade partilhada e na adesão a toda uma fantasmagoria que reorganiza o trabalho das várias potências do sujeito. Sempre, claro, como participação em uma guerra infinita contra uma ameaça, um perigo de proporções terríveis — cosmológicas. Se os irlandeses se tornaram brancos, foi porque, na assinatura do contrato, aceitaram *fazer guerra*. E fizeram. Fizeram *como se* nunca tivessem sido meio negros, meio africanos, meio outros. Como diz o pescador na cena de abertura da terceira temporada de *Atlanta*: "com bastante sangue e dinheiro, qualquer um pode ser branco".

Nisso tudo, mais uma vez, uma ausência específica: a cor da pele. Irlandeses, em diáspora ou não, pouco diferem de europeus nesse sentido; e menos ainda diferem de ingleses, ou das pessoas que, na América do Norte, eram tidas como brancas desde a aparição da branquitude por lá.

---

154 Ibidem, p.700-1.

155 Charles Mills, *O contrato*, p. 53, grifos meus.

156 Ibidem.

80 *Onde viam verde, nós víamos vermelho*

Tudo isso é um tanto óbvio. Não foi o único caso em que semelhanças "cromáticas", por assim dizer, só se tornaram relevantes após a assinatura do contrato — temos as pessoas italianas e polonesas nos EUA. Temos também todas essas pessoas que, aderindo sem reservas ao repertório sombrio das práticas coloniais, abraçam continuamente uma outra identidade racial ao fazer guerra contra a Palestina, assinando um pacto internacional que atualizou os participantes contemporâneos da supremacia branca. Tudo registrado à exaustão, basta checar: as múltiplas liberdades estão todas presentes, assim como as representações raciais, a fantasmagoria, a sensibilidade deformada, a intimidade violenta... E sabe-se lá que outras instâncias do devir-branco ainda testemunharemos antes do fim.[157] Isso não quer dizer, de todo modo, que a cor — o revestimento cromático-imaginal da pele e sua coloração "real" — não exerça ou tenha exercido força enorme nos imaginários raciais, assim como outros detalhes fenotípicos. A questão é que raça é algo *delirado*, tornado real por práticas variadas, de toda uma estrutura que sustenta, violentamente, essa corporificação. A produção de um objeto fobígeno não depende de uma precisão "realista" porque se trata, precisamente e de maneira geral, de fazer algo estar onde não está. A cor não é o dado interpretado racialmente, é o que foi posto lá por uma representação. A raça, portanto, é autônoma em relação às especificidades corporais, mesmo quando envolve a corporificação específica em um ser-racializado.

E a referência corpórea pode mudar de acordo com as demandas do conflito, porque o apelo ao fenótipo é sempre dado em uma contingência ridiculamente contingente, embora não pareça. Pode-se pensar na regra da gota única, por exemplo, que reduziu uma multiplicidade racial no Sul dos EUA ao ser-negro. "Até a década de 1860, havia um sistema de classificação racial muito mais intricado do que aquele que entrou em vigor depois da Guerra Civil, entre 1861-1865", em que as distinções raciais tinham a ver com uma porção de fatores para além da cor da pele: "posição social, ancestralidade, *status* (se livre ou se escravizado) e reconhecimento da comunidade".[158] Isso fazia com que parte da população miscigenada, *mulata*, pudesse se passar por branca, além do fato de que se aceitava outras racializações intermediárias. Nas vésperas da Guerra

---

157 Se parece estranho o uso do conceito deleuziano de *devir* aqui, lembro, recorrendo à tese de meu amigo Diego (em que ele fala sobre um devir-colonial), que há uma variação desse conceito nos textos anteriores às colaborações do autor com Félix Guattari, nos quais não há restrição ao minoritário (como no famoso exemplo, dado em *Mil Platôs*, sobre não haver um devir-homem). Em *Lógica do sentido*, por exemplo, o conceito é coextensivo ao de *acontecimento*, que aponta para algo que é sempre pré-individual, *neutro*; citando Diego, nesse caso, o devir diz respeito apenas à "efetuação de uma singularidade que ocorre no acontecimento" corporificado por alguém. Ver Diego de Matos Gondim, "Manifestos quilombolas: desta terra, nesta terra, para esta terra", p. 267, nota 19. Disponível em: http://hdl.handle.net/11449/215015.

158 Luciana da Cruz Brito, *O avesso da raça*, p. 87-8.

81 As potências noturnas da alma

Civil, no entanto, "o sentimento de hostilidade da população branca não distinguia a cor da pele, se mais clara ou mais escura, ou seja, a partir de então eram todos considerados negros" — transformação de ordem sensível e imaginal que veio a ser racionalizada inclusive na forma de novas leis. A regra da gota única, na região Sul, foi uma "resposta ao fato de os escravizados estarem se tornando mais claros e reivindicando um lugar social intermediário entre negros e brancos".[159] Ela definiu uma parte do ser-negro como algo herdado; a aparência nada importava diante da ancestralidade, da pureza ou impureza genealógica.[160] Não por acaso, esse movimento foi acompanhado de proibições mais numerosas de casamento interracial, resposta ao problema da mistura que não só afetou o sentido do ser-negro, mas o do ser-branco. Curiosamente, ainda que nem tanto, o aumento do rigor segregacionista se mostra o ápice de um raciocínio impossível: calcular um sangue imaginário.

Com isso — imagino que isso baste —, todo o problema da representação e da catacrese, como encontramos no trabalho de Alessandra Raengo, talvez se torne mais nítido. "Negra/o", "branco/a" e os outros nomes raciais são metáforas esquecidas; faz parte da racialização uma fé na literalidade deles. Se raça só pode existir pela percepção dos sinais interconectados de uma diferença de natureza na superfície do corpo, isso nada quer dizer sobre a essencialidade de qualquer um desses sinais para a racialização. Tudo contingente. Da mesma forma que, em certos e inúmeros momentos de nossas vidas, aqui no Brasil, a cor da pele não terá relevância se não for notada junto de outros elementos de nossa aparência e de nossa aparição em um espaço-tempo específico: se a aparência é de uma pessoa "favelada", ou se andamos próximos de uma favela, por exemplo. A pertinência da cor tem mais a ver com o grau de segurança que ela oferece no disparo da violência racial — ela torna tudo menos confuso até que seja, evidentemente, motivo de confusão. Como muitas pessoas negras não se cansam de dizer, no entanto, policial e juiz raramente se confundem. Há toda uma gama de tons de pele encarcerada em massa ou enterrada com/sem identificação, a maioria longe dos que poderíamos categorizar como "retintos". Todo o debate sobre colorismo, quando não gira em torno de trivialidades sobre a relatividade da violência, serve apenas para reafirmar a ocultação da raça como meio de produção de diferenças de natureza.

Do outro lado do ser-branco, toda e qualquer violência é possível, ainda que não se torne, aqui e agora, mais do que possibilidade. Não somos nós, de todo modo, que definimos o ser-negro *dentro de uma nação*.

---

159   Ibidem, p. 88.
160   Ibidem.

82 Onde viam verde, nós víamos vermelho

Isso é algo a ser mais bem elaborado em outra ocasião; por agora, basta ficarmos com a ideia de que há uma diferença entre representação racial e a raça como forma imaginal que torna as representações possíveis e plausíveis. O que se percebe é o que aparece pelo esquecimento, por um não-querer perceber alguma outra coisa. As categorias não precedem os atos. Muito se muda antes que uma reorganização do sensível se faça lei, e nem sempre isso é feito. Com essa mudança, alteram-se os grupos sociais que terão sua humanidade plena retirada de cena; assim, como se vê nos casos de quem se torna branco, trata-se igualmente de um devir-humano. No exemplo irlandês, nada único, esse devir foi interditado até não ser mais. A partir disso, todas aquelas pessoas, sobretudo as fiéis ao contrato, puderam participar do universal — aumentando a dose de platonismo: a Forma do Irlandês passou a participar da Forma do Humano; consequentemente, da Forma do Bem. Afinal... daquilo que é o mais "desprezível e vil", haveria uma Forma? "De maneira alguma, disse Sócrates, mas quanto a essas coisas, isso precisamente que vemos, é isso que elas são. E acreditar haver uma forma delas é de temer que seja por demais absurdo".[161] Em sua inocência filosófica, Sócrates não havia visto a possibilidade de formas sombrias, *escuras*, habitando outro reino, o reino das imagens autônomas: formas das quais é preciso se distanciar ou com as quais é preciso tomar cuidado, como Surauardi avisou alguns séculos mais tarde. Nesse caso, de todo modo, a forma vem depois de uma série de práticas, no interior de um conjunto de relações. Esse estranho caminho das coisas, Platão não pode prever. Como pode, afinal, o próprio sentido de humanidade não estar dado, desde o início, se somos, ao menos em um sentido, parte dessa humanidade? Bem, a essa pergunta, mil respostas foram dadas. Quero dizer, se me perdoam a insistência no assunto, mais algumas palavras a partir de Sylvia Wynter.

De maneira mais específica: a partir do comentário feito por Wynter sobre um incidente que encontramos no relato autobiográfico de Richard Wright, *Black boy*. Um dia, Richard é abordado por seus colegas brancos de trabalho, Pease e Reynolds, que querem puni-lo por não ter usado uma formalidade qualquer, dessas bem irrelevantes: não chamou Pease de "senhor", maneira de reafirmar uma diferença intransponível entre eles. Richard responde que não se lembrava de ter chamado o Sr. Pease de "Pease" — e essa citação que ele faz do que o outro disse basta como prova de sua culpa. Wynters se pergunta, então, o que está por trás dessa necessidade de colocar Richard em *seu lugar*, fazendo-o a encarnação do estereótipo do escravo obediente (Sambo), quando

---

161   Platão, *Parmênides*, 130c9, 130d3-5. Edição brasileira: trad. Fernando Rodrigues e Maura Iglésias (Rio de Janeiro, Ed. PUC-Rio; São Paulo, Loyola, 2003).

83   As potências noturnas da alma

ambos os rapazes estão, eles mesmos, em uma posição de subordinação (a um patrão). "Não era possível que todos fossem igualmente senhores, mas era possível se tornar um pequeno senhor ou, como diz Memmi, era possível se tornar um pequeno colonizador".[162] A necessidade, portanto, tinha a ver com um desejo de "se experimentar como a Norma, como humano", "ativando a experiência da participação na Branquitude Simbólica". Um pouco como o que é dito por Du Bois; no entanto, ela complementa: para isso, ambos tinham de reprimir sociopsicologicamente Richard, "reprimindo, em seu próprio interior, quaisquer desejos subversivos que se movessem para longe dos desejos prescritos e regulados daquela ordem social".[163]

O que é ou não subversivo é mutável, claro — é preciso, no entanto, estar sempre alinhado com a ordem vigente e o modo como ela posiciona o ser-branco. Se pensarmos na subversão como algo que aproxima o branco do negro, violação da ordem social, retornamos à fobia do selvagem, da selvageria. Não era precisamente na entrega a uma violência bárbara que o *pequeno senhor* se libertava de todas as interdições de sua civilização? Sim; no entanto: nada disso funciona se, no interior dos limites do humano, não se defender, a todo custo, à custa de sua própria humanidade, a própria ordem civilizacional. Mais uma vez, temos certa duplicidade aqui, fragmentação da psique de quem assume a posição branca. Wynters certamente sabe disso — de que se trata, então, essa subversão? O que falta aqui? Tal como Cabral chamou de "suicídio de classe" — prescrição revolucionária dada às pequenas burguesias africanas formadas por causa das necessidades administrativas nas colônias[164] —, podemos pensar em um suicídio de raça. A subversão última seria, precisamente, a recusa da branquitude; abraçar a negridade não como selvageria alheia a toda e qualquer norma ou ordem — um delírio colonial —, mas como variação possível do humano para além de todas as regulações raciais. Se o ser--branco é dependente, em todos os sentidos imagináveis, do ser-racializado como um outro, esse abraço seria autodestrutivo; não pode haver uma única raça humana, esse era o pressuposto desde o início.

Participar da Forma do humano, da maneira como ela foi transformada em equivalente da Forma do branco por uma "sobrerrepresentação" de si, para usar um termo de Wynter,[165] é algo que depende de uma recusa e de um desejo: recusa-se a unidade sem cisões do humano e deseja-se uma alteridade radical para que se abra o espaço para uma

---

162   Sylvia Wynter, *Black metamorphosis: new natives in a New World* (1970), p. 407.

163   Ibidem, p. 408.

164   Amílcar Cabral, *A arma da teoria* (Rio de Janeiro, Codecri, 1980), p. 41.

165   Sylvia Wynter, "Unsettling the coloniality".

84   *Onde viam verde, nós víamos vermelho*

subversão que, na verdade, é subversiva exclusivamente no sentido de que o próprio europeu só aderiu à barbárie *na qualidade de* colonizador; dentro de casa, por assim dizer, e dentro de sua própria cabeça, ele era apenas civilizado, ordenado, regulado. Ou melhor: não aderiu a coisa alguma. Se a civilização — na imagem que o branco tem de si — foi inteiramente compatível com o que chamamos "barbárie", isso se deu somente no alocamento diferencial de cada uma dessas coisas, duplicando a vida, duplicando a realidade, até a barbárie parecer outra possibilidade da civilização. O que pode perturbar a consciência democrática (a liberal, a republicana, a humanista...) é amenizado como meio para um fim elevado: fora de casa, toda a civilização é suspensa, até que seja, pela barbárie, instalada em outras terras, na tarefa impossível de civilizar aquele que é visto como selvagem *por sua própria natureza*.

Não importa o que tente fazer ou o que ache estar tentando fazer, o colonizador nunca pode se confundir com os povos colonizados, pois essa é a premissa mais fundamental. Se o humano autofantasiado como se muito bem-ordenado não é o mesmo bárbaro que *nós* dizemos aparecer na figura do colonizador, isso se deve à variação do sentido de humanidade sem uma diferenciação drástica e corrosiva na imagem de si: uma forma de *recalque*. Sim, sabe-se que a colônia exige abrir mão de certa normatividade, que isso é necessário para lutar contra um inimigo fora-da-lei; isso não é o suficiente, no entanto e na imaginação colonial, para que a identidade propriamente humana seja perdida, pois não é mais que recurso temporário que, servindo às práticas coloniais pensadas como se fossem civilizatórias, não impede o exercício da humanidade. Humano é aquele que sabe a hora de suspender as normas civilizatórias pelo bem da civilização, preservando seu valor em um sacrifício sem consequências. Uma ressignificação.

Por isso mesmo, ao menos na fantasia, as colônias nunca foram como as metrópoles; não foi pela violência, porém, que todas essas civilizações se ergueram? Talvez a mais alta subversão seja parar de se imaginar dessa maneira, não para desistir de vez das normas e interdições, para insistir nessa liberdade radical e radicalmente destrutiva, mas para abandonar a ideia de uma diferença *profunda* que sempre se alimentará de um não-perceber a si como produtor da alteridade e como aquele que, mediante essa produção, só pode parecer civilizado quando se olha no espelho por meio de um recalque. Desse modo, diria que o desejo mais subversivo é o de viver sem essa fragmentação, sem esse recalque, não mais fabricar um *eu* branco em oposição ao *outro* obscurecido que, não podendo estar ali em seu próprio íntimo, é feito estar em outro lugar, em outro corpo. O preço desse movimento de denegação é a própria negação da fraternidade entre o proletariado branco e as

85 As potências noturnas da alma

pessoas racializadas em geral, trabalhadoras ou não. "Porque eles pensam que são brancos, já não podem se permitir a tormenta causada pela suspeita de que todos os homens são irmãos", diz Baldwin.[166] Retornando a Wynter: a figura do escravo submisso carrega "todas as potencialidades alternativas reprimidas no interior do sistema" — sua docilidade é a mesma que o patrão exige dos trabalhadores brancos.[167] Quando Pease e Reynolds tentam forçar Richard a corporificar esse estereótipo, eles o fazem para que possam se colocar/ver na posição do senhor, mas se tornam, assim, "incapazes de apreender a realidade de sua própria forma de servidão".[168] Dessa maneira, "a existência de Sambo interdita qualquer desejo de não mais ser a NORMA, o que permitiria dar início a uma subversão de si. No lugar disso, seguem efetivando a certeza de si normativa que a máquina social exige".[169] Ou seja, a participação mais apropriada na branquitude se dá pela recusa de certa fraternidade, na reprodução da posição do senhor em menor escala que fará com que boa parte da população branca alivie o fato de sua servidão — no interior de uma sociedade de classes — através da violência racial, quando não há restrições da liberdade em outros sentidos. Aceita-se uma "valoração inferior em troca da certeza de uma valoração superior que se dá em outro registro".[170] Reproduzir essa troca de maneira generalizada e cotidiana é fundamental para sustentar, como um todo, uma realidade em que outra forma de liberdade é censurada: como diria Fanon, o exercício de uma transcendência em que seja possível, finalmente, "tocar o outro, sentir o outro, revelar-me o outro", não mais na intimidade perversa do colonialismo, mas em uma abertura por fora da racialização, em que o contrato opera em outros termos: "Não tenho o dever de ser isto ou aquilo...".[171] Este isto e aquilo, para Fanon, são as variações de uma posição imutável em sua plasticidade — ser-negro. Dada a natureza relacional desse modo-de-ser, podemos dizer que as palavras de Fanon implicam, para seus outros, a ausência do dever de ser branco.

Tudo depende de uma ruptura total com a desejabilidade do senhorio, pois essa posição depende, de maneira excessiva, da subordinação — o branco está livre e não está, exerce autonomia e não exerce. Retornemos ao caso dos irlandeses e pensemos, mais uma vez, no contrato racial de Mills: para obter o reconhecimento de sua humanidade plena,

---

166   James Baldwin, "On being 'white' and other lies", em David Roediger, *Black writers on what it means to be white* (Nova Iorque, Schocken Books, 1998), p. 180.

167   Wynter, *Black metamorphosis*, p. 408.

168   Ibidem, p. 422.

169   Ibidem.

170   Ibidem, p. 429.

171   Frantz Fanon, *Pele negra*, p. 242, p. 240.

86 *Onde viam verde, nós víamos vermelho*

a condição básica foi o exercício da violência contra as pessoas negras e a oposição total ao abolicionismo. Humanidade que se dá em uma forma específica, frágil, exigente em demasia, exige violência demais — não há como sustentar todas as possibilidades do devir-branco, da identidade branca, sem essa satisfação recorrente do acordo supremacista; sem ao menos deixar tudo isso como possibilidade. Nada, portanto, está simplesmente dado — é necessário se fazer, a cada vez, humano. Uma obrigação diária. "O branco está encerrado em sua própria brancura".[172] Esse encerramento, sendo uma maneira de expandir e intensificar a mobilidade, tem seu custo: paranoia, vigilância constante, um tensionamento psíquico, corrosão permanente de si. Os benefícios? O próprio mundo. Não deixa, todavia, de ser uma clausura de si, porque não há outra opção que não seja a reafirmação sistemática do ser-branco. Uma impotência profunda que retorna na conquista, no exercício de uma potência fálica que prende inexoravelmente a criação à destruição. O preço: o próprio mundo, seu fim. O que um dia foi chamado "antropoceno".

Para concluir, cito Baldwin novamente: "se não sou o que me disseram que sou, isso significa que *você também* não é o que *você* pensou ser! E essa é a crise".[173] São muitas as formas de não-ver, não-ouvir, não-tocar. E, em meio a tudo isso, a certeza de que está tudo certo e progredindo. Parafraseando o poema de Kaváfis: o que seria do humano sem os bárbaros, essa gente que ainda é uma espécie de solução?

4 Democracia racial, mais uma vez

É necessário que abafes
O ruído das sirenes
Que perturbam o ambiente
Dividindo os homens
Entre bons e maus
Entre nós e eles
Entre vivos e mortos.

— Beatriz Nascimento

A recusa da fraternidade, nos termos de Baldwin, convive estranhamente, bem sabemos, com a ideia de democracia, com a própria prática democrática. Está longe de ser um problema restrito ao campo das abstrações, uma confusão mental qualquer. São dois sentidos, afinal, de "fraternidade": uma se faz possível quando a diferença racial é abolida na prática (em relações individuais, no interior de certas comunidades, em toda

---

172   Ibidem, p. 23.
173   James Baldwin, "A talk to teachers", p. 682.

87 As potências noturnas da alma

uma nação, no planeta); a outra é precisamente aquela que, no interior da sociedade democrática, é dada na recusa de um *eu*-racista. "Eu não vejo cor", eles dizem. "Somos todos humanos". Não, não se trata de dizer que, nas relações individuais, é impossível desfazer e refazer a própria sensibilidade, abrir mão da fantasmagoria racial e tudo o mais; o problema é que sabemos — até demais e contra a nossa vontade — o quanto essas afirmações podem mascarar algo e servir para a tranquilização da consciência embranquecida. Bem, isso nos leva, mais uma vez, ao que há muito temos chamado de "mito da democracia racial", que Lélia Gonzalez havia identificado como expressão de um racismo propriamente brasileiro. Gostaria de fazer alguns comentários sobre esse mito. Não para mostrar, mais uma vez, uma falsidade que se faz nítida no exame das relações raciais brasileiras, mas para pensar os sentidos desse ser-mito.

Para isso, começo com uma citação de Jessé de Souza: "Aqui, é necessário chamar atenção para o fato de que os mitos não são simples mentiras. Mitos não são falsos ou verdadeiros do mesmo modo que teorias científicas. Mitos não pretendem *descrever* realidades".[174] Se, como bem nota Sueli Carneiro, esse tipo de comentário — que aparece em mais de um texto do sociólogo — está vinculado ao estranho compromisso com a extração de uma positividade redentora do mito, por outro lado, o lembrete sobre a diferença entre mito e teoria desaparece sob a justificativa de que "a crítica política dos movimentos negros à falácia da democracia racial brasileira é desautorizada [...] como produto da ignorância ou da ausência de sabedoria manifesta na incapacidade de compreender as articulações dialéticas entre mito e realidade".[175] No texto a que Carneiro se refere, Jessé alerta para o perigo em perder de vista essa distinção, diz que negar o mito "como pura mentira é menos do que sábio", pois leva "ao isolamento do discurso do ressentido".[176] Se esse perigo é tão perigoso assim, deixo para que outras pessoas decidam. Quero me demorar em outra coisa, algo que se perde na passagem entre o lembrete e o reesquecimento, quando "mito" é substituído por "falácia" — pressuposto de sinonímia que nos leva de volta ao que Jessé diz: "mitos não são simples mentiras".

Como diz Petrônio Domingues, a noção de democracia racial articulava e ainda articula três elementos: i) apaziguamento do "ódio racial" (outro nome, pode-se dizer, para a possibilidade da insurreição

---

174 Jessé de Souza, "Democracia racial e multiculturalismo: ambivalente singularidade cultural brasileira", *Estudos Afro-Asiáticos*, online, n. 38, 2000.

175 Suely Carneiro, *Dispositivo*, p. 55.

176 Jessé de Souza, "Multiculturalismo, racismo e democracia. Por que comparar Brasil e Estados Unidos?", em *Anais do Seminário Internacional Multiculturalismo e Racismo: o papel das ações afirmativas nos Estados democráticos contemporâneos* (Brasília, Ministério da Justiça e Secretaria Nacional de Direitos Humanos, 1997), p. 34.

88   *Onde viam verde, nós víamos vermelho*

negra); ii) desobrigação do Estado quanto a eventuais políticas de reparação; iii) desresponsabilização do ex-senhor em relação às pessoas que ele previamente escravizou, agora forçadas ao "mercado livre de trabalho".[177] Se, no pós-abolição, o ex-senhor é quem está próximo demais do crime, em nossos dias, a distância parece assegurar melhor a recusa — o que se recusa, agora, é uma herança: tudo fica mais vago, nebuloso. De todo modo, o mito "transformou a exceção em regra", desfigurando as raras, embora não tão raras incorporações de pessoas racializadas em ambientes, relações, funções e mesmo cargos destinados aos brancos (a falsidade do que dizem os autores e defensores do mito estaria nessa conversão empiricamente insustentável). Algo, aliás, ridiculamente comum em tantas outras colônias, algo que nunca significou nada de pertinente quanto aos processos de racialização e à própria reprodução socioimaginal da raça. Raça não tem — e nunca teve — a ver com uma clausura absoluta, omnipresente; nada na história do colonialismo e da escravidão nos mostra isso, e essas exceções se tornam estranha regra no seu ser-exceção. O caráter surreal da afirmação de harmonia, portanto, estava no vínculo entre inexistência de ódio/racismo/violência e a inclusividade transformada em regra.

Talvez a variação mais delirante do mito esteja no panfleto de Joaquim Nabuco: "A escravidão, por felicidade nossa, não azedou nunca a alma do escravo contra o senhor", nem criou "entre as duas raças o odio recíproco que existe naturalmente entre opressores e oprimidos. Por esse motivo, o contato entre elas foi sempre isento de asperezas, fora da escravidão, e o homem de cor achou todas as avenidas abertas deante de si".[178] Não bastasse isso, a escravidão brasileira é chamada de "sistema de igualdade absoluta" que deu à "raça negra" um futuro melhor do que "era o seu horizonte na América do Norte".[179] Seria difícil encontrar, em nossos dias, quem reafirme essa igualdade nesses termos; não há falta, porém, de quem fale em miscigenação como signo de certa tranquilidade, o Brasil como túmulo do ressentimento racial, ou mesmo do ódio (até abrirmos a boca para denunciar algo). Isso seria, ainda, uma insistência em uma escravidão que não tivemos, mesmo que indiretamente — afinal, insiste-se em um pós-escravidão de natureza incompatível com o que lhe é anterior.

Penso no curioso Hino da Proclamação republicana: "Nós nem cremos que escravos outrora / tenha havido em tão nobre país / Hoje o rubro lampejo da aurora / Acha irmãos, não tiranos hostis". Um não-crer

---

177   Petrônio Domingues, "O mito da democracia racial e a mestiçagem no Brasil (1889-1930)", *Diálogos Latinoamericanos*, n. 10, 2005, p. 118.

178   Joaquim Nabuco, *O abolicionismo* (Brasília, Editora UnB, 2011), p. 82.

179   Ibidem, p. 196.

89 As potências noturnas da alma

quase literal, dada a afirmação posterior da igualdade fraterna; um esquecimento progressivo. Em breve, o hino poderia mesmo ser modificado para "nem eram escravos, de fato, o que outrora tão nobre país teve, tudo não passou de um engano". Teríamos de nos perguntar, nesse caso, *o que* diabos foi abolido no lugar da escravidão... De certa maneira, é isso que o mito da democracia racial nos faz perguntar. Não falamos a mesma língua, nossas palavras se referem a fenômenos distintos. Podemos, também, fazer uma pergunta diferente: *por que*, então, foi abolida a escravidão? O que havia ali que se tornou intolerável? Perguntas inúteis, todas elas. O intolerável para nós é outro. O que um argumento pode fazer com alguém que fala outra língua? Alguém que vê o que não vemos, não vê o que vemos... Além disso, há uma resistência própria do mito, pois é de sua natureza a variabilidade. Mais adequado seria dizer, diz Lévi-Strauss, que um mito deve ser definido "pelo conjunto de todas as suas versões", de Nabuco a Jessé no caso da democracia racial.[180] Os detalhes de cada versão, em certo sentido e até certo ponto, são irrelevantes; isso é sabido por todas as pessoas que, na denúncia do mito, ocuparam-se do problema central: seus efeitos, o que Lélia chamou de "racismo por denegação", outra volta na partilha colonial do sensível. Mais uma forma do não-perceber, declaração de inocência que permite, na negação de *si* como agente do racismo — racismo ele mesmo negado, inexistente —, nunca dar o nome apropriado para a própria violência, multiplicando-a na intensificação da própria liberdade. Para que seja esse o efeito e não outro, o mito deve articular, mais uma vez, a inexistência da guerra e/ou de afetos belicosos *e* uma falsa inclusividade.

Duas fabulações, sem sombra de dúvida, mas até aqui nos acompanhou uma outra que não pudemos descartar como mera irrealidade: a própria raça. O que fazer, então, com essas duas invenções? O que significa ver, por exemplo, paz e harmonia no lugar de um estado de guerra, ou mesmo de um ódio acumulado nas comunidades afrodiaspóricas? O que aconteceu com o perigo de múltiplas cores? Bem, vimos antes que nunca foi embora, encontra-se adormecido como sempre; acorda quando é preciso haver guerra. E parte da população negra, de todo modo, aderiu ao mito que já contava com partidários mais "importantes". Isso nos leva mais uma vez a Jessé: "a noção de democracia racial era e é eficaz".[181] Essa eficácia, no entanto, é demonstrada a partir de estatísticas sobre miscigenação — como se uma coisa tivesse algo a ver com a

---

180   Claude Lévi-Strauss, "A estrutura dos mitos", em *Antropologia estrutural*, trad. Beatriz Perrone-Moisés, ed. portátil (São Paulo, Cosac Naify, 2012), p. 310.

181   Jessé de Souza, "Democracia racial".

90 *Onde viam verde, nós víamos vermelho*

outra — e, assim como foi o costume dos antigos teóricos do mito, com dados aleatórios sobre ascensão sociopolítica. No texto de Jessé, parece que a crença na democracia racial teve como resultado uma benevolência *real* por parte das elites brancas, quando, na verdade, ela só foi retroalimentada por essas exceções continuamente tomadas como regra. Quero falar, portanto, de outra eficácia, que tem a ver precisamente com o caráter mítico desse mito fabricado *como se* fosse descrição do real. Jessé nos diz, com razão, que não se trata, de fato, de descrever coisa alguma, mas isso funciona até o momento em que ele passa a acreditar no sentido benéfico do mito; numa variação mais contemporânea, o mito acabaria sendo mais uma vez descrição, pois descreveria os efeitos produzidos pelo mito-não-como-descrição que Jessé tanto aprecia.

Ele não estava inteiramente errado, no entanto, ao pensar que a participação do mito na manufatura de uma realidade faz dessa realidade algo que remete ao mito. É preciso lembrar, porém, que os mitos "não refletem automaticamente a cultura", nem é o caso de que, "a cada vez que um mito menciona uma forma de vida social" — como a democracia racial, pode-se dizer —, "esta deva corresponder a alguma realidade objetiva que deverá ter existido no passado",[182] como no momento inaugural da república brasileira. Se é "próprio dos mitos", como nos diz Lévi-Strauss, "evocar um passado acabado, aplicando-o como uma grade à dimensão do presente, de modo a nele decifrar um sentido",[183] então, no mito que se faz passar por história, que reivindica até mesmo uma cientificidade, o ponto fundamental de diferença se torna o passado, a maneira como ele pode ser inscrito apenas de modo constrangedor na cronologia nacional, lá onde não cabe, por ser, na verdade, sempre mais mítico do que histórico. Quanto ao presente, gostaria de entender em que sentido pode se manifestar a democracia racial em nossa sociedade; sem qualquer sombra de dúvida, ela não é o descrito pelo mito, mas pode ser alguma outra coisa. Outra coisa que não deixa de nos fazer notar a adesão à positividade do mito — ou da própria democracia racial — como mais uma volta na racionalização de uma loucura e de uma insensibilidade e de uma fantasmagoria partilhadas. A parcela do movimento negro que se dedicou a demonstrar isso não estava errada. Quero, no entanto, ver o que há para além disso.

Tudo isso me interessa porque gostaria de pensar verdade/falsidade no sentido propriamente *mítico*, se é que fará sentido manter esse par fora dos jogos de linguagem em que normalmente o empregamos.

---

182   Claude Lévi-Strauss, "Quatro mitos winnebago", em *Antropologia estrutural dois*, trad. Beatriz Perrone-Moisés (São Paulo, Cosac Naify, 2013), p. 231.

183   Claude Lévi-Strauss, "O campo da antropologia", em *Antropologia estrutural dois*, p. 11.

91   As potências noturnas da alma

Digo "normalmente" pensando em uma normalidade que se sustenta no estar-fora da antropologia, pois é nela que tudo isso se torna uma questão, claro. Prossigamos, então. Em primeiro lugar, por mais que a insistência na falsidade do mito tenha sido interessante do ponto de vista político, e por mais que tenha sido usada como ocasião para o pensamento negro, não faz sentido encerrar essa ocasião, a não ser que a alternativa exclusiva seja o retorno mais ou menos acrítico ao mito. Pretendo tentar algo adiante que, se funcionar, pode desfazer essa exclusividade. Em segundo lugar, essa insistência só pode ter algum efeito na denúncia, mesmo não verbalizada, da confusão entre história e mito, ou mesmo entre teoria social e mito; nesse sentido, o que se pretende afirmar quando se afirma a democracia racial é falso, e verdadeiro seria dizer que, no Brasil, *há racismo em suas formas mais brutais* — uma realidade nada distinta da dos EUA. O problema é que, se realidade = racismo e irrealidade = harmonia das raças, perdemos a possibilidade de pensar, na desconstrução dessa oposição binária e bem fronteirizada, o que há de uma na outra. A chave para seguir no processo de desconstrução parece ser, precisamente, o próprio conceito de mito. Uma virada antropológica, então, um pequeno experimento.

O mito, diz Lévi-Strauss, manifesta-se como *metalinguagem*.[184] O que ele articula são diferentes posições, funções, possibilidades a serem negociadas na transição entre uma "condição pré-cosmológica", como diz Viveiros de Castro[185] — antes das coisas se tornarem o que são —, e o *nosso* mundo que emerge; mitos se mostram na maneira como a vida cotidiana repete ou evita repetir os acontecimentos de um outro tempo caracterizado por outra temporalidade. Trata-se também da "passagem da Natureza à Cultura".[186] No da democracia racial, tudo isso — se vamos mesmo pensá-lo como mito, não como mera falsidade — parece se tornar mais confuso; que passado é esse, afinal, que o mito nos revela? O de uma indistinção racial originária entre senhor e escravo. Sim, ambos são alocados diferencialmente em termos de raça, mas não a raça como temos visto até aqui, e sim uma que é inofensiva como princípio de alteridade. Tão inofensiva que nos deu *este* mundo como república harmoniosa, agora que senhores e escravos ficaram para trás — a cada vez, devemos, cada pessoa em seu modo-de-ser racial, manter essa primeira indistinção como valor a ser conservado, reocupando as posições sem maiores preocupações. Reencenando, inclusive, a mistura sexual

---

184   Claude Lévi-Strauss, "Religiões comparadas dos povos sem escrita", em *Antropologia estrutural dois*, p. 81.

185   Eduardo Viveiros de Castro, *Metafísicas canibais: elementos para uma antropologia pós-estrutural* (São Paulo, n-1 edições e Ubu Editora, 2018), p. 56.

186   Eduardo Viveiros de Castro, *Metafísicas*, p. 59.

92 Onde viam verde, nós víamos vermelho

como meio de reprodução infinita da democracia racial, tão pacífica — de uma amorosidade tão pacífica — quanto no outro tempo. A passagem da natureza à cultura, no entanto, está ausente, ao menos no sentido de que nossa indistinção primeira era contraposta à cultura escravocrata alheia (dos EUA). Por outro lado, esse contraste nunca esteve livre de especulações sobre a natureza dos diferentes. Pouco importa, de todo modo, forçar uma analogia impecável, dado que o mito que temos diante de nós opera no seu suposto estatuto de história ou teoria científica, sendo orientado por outros compromissos epistemológicos.

O conteúdo semântico do mito da democracia racial é dado nas diferentes interpretações — e defesas — sociológicas da realidade pretensamente não-mítica da harmonia entre as raças, nas diferentes variações do Mesmo. O que interessa aqui, porém, é o que ele faz estruturalmente: o modo como estrutura, na vida cotidiana, no presente, relações de harmonia no lugar da guerra, no modo como, na verdade, serve de denegação estrutural do conflito e do ódio. Se alguns teóricos enxergam nisso um remédio possível para nossos males sociais, é porque já não querem perceber o que está diante deles, ou melhor: o que já não está mais ali, não estando como se nunca tivesse estado, acessível meramente por uma reorganização dissensual do sensível. A denegação, no sentido oferecido por Lélia Gonzalez, acaba sendo um não-perceber o não-perceber — um viver *como se* a humanidade das pessoas negras estivesse, de fato, em cena, mas sem percebê-la em sua plenitude. "Como consciência", ela diz, "a gente entende o lugar do desconhecimento, do encobrimento, da alienação, do esquecimento e até do saber"; enquanto a memória negra ou amefricana nos daria "a história que não foi escrita", sendo lugar de "emergência da verdade" — "a consciência exclui o que a memória inclui". Nesse jogo, o mito da democracia racial opera como exclusão da própria exclusão, já que denega a violência originária de nossa república. "A gente saca que a consciência" — a consciência nacional elaborada pelo mito da democracia racial e de outros recursos — "faz tudo pra nossa história ser esquecida, tirada de cena".[187] Sabe-se, no interior de certa consciência, que não há nenhum problema fundamental com o presente, pois ele saiu de um outro tempo em que tudo ia relativamente bem.

A consciência, no entanto, ilude-se somente no sentido de que há algo a ser *lembrado*, memória que fica contingentemente a cargo das pessoas negras, pois a elas interessa, como questão de vida ou morte, lembrar. Do quê? Do fato de que, apesar de toda a violência, nossa realidade é feita na e por meio da multiplicidade multiplamente

187 Lélia Gonzalez, "Racismo e sexismo", p. 78-9.

As potências noturnas da alma

racializada. Deixemos isso de lado por enquanto. Em outro texto, Gonzalez vai nos propor a tomada do *negro* como significante-mestre; no vocabulário lacaniano, trata-se de um princípio de legibilidade que nos permite interpretar o sentido das coisas ao nosso redor, chave para que aquilo que pode, muitas vezes, atingir-nos como incompreensível, mostre-se um todo ordenado e compreensível — ainda que de maneira reducionista. "Um significante, portanto, que fez aparecer uma ordem oculta", e que "comanda o ordenamento social (discursivo)"; "o Ideal de que há Um que faz andar o mundo, o que sempre exige uma renovação constante, isto é, uma mudança de mestres na ordem social",[188] algo que ocupe esse lugar de um princípio de legibilidade. O *negro* usado por Gonzalez como significante-mestre (S_1) será o princípio de uma outra leitura da cultura brasileira: "a gente vai tentar apontar para aquele que tascou sua assinatura, sua marca, seu selo (aparentemente sem sê-lo), seu jamegão, seu sobrenome como pai dessa 'adolescente neurótica' que a gente conhece como cultura brasileira".[189] Ou seja, trata-se de uma disputa sobre interpretações.

Se o problema de partida é o jogo entre memória e consciência pervertido pela denegação do racismo, e se a solução oferecida por Gonzalez, por assim dizer, é um trabalho da memória que nos mostrará nossa cultura como *fundamentalmente* negra e indígena, então trazer o *negro* como S_1 é uma variação desse trabalho. Daí a paternidade negra ser precisamente aquilo que se esquece no branqueamento da cultura, no devir-branco da consciência nacional: ela vai tomar o exemplo de Macunaíma, seguindo a interpretação do herói como síntese do povo brasileiro, que se banha para se purificar de seu "pretume", tornando-se branco. O branqueamento seria uma das formas de ausentificar o *negro* como S_1, retirando-o de cena para manter o *europeu* ou o *branco* como referência última cultural, imagem no espelho diante do Brasil. Macunaíma, no entanto, "nasceu negro", e não pode ser *esquecido* como "*herói de nossa gente*".[190] Essa lembrança viria, por exemplo, no Carnaval: "De repente, a gente deixa de ser marginal pra se transformar no símbolo da alegria, da descontração, do encanto especial do povo dessa terra".[191] Essa conversão ao *ser-positivamente-negro*, que se dá com a mulher negra, por exemplo, na espetacularização de seu corpo, não é prova da ausência de racismo a não ser por mais uma volta do/no mito da democracia racial. Para Gonzalez, no entanto, serve para

---

188   Brendali Dias e Isaías Gonçalves Ferreira, "A lógica da interpretação em Lacan: entre o significante-mestre e o Há Um", *Stylus*, n. 38, 2019, p. 128.

189   Lélia Gonzalez, "Racismo e sexismo", p. 88.

190   Ibidem, p. 89.

191   Ibidem, p. 91.

94   *Onde viam verde, nós víamos vermelho*

mostrar uma dupla diferença, temporal e espacial, em que a *mulata* e a *doméstica* se mostram apartadas, no sentido de como sua corporeidade é dada no/para o olhar branco. Nunca está seguro o S_1. Há o lugar do esquecimento do racismo e há o de seu exercício desavergonhado, pode-se dizer. Seria essa uma afirmação precisa, ou falta algo aqui? O lugar (e o tempo) do esquecimento é o da alta racionalização da irrealidade da violência racial; esta é a diferença relevante. Tudo vai "depender da situação em que somos *vistas*".[192] Se o mito serve para tentar resolver, na realidade presente, um paradoxo herdado insolúvel, como diria Lévi-Strauss,[193] a democracia racial é precisamente aquilo que se imagina como suposta saída do paradoxo que envolve a afirmação de paz e a efetivação da guerra. A solução, que nada resolve a não ser na consciência branca, joga para tempos e lugares distintos a paz e a guerra. Faz-se violência fora de cena: ela está lá onde o racismo por denegação nega que esteja porque não está aqui onde não está. Se uma negra pode ser endeusada no Carnaval, como pode haver racismo? Fica nítido, nesse caso, que a pergunta já está deformada pelo não-se-ver como agente da violência na situação carnavalesca. Eis aí o segredo do mito da democracia racial: ele produz a consciência da paz como duplo esquecimento do seu oposto, negando sua existência aqui e lá porque *aqui* parece estar tudo bem. Parece. Mais uma vez, uma generalização da exceção que nem é tão excepcional: a valorização da pessoa negra ou indígena em nada é incompatível com o racismo de uma sociedade; a violência explícita (e mesmo juridicamente situável) não está sempre sendo exercida.

Porém isso, novamente, não passa de um fato trivial da existência racializada. Não é sempre que sou parado na rua pela polícia. Quando sou, no entanto... Nesses momentos em que não sou, a raça como algo que emana de mim para autorizar a violência não desaparece: está adormecida. Uma potência que carrego de um lado a outro. É preciso ter sempre em mente, portanto, que valorização ou indiferença não é imunidade; estou a salvo até não estar de novo. Mas isso pode levar um tempo, se estiver com sorte; além disso, é possível reinterpretar as violências menos nítidas e destrutivas de outro modo, repetindo, para si, para mim, que não foi nada racial aquilo que ocorreu. Uma experiência terrivelmente comum serve de meio para uma denegação menor: não sou vítima do que sou, está tudo em paz. Até soarem os alarmes do perigo racializado. Nesses casos, temos uma escalada da violência, e não a sua aparição repentina e inédita. É mais fácil negar o *menor* como um problema, como na pessoa que, perdida no labirinto da consciência

192   Ibidem, p. 80.
193   Claude Lévi-Strauss, "A estrutura", p. 329.

95 As potências noturnas da alma

como esquecimento, pergunta como é possível haver racismo se as pessoas negras estão por aí se dando bem — algo que posso perguntar, por exemplo, *a mim mesmo*, como muitas pessoas negras de fato o fazem. Retornando ao mito e ao significante-mestre: "é justamente no Carnaval que o reinado desse rei manifestadamente se dá [...], nesse momento em que os não negros saúdam e abrem passagem para o Mestre Escravo, para o senhor, no reconhecimento manifesto de sua realeza. É nesse momento que a exaltação da cultura amefricana se dá".[194] O retorno visível de S_1 é o indesejável perdendo sua indesejabilidade, duplamente interpretável: na verificação da democracia racial ou em uma problematização da desejabilidade como a que Gonzales faz, problematização que, não obstante, continua como reconhecimento de que algo ali está diferente. Gonzalez sabe que não é a mesma coisa a situação da *mulata* e a da *doméstica* — do escravo e do Mestre escravo. Sabe pois se lembra, aliás. Diria, nos termos deste ensaio, que se trata de uma diferença naquilo que preenche o vazio que a racialização produz, e não no próprio esvaziamento. Podemos dizer que essa lembrança se mostra na ausência de surpresa diante do valor de S_1 para a cultura brasileira *e* no saber da variabilidade do *ser-racializado*. Complemento, talvez corrompendo um pouco suas palavras: *e* no reconhecimento de que a paz é tão somente trégua temporária, situação que não deixa de ser situada no cenário mais amplo da guerra. Sobre o mito da democracia racial, portanto, a partir de Gonzalez, e sem negar sua crítica e sua denúncia, digo: a retirada de S_1 de cena não se limita à recusa de uma contribuição para a cultura; há também a recusa do caráter racial do ecossistema violento no qual se deu essa contribuição. Como diz Hartman, a figura da pessoa escravizada é o não-pensado do pensamento, da consciência nacional.[195]

Com essa última referência, saímos do Brasil. Há um deslocamento possível da crítica de Gonzalez que nos permite abandonar uma especificidade brasileira e afirmar, agora, que as sociedades racializadas com passado escravagista estão sempre comprometidas com uma variação do mito da democracia racial — que é mais do que o conjunto de suas versões encontradas na obra dos teóricos do Brasil. Como? No sentido da exclusão de S_1 e da fabricação de uma falsa harmonia a ser *vivida*, sobretudo no interior de espaços institucionais, nos quais a democracia se faz mais intensa e nítida como algo valioso. Ou, para dizer de outra maneira, nos espaços que estão se democratizando continuamente, ainda que com

---

194   Lélia Gonzalez, "Racismo e sexismo", p. 92.

195   Saidiya Hartman e Frank B. Wilderson III, "The position of the unthought", *Qui Parle*, v.13, n. 2, 2003, p. 185.

interrupções drásticas e "retrocessos". Sempre que nos encontramos, por exemplo, em um ambiente inclusivo, é isso que experimentamos — o que é, afinal, ser usado como exemplo de progresso, meio de apaziguamento da consciência, ter o rosto substituído por uma bandeira branca? Não quero dizer que tudo isso é meramente falso; quero dizer que são essas as situações em que *vivemos* o mito da democracia racial. A saída do paradoxo que não é saída alguma e que não deixa de ser *movimento* — mobilidade expandida dentro de uma clausura suficientemente flexível, como sempre foi, mesmo que de outras maneiras. Nem tanto progresso, trata-se mais de uma reedição sem fim da cena mítica na qual os defensores do mito como história/teoria enxergaram uma indistinção originária.

Uma longa citação, um exemplo: "Alguns ambientes possuem poder e influência enormes: a Sala de Crise da Casa Branca, a sala de redação, a mesa de negociações, a sala de conferências. Estar nesses lugares significa estar na posição de afetar instituições e dinâmicas sociais mais amplas através de deliberações sobre o que se deve dizer ou fazer. Por si só, o acesso a esses espaços é uma vantagem social, frequentemente obtida através de uma vantagem social anterior. De um ponto de vista social, as pessoas 'mais afetadas' por injustiças sociais que associamos a identidades politicamente significativas [...] são desproporcionalmente mais vulneráveis ao encarceramento, ao desemprego, ou a fazer parte de 44% da população global sem acesso à internet — consequentemente, estão fora dos espaços de poder e são amplamente ignoradas pelas pessoas dentro da sala. Indivíduos que atravessam as várias pressões de seleção social que filtram as identidades sociais associadas a esses efeitos negativos são os que têm maiores chances de estar na sala. Ou seja, eles têm a maior probabilidade de estar ali precisamente pelos modos como são sistematicamente *diferentes das* (e, portanto, potencialmente não representativas das) próprias pessoas que eles são solicitados a representar na sala".[196] De fora da organização simbólica da sala e do ambiente institucional, fica o *negro* como aquele sem o qual nada seria possível — inclusive por meio de sua destruição, na destrutividade amenizada pelo desejo de manutenção da intimidade, da corporeidade violável que a raça oferece.

Sabe-se que a democratização funciona, em muitos casos, como uma forma de inclusão que, além de não solicitar a transformação radical dos espaços, exige que as pessoas racializadas se comportem de acordo com um novo sentido apropriado de seu ser-racial. Dobra-se a vigilância; um passo errado e, de repente, voltamos a ser aquele problema

---

196   Olúfémi O. Táíwò, "Privilégio de estar-na-sala: captura pela elite e deferência", trad. Victor Galdino, *GLAC edições*, 11 mai. 2021, disponível em: https://www.glacedicoes.com/post/privilegio-de-estar-na-sala-olufemi-o-taiwo.

As potências noturnas da alma

que, excessivamente problemático, não pode ser acolhido no interior do ambiente democrático — ambiente de paz. A trégua tem lá suas normas: comportamentais, afetivas, linguísticas etc. É preciso assimilá-las, mimetizar o que nos é oferecido no pacto, aproximar-se do branco (ele nos espera sentado, imóvel). Lembro o relato de Gonzalez: "Foi então que uns brancos muito legais convidaram a gente pra uma festa deles, dizendo que era prá gente também. Negócio de livro sobre a gente [...] Chamaram até pra sentar na mesa onde eles tavam sentados, fazendo discurso bonito, dizendo que a gente era oprimido".[197] Até que uma das presentes toma o microfone para contestar algumas coisas e, bem, "a festa acabou em briga...".[198] Diz ela, concluindo o relato: "Agora, aqui pra nós, quem teve a culpa? Aquela neguinha atrevida, ora [...] Agora tá queimada entre os brancos. Malham ela até hoje. Também quem mandou não saber se comportar?".[199] — frágeis são os momentos de paz, de contenção da aversão à selvageria fantasiada; disso sabemos terrivelmente bem. E sabemos pois somos lembretes móveis de uma ameaça, às vezes adormecida, às vezes disparando sinais de alerta, lembretes que precisam lembrar a si mesmos de tudo isso.

Bem, se nada disso é uma crítica à irrealidade absoluta da inclusão ou à mentira absoluta das políticas de diversidade, por outro lado, trata-se de um lembrete também, mas de outra ordem. A democratização sem abolição da raça como princípio de alteridade radical, meio de autorização da guerra, é sempre efetivação do mito da democracia racial, que nos convoca a agir cada vez mais *como se* a guerra não estivesse ao nosso redor, inalterada, seja como fenômeno localizável, seja como uma violência atmosférica e ecossistemática. Isso quando estamos ali na experiência mais ou menos efêmera da paz, claro, pois um passo a mais e estamos de volta ao conflito, lutando por nossas vidas. E não são poucas as vezes em que o conflito também está ali, no interior do ambiente democrático racializado, apesar de continuamente denegado, todo mundo tentando fingir que está tudo bem.

De todo modo, o mito da democracia racial como algo *enunciado* pelos teóricos do Brasil é sempre uma variação que remete a uma mesma possibilidade de distorção da experiência, ou melhor, de uma experiência distorcida, de maneira perversa, produzindo uma espécie de *inconsciente social* dado no devir-branco: uma série de coisas que o teórico e o defensor do mito se recusam a perceber quando se olham no espelho e quando colocam a própria sociedade diante de um espelho cosmológico.

---

197   Lélia Gonzalez, "Racismo e sexismo", p. 75.

198   Ibidem.

199   Ibidem.

Imaginário *e* real, esse devir produz, por sua natureza racial, aquilo mesmo que se diz estar ali, sem que coincidam as palavras e as coisas — é suficiente que sejam aproximadas pela violência, que a guerra denegada esteja sempre próxima da paz imaginada, que nunca é tão pacífica. Além disso, é possível viver toda uma vida denegando o racismo, as práticas raciais em sua amplitude, ao mesmo tempo que se sustenta a fé na existência de raças, de modos-de-ser raciais... como se essa existência não fosse precisamente a garantia de que nenhuma violência foi ou é ou será impossível.

Há, portanto, uma segunda denegação, mais fundamental, primeira, que consiste em recusar o sentido da própria raça, o fato de que ela é o que é e que serve para aquilo que foi criada, como na origem mítica da república. Pode-se dizer, então, que "democracia racial" é o nome do que surge nos processos de democratização, no *como se* de uma harmonia racial que serve para mascarar a desarmonia, sendo a raça o próprio princípio de desarmonia, e não o racismo, que é *um* desdobramento possível, nem sempre feito ato, presentificado diante de nossos olhos. Nesse caso, a especificidade brasileira — que envolve, inclusive, a diferenciação em relação aos EUA — pode ser pensada como parte de um grupo de variantes do mito. Isso significa, se continuarmos por esse caminho de pensamento, que há outro paradoxo insolúvel em cena: o desejo de manter a existência da raça e transformá-la, ao mesmo tempo, em um inocente "*datum* natural", como diria Denise Ferreira da Silva, que nunca deixa de demandar "uma acomodação teórica".[200] Ou, falando de maneira mais genérica, uma acomodação *psíquica* — esforço de apaziguar a consciência por uma coerência impossível, em que se recusa, mais do que tudo, a questão sobre o sentido da raça e de sua reprodução social. Agora, o mito da democracia racial pode ser pensado como o mito que alimenta a própria ideia de um progresso *global* e invariavelmente benéfico, no qual cada ser-racializado será convocado, como na utopia essencialista de Senghor, a dar a sua contribuição para um todo harmônico produzido pelas práticas democráticas: uma unidade das diferentes naturezas, com seus diferentes atributos e contributos essenciais.[201]

O futuro que, no passado, Senghor imaginou como pós-colonial é precisamente o que a democracia racial nos oferece; a diferença é que, em suas mais conhecidas verbalizações e interpretações brasileiras, a crítica anticolonial deve desaparecer na reinterpretação do passado

---

200   Denise Ferreira da Silva, *Unpayable debt* (Londres, Sternberg Press, 2022), p. 45, tradução minha. Edição brasileira: *A dívida impagável: uma crítica feminista, racial e anticolonial do capitalismo*, trad. Nathalia Carneiro, Viviane Nogueira, Jéfferson da Silva, Roger de Melo e Nicolau Gayão (Rio de Janeiro, Zahar, 2024).

201   Ver Léopold Sédar Senghor, "O contributo do homem negro", em Manuela Ribeiro Sanches (org.), *Malhas que os impérios tecem: textos anticoloniais, contextos pós-coloniais* (Lisboa, Edições 70, 2011).

99 As potências noturnas da alma

escravista, pois a harmonia imaginada é lançada para um tempo pré--cosmológico, ao menos no sentido em que é situado antes *deste mundo* republicano no qual vivemos. Mundo vivido como se uma ruptura profunda tivesse nos dado nossa cronologia pós-imperial e pós-colonial. "Nós nem cremos que escravos outrora"... não se trata, evidentemente, de (ausência de) uma crença individual. Com Gonzalez, penso no que sustenta — sobretudo via um processo de ausentificação — uma interpretação do Brasil, seja ela racionalizada em texto ou intuitivamente vivida no cotidiano. Com Rancière, diria que, sem denegação, no sentido mais fundamental e não restrito ao Brasil, não há consenso possível, consenso como adesão à insensibilidade socializada que torna a humanidade *plena* — e não um fragmento dessa humanidade — da pessoa racializada imperceptível. Se raça é premissa de todas as discussões, do debate racional, isso se dá mediante sua suavização como "*residuum* histórico" — o que ficou da escravidão do passado —, sinal de uma "modernização incompleta", para usar, mais uma vez, as palavras de Denise Ferreira.[202] Democratização = modernização. Mais debate = democratização = modernização. A estabilização de nosso mundo depende, em grande medida, da capacidade de nossas instituições e de nossas comunidades em suavizar o conflito valendo-se de uma série de práticas de normalização da violência que se confundem com as práticas de democratização; uma maneira de domesticação que nos traz, na verdade, o não-antagonismo como ponto de partida, a raça sem ódio.

Em certa medida, tudo isso se fez mesmo indispensável, ao menos temporariamente, para nós: espaço de manobra, momento para respirar ainda dentro de uma clausura. É isso que *efetivamente vivemos*. Gostaria de não viver mais; os limites da democratização racial pela inclusão e pelas políticas da diferença são esses, no entanto — toda abertura que conserva a diferença racial é reencenação e variação do mito. Como dizem os Racionais MC's, o negro drama se dá "entre o sucesso e a lama" — "você sai do gueto / Mas o gueto nunca sai de você, morô irmão? / Cê tá dirigindo um carro / O mundo todo tá de olho 'ni você [...] / Sabe por quê? Pela sua origem, morô irmão? É desse jeito que você vive, é o negro drama". Ser o negro drama é esse estar em paz no interior da guerra e estar em guerra contra a falsa paz da democracia; tudo porque se permanece uma ameaça em potencial, ameaça que pode até mesmo ser representada ou sentida como bem mais ameaçadora por sua mobilidade nunca inteiramente governável — por sua forma *emancipada*. Essa expansão da mobilidade, mobilidade que se torna em parte automóvel, acompanha a possibilidade de uma origem

---

202   Denise Ferreira da Silva, *Unpayable debt*, p. 45.

100 *Onde viam verde, nós víamos vermelho*

inferida pela cor projetada na superfície da pele, carregada para lá e para cá como isso que, a qualquer momento, pode se transformar em sinal verde para a violência. Na democracia, na tirania, na república, na monarquia. Como canta Bob Marley em *War*: "Até que a filosofia / que defende a superioridade de uma raça / e a inferioridade de outra / seja finalmente, permanentemente / desacreditada, abandonada / todo lugar é guerra". Fato intolerável que tentamos ignorar para seguir adiante na normalidade dos dias. Não é o único, no entanto; não devemos, de todo modo, sentir culpa: a escala de nossos problemas em muito excede o drama da consciência individual.

Desde o início, por ouro e prata

A matéria do mundo

você se aplica ao trabalho sabendo que a sua ilha
foi erigida com o seu sangue

e com o seu sangue
se enche um oceano

ou seja: não é uma casa
não é o peito sagrado do seu orixá
não é o seu filho que nasce
não é uma embarcação abrindo caminho
não é um recife de corais tingindo o espaço

é o tempo se repetindo dentro do seu sangue
uma ilha é uma ilha
o maranhão é o maranhão
até você sobreviver
deformando todas as mortes deste lugar

— Nilson, *Pequeno caderno maranhense*

102 Desde o início, por ouro e prata

No londrino museu Tate Modern, há uma instalação monumental feita e organizada por El Anatsui, artista-escultor ganense: enormes painéis feitos de milhares de tampinhas metálicas e coloridas, deformadas, e costuradas usando fios de cobre para produzir as seguintes imagens: a vela de um navio, a lua que tantas vezes orientou a navegação (porém vermelha), um muro, o próprio mundo. *Behind the red moon* é o nome.[203] As garrafas de onde vieram essas tampas são todas de bebidas alcoólicas comercializadas em Gana, retorno nada gratuito do que foi produzido pelo trabalho não-remunerado: as pessoas levadas do continente africano para o Caribe trabalhavam, nas plantações de açúcar e em outros ambientes, sustentando uma cadeia de produção de diversas bebidas que, importadas para a Europa, foram exportadas para a África Ocidental. A instalação é um meio de figuração da complexa rede comercial que, em grande parte, deu-nos a própria noção de uma globalidade interconectada, algo que aprendemos a celebrar como a abolição de distâncias antes intransponíveis e uma multiplicação das relações. Abertura em geral forçada e involuntária à multidão de diferenças.

O painel que nos mostra o planeta é ambíguo graças às suas várias camadas: "Elas sugerem o agrupamento de figuras humanas, suspensas no ar em um estado móvel. Quando vistas de uma posição específica na ponte, as silhuetas fragmentadas convergem na forma circular da Terra. [...] Como elementos separados, o grupo de formas humanas em movimento pode sugerir a dispersão pela migração, o movimento de pessoas ao redor do planeta, forçado ou voluntário. Quando visualizadas em sua reunião, surge um círculo fragmentário que aponta para as novas formações de identidades coletivas e experiências".[204] El Anatsui oferece uma dupla imagem do mundo que é dupla imagem da intimidade e do toque. A involuntariedade da situação colonial foi o ponto de partida para novas formas de movimento manufaturadas no próprio esforço de criar algo a partir e contra a violência. Assim, por fora da celebração acrítica e progressista da globalização, há outro sentido para a interconectividade: o que foi imposto pode ser corrompido em nome da vida. "Tudo está em tudo", diz Glissant, "sem que tudo se confunda por necessidade".[205]

Diz ele, além disso, que: "'Caosmundo' é como chamo o encontro de todas as culturas que se incendeiam, que se repelem, desaparecem,

---

203   Agradeço à Júlia Iwanaga por ter me mostrado essa instalação quando eu buscava por obras artísticas que me ajudassem com a escrita deste ensaio. Queria ter usado outras, acabei não conseguindo.

204   Guia de exibição para a instalação *Behind the red moon*, disponível em: https://www.tate.org.uk/whats-on/tate-modern/el-anatsui/exhibition-guide.

205   Édouard Glissant, *Tratado do todo-mundo*, trad. Sebastião Nascimento (São Paulo, n-1 edições, 2024), p. 19. Na verdade, as citações foram traduzidas do francês, antes que tivesse acesso à edição brasileira. Optei por mantê-las assim.

103   A matéria do mundo

ainda assim sobrevivem, adormecem ou se transformam de maneira lenta ou na velocidade de um relâmpago", uma "globalidade indescritível"[206] que se dá na multiplicidade opaca de vozes, irredutível a uma língua unívoca e transparente. A instalação no Tate Modern é, também, um jogo envolvendo transparência e opacidade no sentido de que os painéis, ainda que ofereçam figuras mais ou menos inteligíveis e que demandem certo esforço imaginativo, nunca o fazem utilizando representações bem-ordenadas e fronteirizadas; são mais como "campos massivos e abstratos de cor e forma e linha".[207] Figuras dinâmicas, móveis como os painéis suspensos, elas exigem que o público trabalhe com a indefinição de nossa própria globalidade, sem que isso se torne uma experiência de desorientação radical. É outro modo de navegar, outro modo de apreender a relação entre movimento e constrangimento.

As logomarcas nas tampas servem de lembrete do fato de que o capitalismo, imaginado como intensificação e invenção de certas liberdades, igualmente operou na restrição da mobilidade de pessoas movidas livremente — como as garrafas contendo suas bebidas — no comércio transtlântico; assim como nos lembram de que, neste exato momento, as mesmas mercadorias circulam livres do fardo de sua própria genealogia, como se esta não remetesse ao acúmulo dado na/pela escravidão. Ou como se, antes, as pessoas africanas não tivessem sido trocadas por rum, seu valor definido na mais arbitrária matemática — "Em 1755, Caleb Godfrey, capitão de um navio negreiro nascido em Newport, Rhode Island, comprou quatro homens, três mulheres, três garotas e um menino por 799 galões de rum, dois barris de carne bovina e um de carne suína, mais alguns itens menores; em 1767, o capitão William Taylor [...] comprou escravos cada um por 130 galões, mulheres por 110, e jovens meninas por 80. Em 1773, o preço havia aumentado: 210-220 galões por escravo".[208] Liberdade de esquecimento, comércio sem passado; ainda é preciso pagar pelo que, até outro dia, foi vendido em troca da vida.

Voltando à obra de El Anatsui (que, aliás, não é obra solitária sua: uma multidão participou da construção dos painéis), na costura que figura a vela de um navio, o movimento percebido nos leva a outro tempo, assim como à percepção de que é um tempo indissociável do nosso; as embarcações comerciais eram outras, as mercadorias — ao menos parcialmente — são as mesmas. Não conseguimos nos livrar do rum caribenho, que agora é consumido sem culpa. Na verdade, antes, igualmente a culpa estava

---

206   Ibidem.

207   Texto de apresentação da obra, disponível em: https://www.tate.org.uk/whats-on/tate-modern/el-anatsui.

208   Marco Pierini, "The dark side of the rum", *Got Rum? Magazine*, 25 out. 2011, disponível em: https://www.gotrum.com/the-rum-university/rum-in-history/the-dark-side-of-rum/.

104 *Desde o início, por ouro e prata*

ausente; é só que o consumo estava emaranhado demais em uma rede infernal. Na verdade, nosso mundo ainda se encontra preso nesse emaranhado, sendo — apesar de tudo — uma variação, estranha protuberância, nunca algo inteiramente outro. Nunca uma ruptura verdadeiramente drástica. "Tate" é o nome do museu, o mesmo de Tate & Lyle, nota El Anatsui, empresa que produzia o açúcar em cubos consumido na África colonizada. Agora, comercializa outras coisas, suas refinarias vendidas em 2010 para os irmãos Fajul, cubanos descendentes de espanhóis que enriqueceram com o comércio de açúcar na versão colonial da ilha.[209] De todo modo, a vela, o painel: tudo isso é feito por um artista que sai de Gana usando livremente outro meio de transporte, deslocando a si para construir, na ordem do sensível, uma ambiguidade da qual ele mesmo participa, fazendo com que a própria ambiguidade se torne ambígua: cada acréscimo de mobilidade nos dá a possibilidade de viver as múltiplas camadas de movimento junto com o constrangimento que, mesmo reduzido, nunca desaparece em todas as suas camadas. "Tudo está em tudo sem que tudo seja confundido por necessidade".[210] Ainda assim, confuso, complicado demais.

❚❚ Se a escravidão que nos interessa é propriamente moderna, isso tem a ver, antes de tudo, com a escala da coisa. O mesmo vale para as práticas coloniais. Uma escala global, planetária: todos os continentes amarrados à força, sabe-se lá quantas centenas de povos descobrindo-se, de repente, parte de uma mesma trama. Às vezes, esquecemos de toda essa variedade. Lisa Lowe diz que, no Arquivo Nacional britânico, a documentação relativa aos processos coloniais é departamentalizada e subdividida muitas e muitas vezes, de modo que a própria organização dos arquivos "nos desestim la a buscar ligações entre a colonização da América do Norte e das Índias Ocidentais e o tráfico de pessoas escravizadas africanas; a prestarmos atenção à relação entre a abolição da escravidão e a importação de trabalhadores chineses e sul-asiáticos sob o regime de servidão contratual; a fazer correlações entre as trocas comerciais envolvendo China e as Índias Orientais e a ascensão da burguesia europeia".[211] Tudo isso pode ser contornado no esforço de costura desse mosaico global-colonial, mesmo com a vastidão labiríntica a ser atravessada — um trabalho certamente infernal. Ainda assim, impressiona o modo como, em nossos estudos, reproduzimos essa fragmentação, mesmo quando não temos contato direto com esses arquivos. Como fica a globalidade da coisa?

209 Todas essas informações podem ser encontradas na *Wikipedia*.
210 Édouard Glissant, *Tratado do todo-mundo*, p. 19.
211 Lisa Lowe, *Intimacies*, p. 5.

105   A matéria do mundo

Parece que, de maneira misteriosa, reproduzimos uma organização dos assuntos que não faz tanto sentido fora de espaços arquivísticos, não obstante a forma como se dá a especialização acadêmica e a organização normal dos campos disciplinares — nada disso parece nos explicar alguma coisa. Sabemos, por outro lado, que a armadilha muitas vezes está na própria interpretação do que é e deve ser um *conhecimento situado*. Penso na citação de Gadamer que encontrei em um texto de Kathleen Lennon quando preparava uma aula sobre epistemologia do ponto de vista: "Todo presente finito tem seus limites. Nós determinamos o conceito de situação justamente pelo fato de que representa uma posição que limita as possibilidades de ver. Ao conceito de situação pertence essencialmente, então, o conceito do horizonte. Horizonte é o âmbito de visão que abarca e encerra tudo o que é visível a partir de um determinado ponto".[212] Prosseguindo com Gadamer, podemos dizer que "os horizontes se deslocam ao passo de quem se move".[213] Lennon estava alertando sobre a possibilidade de tomarmos a nossa situação e a nossa perspectiva *de agora* — e isso tem a ver com a relação entre autoidentificação, teoria e política — como uma clausura, quando devemos, ao invés disso, dar atenção aos encontros com outras situações e perspectivas que nos deslocam, por mais que, muitas vezes, não queiramos notar ou aceitar isso.[214]

Quando sentimos a urgência de pensar uma situação, de pensar a partir e por meio dela, isso não tem a ver, precisamente, com o desconforto em relação a um horizonte alheio que nos é dado como universal em sua exclusividade? Desde o início, mover-se era nosso desejo. Ou não? Às vezes, sair do que se pretende universal é ficar onde já nos encontramos, mas prestando mais atenção às nossas redondezas, mesmo que não seja possível enxergar, com precisão, o que se passa em uma escala que em muito nos excede — não vamos ocupar essa perspectiva divina, as epistemologias perspectivistas têm razão. Estamos mesmo prestando atenção? Porque, do nosso ponto de vista, sabemos que existem outros lugares tão inferiorizados ou recusados ou esquecidos quanto o nosso. "A ideia de mundo se habilita a partir [...] das poéticas entrelaçadas que me permitem adivinhar como meu lugar se relaciona com outros".[215] Giramos, contra essa ideia, em círculos identitários na hora de pensar a raça, os processos de racialização e a produção da globalidade que vivemos: há mesmo quem pense que essa globalidade tenha

---

212   Hans-Georg Gadamer, *Verdade e método: traços fundamentais de uma hermenêutica filosófica*, trad. Flávio Paulo Meurer (Petrópolis, Vozes, 1999), p. 452.

213   Ibidem, p. 455.

214   Kathleen Lennon e Helen Longino, "Feminist epistemology as a local epistemology", *Proceedings of the Aristotelian Society, Supplementary Volumes*, v. 17, n. 1, 1997, p. 42.

215   Édouard Glissant, *Tratado*, p. 102.

106 Desde o início, por ouro e prata

uma relação especial e exclusiva com a negridade, ou quem pense exclusivamente nos continentes americanos e africano quando pensa colonialismo. Quanto mais mergulhei nos chamados *black studies* estadunidenses, mais fui uma dessas pessoas.

||| "A questão do mundo — o que ele é, as relações entre suas diversas partes, a extensão de seus recursos e a quem pertencem, como o habitar, o que o move ou o ameaça, para onde vai, suas fronteiras e limites, seu possível fim — tem-nos acompanhado desde o momento em que o ser humano de carne, osso e espírito fez sua aparição sob o signo do negro, isto é, do *homem-mineral, homem-metal* e *homem-moeda*. No fundo, tem sido a *nossa* questão. E continuará a ser, pelo menos enquanto dizer o mundo for o mesmo que dizer a humanidade e vice-versa".[216] Muitas coisas nesse trecho escrito por Mbembe; por ora, fico com esse homem-mineral. A mineralidade imposta tem a ver com o fato de que, por uma série de metamorfoses, algo bruto é investido de um novo valor pela imposição de uma nova forma: a racialização é o processo pelo qual "as pessoas de origem africana são transformadas em *mineral* vivo de onde se extrai o *metal*. [...] Se, sob a escravidão, a África era o lugar privilegiado de extração desse mineral, a plantação no Novo Mundo, pelo contrário, é o lugar de sua fundição e a Europa o lugar de sua conversão fiduciária".[217] Essa série metamórfica foi uma "dimensão estruturante do primeiro capitalismo".[218]

Esse é o jeito metafórico que Mbembe encontrou para dizer algo sobre a fabricação do *negro* — processo que faz do nome racial que acompanha esse produto a designação de uma possibilidade sistematicamente explorada: a do ser-mercadoria e a do ser-moeda. O que será a pessoa escravizada, em cada caso, é algo que dependerá dos interesses comerciais e financeiros de quem a tomou como propriedade, assim como dos interesses de outros aos quais esses primeiros respondem. A mineralidade, portanto, remete tanto à dureza do material quanto à sua plasticidade. Se os atributos raciais, por exemplo, são fixos — ainda que o fixo também mude de acordo com múltiplos fatores —, eles são imaginados como autorização para a conversão de pessoa em *coisa*. O mesmo processo que fez do continente africano, estéril e abundante: esvaziado de humanidade, ele é uma enorme e rica jazida da qual são extraídos os minérios, incluindo quem lá está na forma fantasiada de um *quê*. Nessas práticas, a cultura desaparece na natureza e todo o novo reino mineral

---

216 Achille Mbembe, *Crítica*, p. 310.
217 Ibidem, p. 82.
218 Ibidem.

107 A matéria do mundo

que surge é submetido a um extrativismo sem limites. As pessoas dali removidas e embarcadas para as Américas como escravas sentem, mais do que nunca, o que significa tornar-se algo outro. Se nem sempre e em todas as ocasiões é isso que significou o ser-negro, o fato é que essa possibilidade, inscrita no vazio deixado pela raça, tornou-se a possibilidade de um *mundo*. Mundo que não foi feito somente a partir dessas metamorfoses específicas, mas que nada seria sem elas. Da mesma forma, em muitas e muitas colônias, o ser-branco nada foi sem o ser-negro; e nenhum dos dois pode ser sem o ser-amarelo, por exemplo.

É preciso dizer também que a continuidade fabricada entre a pessoa negra e a própria terra fez com que o destino disso que chamamos de "natureza" e o das pessoas racializadas se encontrasse, desde então, entrelaçado (como diz Mbembe: "A questão do mundo..."). Isso se deve sobretudo ao fato de que os espaços de extração colonial se tornaram possíveis pelas transformações ou deformações na sensibilidade e na imaginação — racionalizadas de múltiplas formas — que não podemos separar da manufatura de uma soberania imperial, erguida como autoridade sobre *tudo* que não é propriamente humano, sobre toda uma paisagem *naturalizada* que se estendia pelo horizonte insensível dos colonizadores (o ser-negro é tão artificial quanto o ser-natureza composto no interior dos imaginários coloniais; ou, para retomar um termo de Castoriadis: "natureza" é o nome de uma significação imaginária). Os processos de racialização, diz Kathryn Yusoff, "fazem parte de uma categorização que divide a matéria — corpórea e mineralógica — em ativa e inerte. A matéria dada à extração deve ser passiva — à espera dessa extração e da tomada de suas propriedades como posse — e, ao mesmo tempo, deve ser capaz de ativação pela prática senhorial do homem branco".[219]

É preciso lembrar, no entanto, que essa categorização, esses processos de racialização não podem se resumir a um conjunto de ideias e raciocínios que, de alguma maneira, é transposto para a prática colonial só depois, como se a certeza que sustenta a ação fosse racional e não de outra ordem. Antes de tudo, a categorização é algo *feito* em uma relação violenta. Pode-se dizer: relação violenta com o que não se quer assumir como parente, como parte de uma mesma família que excede o humano. Assim, na recusa praticada e insensível, é aberto o sinal para o progresso como acúmulo indefinido, e o problema da extração mineral nas terras indígenas "brasileiras" e nas pós-colônias africanas tem a ver com a mesma recusa. Foi preciso esquecer um ser-natureza incompatível, desde sempre, com a violência extrativista:

---

219 Kathryn Yusoff, *A billion black anthropocenes or none* (Minneapolis, University of Minneapolis Press, 2018), p. 2-3.

108 Desde o início, por ouro e prata

não mais viva e ativa, não mais dotada de uma personalidade, não mais uma figura materna do cuidado que, para nosso benefício, ocultou no interior da terra os metais.[220] Na prática, por fim, quem extrai o mineral à moda colonial não reconhece o direito alheio ao território e nem o direito da própria paisagem dita "natural". *Terra nullius* em duplo sentido. Terra fantasiada virgem à espera da intervenção do pequeno--senhor, que integrará esses espaços às cadeias econômicas do mundo civilizado, como a jovem que, pelo casamento, será desvirginada e introduzida à família, a essa unidade reprodutora da civilização.

IV Por um tempo, pareceu-me mais apropriado falar de uma oposição fundamental entre *proprietários do mundo* e *construtores do mundo*. "Quem constrói segue o desenho elaborado pelo proprietário. Construtores ergueram a universidade para que os filhos dos proprietários pudessem aprender o caminho de seus ancestrais modernos. Os filhos e as filhas desses construtores, então, foram trabalhar na limpeza, na segurança, na cozinha dessa mesma universidade, sonhando com o dia em que se tornariam estudantes [...] Um dia, algumas dessas pessoas se tornaram, de fato, estudantes, e passaram a sonhar com a docência. Quando se tornarem professores, no entanto, o que ensinarão?".[221] A pergunta tinha a ver com o seguinte: entender quais possibilidades existiriam, no interior disso que chamamos "democratização", para uma educação descompromissada com a reprodução daquelas duas categorias-posições, um ensino por fora do *desenho* dado pelos proprietários. De maneira mais ampla, era uma questão sobre o sentido de um mundo democratizado/reformado como desdobramento forçado de um mundo (pós-)colonial, sobre aquilo tudo que permanece de pressuposto nos processos de inclusão, sobre a necessidade de repensarmos o mundo em seus elementos mais fundamentais: seu imaginário social, sua mitologia, suas normas e os enquadramentos que separam o socialmente inteligível do ininteligível. Repensar, portanto, a educação no sentido mais geral: processos cotidianos de socialização que nos introduzem a um mundo e às maneiras próprias e impróprias de nele ser/estar.

---

220 Nesse sentido, há semelhanças notáveis entre as imagens veiculadas por alguns pensadores da antiguidade romana e as que encontramos no discurso de Davi Kopenawa. Ver Carolyn Merchant, *The death of nature: women, ecology and the Scientific Revolution* (San Francisco, Harpers & Row, 1980), p. 30-2; Bruce Albert e Davi Kopenawa, *A queda do céu: palavras de um xamã yanomami*, trad. Beatriz Perrone-Moisés (São Paulo, Companhia das Letras, 2015), p. 357.

221 Tradução de conferência apresentada por mim em um evento chamado *Penser le marronnage: pour une autre histoire de l'émancipation*, realizado em 2019, na Universidade de Columbia, em Paris.

109 A matéria do mundo

Era uma visão limitada, porém. Limitada, embora ainda pense que o desejo de reforma ou aprimoramento é o desejo de imitar, havendo uma diferença significativa entre refazer a ordem das coisas e consertá-las; democratizar = consertar, ou seja, desfazer exclusões que fazem ou faziam parte do projeto original de nossas instituições pós-coloniais. Como diria Fanon: "Queria simplesmente ser um homem entre outros homens. Queria ter chegado lépido e jovial a um mundo que fosse nosso e que juntos construíssemos".[222] Havia, claro, uma outra questão mal-acomodada ali: o que significa consertar algo que, na verdade, opera exatamente como o planejado? E, nesse processo, ao forçarmos uma reforma no que é plenamente funcional, o que acontece, inclusive em termos de uma destrutividade mais ou menos contida? De todo modo, com esse papo todo, o que queria era dizer: se nada disso é *nosso*, por que insistir na mimese?

Bem, li uma vez um poema de meu amigo e coautor permanente Claudio Medeiros, "morro da favela", que dizia assim:

de granito as cantarias dos sobrados as

obreiras são uma única peça de granito o
que sobrou dos cascalhos de um incêndio
na rua da alfândega o que salvou as
sapatas das tempestades nas encostas

você precisa saber que
em tudo aplicou o granito
o cavouqueiro
o macaqueiro
o gerente de pedreira
projetou um pouco o Rio de Janeiro

túneis a golpes de picareta o trêmulo
bronze nos arrabaldes escoam a cidade
os trilhos da cidade, e esse vadiamento do
que na vida é porosidade e comunicação

a casa na encosta do morro da
favela engolida pela pedreira
escavada no chão de quem lascou
fogo fez lajeado calçou pedra e

ouviu a cárie comendo os dentes
o granito o medo das dinamites.[223]

---

222   Frantz Fanon, *Pele negra*, p. 128.
223   Claudio Medeiros, *zumbimalê pivete* (Bragança Paulista, Urutau, 2020), p. 10-11.

110 *Desde o início, por ouro e prata*

Uma variação do que diz Lima Barreto: "O quilombola e o corsário projetaram um pouco a cidade".[224] Uma cidade nunca é a corporificação total de um projeto, há sempre coisas escapando — o Rio de Janeiro nunca foi e nunca poderia ter sido aquela metrópole imaginada nos moldes europeus, apesar de todos os esforços administrativos e políticos. Todas essas pessoas-construtoras, entregues ao fazer-cidade, jamais poderiam ter sido inteiramente passivas, passivas e nada mais. Bem, estava pensando em instituições, não em cidades; como falava "mundo", faltavam, naquela oposição, todas as estranhas possibilidades que surgem quando construir *é* projetar. Isso me importa porque pensar mundo só como o que está de acordo com os interesses das classes dominantes é limitado. Por que nosso mundo deve sempre ser algo que, na verdade, em nada é nosso? Isso não tira, entretanto, a razão do lamento fanoniano: estar lá desde o início de *tudo*. Sentir-se em casa *no mundo* porque ele é obra sua (e do outro). Agora é tarde para isso. De todo modo, é bastante fácil, para nós, começar a falar a partir de um sentimento de terrível impotência; sempre sedutor falar de si como mero objeto das tormentas do mundo. Como se não estivéssemos, desde o princípio, corrompendo projetos e planejamentos, desejos e interesses; como se não estivéssemos fazendo do próprio mundo o palco de um dissenso permanente, disputando até mesmo o que significa ser-no-mundo. Enfim, talvez tudo isso seja abstrato demais... uma cidade é algo mais palpável. Importa é que ela deve nos orientar em sua incorrigível ingovernabilidade.

V "O escravo é fundamento, por um lado, da ordem nacional; por outro, ocupa a posição do impensado", diz Saidiya Hartman em conversa com Frank Wilderson.[225] Há algumas maneiras de pensar isso. Podemos dizer, por exemplo, que foram aquelas pessoas escravizadas, no passado, que construíram, em sentido bem material, a nação. Alguém teve de erguer os prédios que incorporaram instituições e os brancos não quiseram esse trabalho braçal. Além disso, podemos pensar em luxos e hábitos que, muitas vezes, escapam de nossa atenção quando pensamos no que foi feito por meio da escravidão em um sentido *cultural*. Saindo dos EUA, penso na crítica do poeta romântico Coleridge, feita em uma palestra sobre o tráfico de pessoas escravizadas em 1795: a escravidão e a colonização serviam para trazer aos ingleses toda sorte de coisas desnecessárias: açúcar, rum, café, cacau, pimenta, gengibre... "[...] com exceção do algodão e do mogno, não temos como dizer, verdadeiramente, que essas coisas sequer úteis nos são; além disso, nenhuma delas é obtida,

---

224 Lima Barreto, *Vida e morte de M. J. Gonzaga de Sá* (São Paulo, Brasiliense, 1956), p. 66.

225 Saidiya Hartman e Frank B. Wilderson III, "The position of the unthought", p. 184-5.

111 A matéria do mundo

no presente, pela parte empobrecida e trabalhadora de nossa própria sociedade".[226] Nada ali teria feito falta se não houvesse escravidão e tudo se tornou parte de um cotidiano, naturalizado, acrescentado ao cenário de um modo-de-ser propriamente inglês. "De onde vêm nossas misérias? De onde vêm nossos vícios? De necessidades *imaginárias*";[227] é assim que Coleridge inicia sua intervenção. Uma intervenção no que se pensa ser a própria necessidade e um lembrete do custo infernal dessa necessidade fantasiada, e da artificialidade desse novo ser-inglês. Uma voz dissidente: para parte considerável daquela sociedade, sobretudo para as partes governantes, não era mais possível ficar sem açúcar. O preço disso? Um cálculo econômico: as pessoas escravizadas só entravam nele como mercadorias e coisas a serem transportadas de um lado para o outro.

Queria, porém, sair do binário branco/negro tão comum no pensamento negro estadunidense. Não foram unicamente as pessoas negras que fizeram o trabalho de erguer novas realidades para os brancos: por mais que os outros povos racializados tivessem sido introduzidos nas Américas com um *status* diferenciado, o trabalho, de maneira geral, era do mesmo tipo: o indesejado. Daí podermos falar sobre todos os recursos extraídos das regiões colonizadas do planeta pelo trabalho escravo e por outras formas de servidão, lançados como mercadorias em redes transnacionais de comércio, movimentando o progresso econômico das metrópoles e dos impérios e alimentando uma série de coisas, até mesmo hábitos e relações. Nas pequenas e inocentes coisas encontraremos — se quisermos encontrar —, com o auxílio da historiografia do colonialismo moderno, o tanto que, tal como existiu, só veio a existir como produto do trabalho de todos os povos racializados como outros do ser-branco. Tomar chá, por exemplo. No britânico século dezenove, esse hábito é popularizado, ou melhor, atinge as classes médias e deixa de ser um luxo para elas. Lowe nos lembra: o açúcar veio das Índias Ocidentais, assim como a madeira usada para as mesinhas; já o tecido usado para decorá-las era feito do algodão indiano, enquanto o chá e a porcelana vinham da China. Esse hábito tão britânico, tão inglês — os elementos que o tornam factível são todos estrangeiros de muitas origens.[228] Há um histórico material, aliás, por trás de muitos hábitos de consumo que tende a desaparecer aí, como se a própria *globalidade* fosse denegada. E "globalidade", nesse caso, refere-se a uma condição produzida pelo colonialismo.

---

226   Samuel Coleridge, "On the slave trade", em Lewis Patton (ed.), *The collected works of Samuel Taylor Coleridge, volume 2: The watchman* (Princeton, Princeton University Press, 1992), p. 130.

227   Ibidem, p. 132.

228   Lisa Lowe, *Intimacies*, p. 82.

112 Desde o início, por ouro e prata

Na conversa entre Hartman e Wilderson, porém, não é unicamente dessa materialidade que se trata: a ordem nacional ali pensada é construída por cima de uma estrutura no interior da qual diferentes posições sociais e mesmo *ontológicas* são dadas, desde a escravidão às pessoas negras e às brancas. O que gostaria de fazer, além de sair do binário, é me manter nesse nível mais genérico e pensar esse impensado para além do nacional, sem que isso signifique rejeitar, de maneira apressada, duas afirmações de Wilderson feitas em outro lugar: "não há mundo sem as pessoas negras" e, por isso mesmo, o fim da violência contra as pessoas negras é o próprio fim *deste* mundo.[229] Penso no que nos diz Katherine Yusoff sobre os debates em torno do ponto de partida do Antropoceno, essa era na qual o planeta inteiro está mergulhado. Ela nos oferece todo o material histórico e empírico para lembrarmos de que cada um deles (o início do comércio colonial, a Revolução Industrial, o teste de bombas atômicas) está terrivelmente emaranhado com a história do colonialismo, e não só isso: esses momentos inaugurais de uma era em que a própria terra é metamorfoseada em ritmo, escala e intensidade sem precedentes pela presença humana são *eles mesmos* tornados possíveis pelo colonialismo. Vejamos cada um deles de maneira resumida.

i) "A colisão entre o Velho e o Novo Mundos".[230] O início do tráfico de pessoas escravizadas e todos os processos de conquista territorial que levaram ao maior deslocamento de pessoas, até então, na história humana — deslocamento acompanhado pelo extermínio de milhões. Esses movimentos forçados não foram exclusivamente de pessoas humanas, houve uma série de deslocamentos relativos aos ecossistemas das Américas: uma mistura de faunas e floras que vem junto com a destruição de formas locais de agricultura. Tudo isso leva, diz Yusoff, a uma redução massiva da própria "regeneração florestal" e a um pico de "CO_2 na atmosfera" indissociável, portanto, do pico de brutalidade contra os povos racializados como outros em relação ao ser-branco. "O Antropoceno não pode se livrar do inventário de tudo aquilo que lhe serviu de matéria".[231]

ii) Revolução Industrial, século dezenove. Capitalismo e tudo o mais. "Capitaloceno", dizem algumas pessoas, aceitando esse ponto de partida ainda que de modo involuntário. Sem com isso recuperar o

---

229   Frank B. Wilderson III, *Afropessimism* (Nova Iorque, Liveright Publishing Corporation, 2020), p. 40.

230   A expressão vem do texto de Simon D. Lewis e Mark A. Maslin, "Defining the Anthropocene", *Nature*, v. 519, 2015.

231   Kathryn Yusoff, *A billion black*, p. 31-2.

113 A matéria do mundo

discurso que visa mostrar que o progresso capitalista dependeu excessivamente da escravidão, fico com um exemplo dado por Yusoff que nos mostra como não só a escravização permitiu um mundo de coisas, mas também sua abolição foi historicamente relevante nesse sentido. "Em 1833, o Parlamento britânico aboliu, enfim, a escravidão no Caribe", e a compensação financeira dada aos antigos proprietários e comerciantes, cerca de 20 milhões de libras, serviu para "construir as infraestruturas materiais, geofísicas (ferrovias, minas, fábricas) e imperiais da Inglaterra".[232] Investimentos na conexão entre diferentes polos comerciais e industriais, em tecnologias de mineração e tudo o mais que se possa imaginar. Assim, "o valor total produzido pelo trabalho escravo continua a sustentar o capital global por meio da acumulação e de uma herança".[233]

Podemos, na verdade, pensar em outros exemplos, menos óbvios: o império britânico não foi financiado somente pelo tráfico e pelo trabalho de pessoas escravizadas; entre os outros meios de enriquecimento, havia o tráfico de ópio na China. Mark Discroll mostra que a liberação massiva de gases venenosos pelas embarcações que contrabandeavam drogas (e armas), em especial a partir da década de 1850, assim como a instalação de formas destrutivas de agricultura com o intuito de sustentar o ritmo e a escala da produção de ópio não são coisas a se ignorar quando falamos em antropoceno. No começo da década de 1840, a quantidade de baús de ópio transportados — carregando cerca de 60 quilos do produto — chegava a quarenta mil por ano. Na verdade, Driscoll usa a expressão "caucasianismo climático" no lugar de "antropoceno", mostrando como as duas Guerras do Ópio consolidaram esse novo tempo do mundo. A conquista militar do Pacífico asiático, a desfiguração da rede comercial e das práticas agrícolas da região, em que a emissão de carbono era irrelevante, tiveram um impacto sem precedentes na ecologia global.[234]

iii) Década de 1950, "a Grande Aceleração", testes nucleares, quando a terra começa a ser manchada pelo plutônio. Yusoff menciona o trabalho do artista Isao Hashimoto, uma obra audiovisual nomeada *1945-1998* que registra, em um mapa, explosões que ocorreram em experimentos nucleares ao longo do tempo. Desde a primeira, no deserto do Novo México, até o ano de 1998, foram

---

232   Kathryn Yusoff, *A billion black*, p. 41.

233   Ibidem, p. 42.

234   Ver Mark W. Discroll, *The whites are enemies of Heaven: climate caucasianism and asian ecological protection* (Durham e Londres: Duke University Press, 2020).

114   Desde o início, por ouro e prata

2052 explosões desse tipo. O que fica claro, ali, é como tudo se intensifica de acordo com uma geografia racializada: nas ilhas do Pacífico, por exemplo, onde as populações locais foram deslocadas para a realização dos testes, mas nem sempre o suficiente para que ficassem longe da radiação, e muito menos com uma preocupação sobre seu destino: muitas pessoas foram lançadas em ilhas desertas, passaram fome, retornaram para seus antigos lares apenas para sofrerem com o envenenamento dos "recursos" naturais. "Esse colonialismo nuclear", diz Yusoff, "fundiu a areia termonuclear e o ar, a água e o solo envenenados, dispersando elementos radioativos de estrôncio, césio e iodo nos estratos geológicos e nos ossos de corpos marrons".[235]

Com todos esses exemplos, Yusoff quer dizer algo não muito distinto do que afirma Discroll ao inventar a expressão "caucasianismo climático" como substituta de "antropoceno"; trata-se de repensar o "nós" e o "homem" responsáveis pela reorganização geológica da terra e as condições coloniais dessas transformações. Aqui, as pessoas escravizadas — e as colonizadas em geral — ocupam a posição do impensado no sentido de que se encontram na inumanidade deixada de fora de mais uma equação entre o ser-branco e o ser-humano; só que, dessa vez, nas narrativas sobre um planeta ameaçado. Esse ánthropos, autoconstituído de maneira celebratória em oposição radical aos seus outros no imaginário colonial, retorna carregado de culpa e como um perigo para si mesmo, como se esse perigo, em suas origens, não fosse indissociável de um outro: os vários apocalipses aos quais os povos racializados foram submetidos em nome do progresso.

VI *Imaginário sem simbólico.* Voltemos a essa expressão usada por Mbembe. Ele diz: "É esta ideia [...] que constitui o 'pequeno segredo' da colônia e que explica a potência imaterial do potentado colonial". Ou seja: "é a ideia de que não há *nenhum limite para a riqueza nem para a propriedade, e, portanto, nem para o desejo*".[236] E de que trata esse segredo? Daquilo que, de certa maneira, explica o que ocorre na passagem africana — ao menos é a partir dali, em especial da República dos Camarões, que Mbembe pensa — para a independência: pois o "potentado deixa antever ao colonizado a possibilidade de uma abundância sem limites de objetos e bens";[237] oferece uma tentação que será

---

235   Kathryn Yusoff, *A billion black*, p. 45-6.
236   Achille Mbembe, *Crítica*, p. 255.
237   Ibidem, p. 256.

115   A matéria do mundo

abraçada por muitas pessoas. Conhecemos excessivamente bem o modo como a organização racial de um mundo faz com que proliferem esforços miméticos, sobretudo como forma de alcançar a humanidade recusada. Se os processos de independência não bastaram para que, no lugar da colônia, surgisse outra coisa inteiramente distinta, livre até mesmo dos objetos de desejo e das formas de desejar importadas e naturalizadas pela violência, isso tem a ver com o fato de que a imitação se tornou a via privilegiada de recuperação do que havia sido perdido.

De todo modo, a sedução do metal esteve ali no meio do caminho, entre o trabalho de descolonização e a instituição imaginária de outra sociedade, para falarmos nos termos de Castoriadis, termos que dizem também da criação e consolidação de outro imaginário social. Afinal, isso significaria a perda considerável de uma liberdade que, na cena colonial, foi mais testemunhada — muitas vezes com uma inveja recalcada, mergulhada no inconsciente — do que reproduzida por parte das pessoas colonizadas. O que Mbembe quer dizer, falando desse "segredo", é que, mesmo no fracasso do empreendimento colonial, houve um sucesso: o mundo pós-colonial pode ser feito a partir da mesma ganância predatória; em parte, mudaram os atores de uma mesma e persistente trama extrativista, brutal, marcada pelas relações de necropoder que, agora, constituem dinâmicas fratricidas.

Como ele diz em outro livro, comentando sua infância camaronesa, "na cabeceira do estado independente jazia o *crânio de um parente morto*".[238] Ainda em outro livro, diz: "Em muitas regiões do mundo pós-colonial, o ponto de virada que representou a generalização da relação belicosa foi muitas vezes a consequência derradeira do curso autoritário seguido por muitos regimes políticos confrontados a intensos protestos. Na África, em particular, o terror assumiu muitas formas. O primeiro foi o terror estatal, particularmente quando se tratava de conter a deriva contestatória, se necessário por meio de uma repressão ora sorrateira, ora expedita, brutal e desmedida [...] Em alguns casos, regiões inteiras foram colocadas sob dupla administração civil e militar. Onde os regimes estabelecidos se sentiam mais ameaçados, levaram a lógica da radicalização à sua conclusão lógica, instigando ou apoiando o surgimento de quadrilhas ou milícias controladas fosse por acólitos e outros despachantes da violência operando nas sombras, fosse por lideranças militares ou políticas ocupando posições de poder dentro das estruturas formais do Estado".[239]

---

238   Achille Mbembe, *Sair da grande noite: ensaio sobre a África descolonizada*, trad. Fábio Ribeiro (Petrópolis, Vozes, 2019), p. 40. Sobre necropolítica e fratricídio, ver também Victor Galdino, "O espectro de Abel / O círculo infernal da necropolítica", *Thaumazein*, v. 14, n. 27, 2021, p. 95-109.

239   Achille Mbembe, *Políticas*, p. 63-4.

116 *Desde o início, por ouro e prata*

Em meio a tudo isso, sabe-se, por exemplo, que 60% do cobalto fornecido ao resto do planeta é extraído do Congo. "Neocolonialismo", dizem. De fato, Microsoft, Tesla, Apple, Google... "A África é um paradoxo", dizia Nkrumah, "que ilustra bem o que é o neocolonialismo. Seu solo é rico e, ainda assim, os produtos que vêm de superfície e do que está abaixo dela continuam enriquecendo grupos e indivíduos que operam o empobrecimento da África, e não as populações africanas".[240] Ele lista todos os recursos obtidos ali: bauxita, cobalto, ferro, cobre, manganês, chumbo e outros. Nada mudou de maneira significativa desde 1965. Na assimetria fabricada pelo colonialismo e herdada em uma realidade pós-colonial, toda a negociação se dá a partir de termos fundamentalmente nocivos. Isso deve ficar evidente. Ainda assim, Mbembe insiste que, dependendo de como vemos os problemas africanos, "a experiência africana do mundo parece ser determinada, *a priori*, por um conjunto de forças — sempre as mesmas, embora com roupagens diferentes — que trabalham para impedir o florescimento de uma singularidade africana, daquela parte do *eu* histórico africano que é irredutível a qualquer outro. Como resultado, a África não é vista como responsável pelas catástrofes que lhe ocorrem".[241]

Mais uma vez, o pequeno segredo. Não há como pressupor uma passividade, uma não-agência precisamente quando a questão é pensar a soberania e a autonomia. Um problema difícil, e Mbembe certamente sabe que suas palavras são polêmicas. Coerente, ainda assim: em sua obra, se há todo um trabalho de mostrar, já na cena colonial, que a pessoa racializada não foi *efetivamente* e por inteiro destituída de suas capacidades, de seu senso de identidade, de sua mobilidade, de tantas outras coisas — apesar de todas as clausuras sufocantes, de toda a violência armada e de todo o aparato bélico que sustentou os esforços de inferiorização e anulação —, ou seja, um trabalho de dizer que essa pessoa não se torna aquilo que a representação feita dela mostra para a consciência do colonizador, então... desejo, sempre ele, nossa ruína. Até mesmo no pensamento das lideranças mais radicais do movimento anticolonial já encontrávamos o problema de como fazer progresso, como modernizar em um sentido propriamente africano. Um negócio sempre arriscado.

VII "O mundo é meu trauma", diz Jota Mombaça.[242]

---

240 Kwame Nkrumah, *Neocolonialismo: último estágio do imperialismo*, trad. Maurício C. Pedreira (Rio de Janeiro, Civilização Brasileira, 1967), p. 1-2.

241 Achille Mbembe, "As formas africanas de auto-inscrição", *Estudos Afro-Asiáticos*, v. 23, n. 1, 2001, p. 175-6.

242 Jota Mombaça, *Não vão nos matar agora* (Rio de Janeiro, Cobogó, 2021), p. 27.

VIII

*O amarelo é **amálgama**,*
kintsugi [técnica "japonesa" de reparação de
cerâmica com ouro roubado de Potosí],
*liga necessária para a refundação da **branquidão***
e sua estabilização racial
— Rodolfo Horoiwa

Estabilização. Vamos falar sobre a estranha noção de "barreira racial" que acompanhou a importação de trabalhadores chineses para as regiões antilhanas. John Sullivan, administrador colonial em Trindade, em memorando secreto enviado à direção da Companhia das Índias Orientais, fala de suas preocupações, alerta sobre o *perigo negro* na sequência da Revolução Haitiana, e sugere — como medida de segurança — a "introdução de uma raça livre de cultivadores em nossas ilhas, uma raça que, em termos de hábito e sentimentos, possa ser mantida como algo distinto da raça negra, mas que, em termos de interesse, seria inseparavelmente vinculada aos proprietários europeus".[243] Reorganização, estabilização. Três anos depois, em 1806, chegou a primeira embarcação trazendo chineses como uma raça nem um pouco "livre". Esse predicado servia mais para reforçar, no improviso do imaginário racial-colonial, a posição *racial* intermediária que essas pessoas ocupavam, talvez mesmo como guerrilha psicológica contra as pessoas racializadas negras. Além disso, servia para que as pessoas recém-chegadas não sentissem que pertenciam ao mesmo grupo das que lá estavam. Em muitos casos, funcionou. Nem sempre. De todo modo, essa introdução de uma barreira foi tão importante para a ordem da colônia quanto o trabalho escravo.

Amálgama. Como o termo usado para falar em miscigenação. O que está entre uma coisa e outra é sempre o que sofre, mais intensamente, mais nitidamente, de uma ambiguidade desorientante. Sabe-se que isso serviu ao que poderia ser chamado "privilégio amarelo", a possibilidade de embranquecimento — devir-branco, porém nem tão branco assim, sempre retendo a possibilidade de tudo voltar a ser como antes. De todo modo: *"eis o imposto que pagamos à branquitude em troca da subserviência premiada"*, das "vantagens socioeconômicas estruturais e bens simbólicos", diz Rodolfo Horoiwa (Poroiwak).[244] Isso me lembra um

---

243   *Great Britain Colonial Office Correspondence*, CO 295, vol. 17, citado em Lisa Lowe, *Intimacies*, p. 22-3.

244   Rodolfo Horoiwa, "O que é Privilégio Amarelo", *amarelitude*, 20 jan. 2021, disponível em: https://amarelitude.medium.com/privil%C3%A9gio-amarelo-e-o-colete-branco-%C3%A0-prova-de-balas-5f285861e935.

118 Desde o início, por ouro e prata

poema de um amigo, Rubens Akira, "o ano em que virei branco": depois de uma infância no interior de Santa Catarina, em que ele e seu pai foram os únicos japoneses da cidade e, por isso, destoaram o suficiente do resto para que "japa" precedesse seus nomes e todos os outros predicados possíveis, Rubens vai morar em Curitiba e, finalmente, é chamado pelo nome dado por sua família...

> e quando eu tentava explicar para elas
> pode me chamar de japa (pois esse era o meu nome até aquele momento)
> elas me olhavam confusas e diziam: mas você nem é japonês (aparentemente meus olhos não são puxados o suficiente)
> foi então que soube que podia ser branco isto é meu corpo continuou o mesmo
> mas foi então que passei a ser tratado como um branco e ter direito
> a um nome próprio
> o ano foi 2010.[245]

Nunca é tão simples, claro. O que Rubens e Rodolfo dizem são dois aspectos de um mesmo processo — só se pode ser branco se você não é um problema, se as pessoas não sentem desconforto com sua presença, ou seja, se você pode entrar no que é interditado ao resto, ter acesso a tudo aquilo ali. São concessões em troca de algo; a despeito de todas as diferenças entre as situações e contextos, a lógica ainda é a mesma que orientou a manufatura de uma barreira racial. E nada disso é eterno, ou mesmo se mantém de um lugar ao outro. São tantas as experiências de pessoas multiplamente racializadas que, da noite para o dia (de uma cidade à outra), caem em uma nova categoria, com tudo o que isso implica, sem nunca implicar um acolhimento definitivo no interior da branquitude. Quem diria que tentar dar vida a um amontoado de delírios traria tanta confusão...

Liga necessária. Contingentemente necessária. "Necessidades *imaginárias*", disse Coleridge. O problema das imagens é que, se a elas é dada uma vida própria, eventualmente, de repente, começam a ter ideias próprias. Como mitos que andam por aí dizendo que são mitos e, com isso, mostrando algo que os processos de racialização tentam ocultar. Inserir o ser-amarelo entre o ser-negro e o ser-branco continua sendo, apesar de tudo, inserir o ser-amarelo entre o ser-negro e o ser--branco, uma ambiguidade que pode ir para um lado quando se espera que vá para outro, porque os modos como nos dedicamos a ser pessoas negras, amarelas (e mesmo brancas) não é e nem pode ser determinado por ninguém. Se podemos dizer que não há história "completa"

---

245 Rubens Akira Kuana, *nem tão amarelo assim* (sem local, Shiva Press, 2020), p. 33.

119   A matéria do mundo

do colonialismo, sobretudo por causa de seu caráter *global*, sem essa liga, podemos também afirmar que sem ela não há história completa do anticolonialismo — nem passado, nem presente. É algo que demorei a notar enquanto estava metido somente com meus conceitos negros. Se cito Rubens aqui, não é só pelo encaixe de seu poema no que pretendia dizer: foi ele que me tocou com a espinhosa questão sobre o lugar das pessoas amarelas na minha bibliografia, nos meus cursos, nos meus textos. Em certo sentido, que não é um sentido qualquer, este ensaio — e isso vale para outras coisas que escrevi — é uma longa resposta a essa questão. Sim, se me perdoam o jogo de palavras, posso dizer que meu entendimento foi reparado por uma técnica "japonesa".

Veja, Rubens, você sabe mais do que eu que basta se mover um pouco e tudo é metamorfoseado (de novo) contra a nossa vontade. Não nos movemos unicamente na involuntariedade: há outras transformações possíveis. Para isso, no entanto, não era você que tinha de se mover; eu é que estava muito confortável com minha filosofia negra, com as imagens de uma noite monocromática. Sim, liga necessária, desde que eu participasse da ambiguidade, da reparação — não estamos nós dois, afinal, vivendo diásporas, nas quais tudo que é nosso é dado na refundação de nós para além de todos os nomes que nos deram?

IX "Frantz Fanon descreve vivamente a espacialização da ocupação colonial. Para ele, a ocupação colonial implica, acima de tudo, uma divisão do espaço em compartimentos".[246] Traçar linhas imaginais na superfície da terra e dar a elas uma existência carregada de sentido e valor não é uma invenção colonial moderna. Por outro lado, Mbembe recorre à cosmogonia dogon: "O mais importante era o quanto os fluxos e suas intensidades se cruzavam e interagiam com outros fluxos, as novas formas que estes poderiam assumir quando se intensificavam. O movimento, especialmente entre os Dogon, poderia levar a desvios, conversões e interseções. Isso era mais importante do que pontos, linhas e superfícies".[247] São duas geometrias, duas geografias distintas; na colônia descrita por Fanon, vemos que são precisamente os desvios, as conversões e as interseções que se tornaram alvos de uma série de interdições ou mecanismos de controle. Os compartimentos espaciais definem relações distintas com o movimento e a mobilidade, diferentes formas de se deslocar de um ponto ao outro.

---

246   Achille Mbembe, "Necropolítica", p. 135.

247   Achille Mbembe, "A ideia de um mundo sem fronteiras", trad. Stephanie Borges, *serrote*, Instituto Moreira Salles, disponível em: https://revistaserrote.com.br/2019/05/a-ideia-de-um-mundo-sem-fronteiras-por-achille-mbembe/.

120 *Desde o início, por ouro e prata*

Há, no presente, outras ocupações coloniais, como em Gaza e na Cisjordânia, que ainda produzem territórios "divididos em uma rede complexa de fronteiras internas e várias células isoladas", no esforço de "implementar a segregação à moda do Estado do *apartheid*"[248] — nova variação do exercício do necropoder como um poder de criação espacial: zonas de exceção são abertas pelas mesmas políticas de morte que serão naturalizadas em seu interior. Um problema nada local pois, desde o início, o necropoder esteve comprometido com o extrativismo desmesurado, com a movimentação da economia metropolitana como parte de uma economia cada vez mais global. Ainda hoje, portanto, alimenta empresas e indústrias, gera milhares de empregos, oferece possibilidades de investimento e especulação financeira, agita variados mercados e faz com que o dinheiro circule na casa dos bilhões. O espaço produzido pelo exercício do necropoder, ontem e hoje, está invariavelmente ligado ao resto do planeta de uma maneira ou de outra. A economia global é colonial, pós-colonial, neocolonial; não se trata de um desvio ou anomalia.

Já onde havia colônias e não há mais, temos o estranho fenômeno de fusão entre a espacialidade da colônia e a da metrópole. Em diversos sentidos: podemos pensar em como as reformas urbanas no Rio de Janeiro, no começo do século vinte, foram a tentativa de imprimir, na cidade, uma imagem parisiense, e em como isso significou mais uma rodada violenta de organização territorial.[249] Na constituição de nações independentes, práticas antigas de segregação foram reincorporadas, o imaginário colonial revisado, as restrições à mobilidade das pessoas racializadas reeditadas etc., tudo isso em meio a processos miméticos que fizeram da colônia cada vez mais uma metrópole colonizadora de si mesma, a administração colonial se tornando apenas: administração. A fragmentação da terra prolongou a norma, prolongou um efeito da necropolítica; agora, esse território todo cortado e desfigurado por fronteiras raciais — não-literais, não necessariamente jurídicas, reais em múltiplos sentidos —, encontra-se submetido a uma unidade nacional proclamada branca, capaz de práticas neoimperiais na nova ordem global. Tudo ficou terrivelmente confuso, todo mundo se perdendo nessa cidadania única, embora não acessível da mesma maneira.

O necropoder, no entanto, embora seja um meio de implementação do que Mbembe chama de "'mundos de morte'", formas da "existência social nas quais vastas populações são submetidas a condições de vida que lhes conferem o *status* de 'mortos-vivos'",[250] nunca significou

---

248   Achille Mbembe, "Necropolítica", p. 136.

249   Para mais sobre isso, ver a tese de doutorado revisada e publicada de Claudio MEDEIROS, *História da experiência das epidemias no Brasil* (São Paulo, GLAC edições, 2021).

250   Achille Mbembe, "Necropolítica", p. 146.

121 A matéria do mundo

a morte social pura e simples. Se esta é pensada para além da escravidão — conservando seus três elementos definidores: a possibilidade de sofrer uma violência gratuita, a alienação natal e a desonra, como diria Patterson[251] —, isso é plausível só nas relações diretas e indiretas com o branco estruturadas pela raça *em diáspora*, que *não* são as únicas que constituem o espaço vivido. "[...] o argumento sobre transformar seres humanos em coisas ou sobre a morte social tem seus limites. Não importa onde as pessoas africanas escravizadas tenham sido alocadas, não ocorreu morte social alguma. O trabalho de manufatura de símbolos e rituais, de linguagem, memória e sentido — a substância necessária para o sustento da vida — nunca cessou".[252] A questão, para Mbembe, tem mais a ver com a transformação das relações possíveis entre vida e morte. Há uma socialidade no interior da socialidade interditada pela raça, ainda que fragmentada e, muitas vezes, assombrada pela possibilidade de reprodução indefinida da violência. Isso vale para pensarmos o que há nos espaços de exceção organizados pela necropolítica; vale para pensarmos, na verdade, o que mais organiza esses espaços. As pessoas racializadas em geral como outras do ser-branco, a despeito de tudo, relacionam-se entre si e fabricam outros sentidos espaciais por meio de outro exercício do poder, trabalho incessante em nome de uma vida feita em excesso ao que fazem de nós.

X Em 1638, Ana Osorio, esposa do vice-rei do Peru e conde de Chinchón, tornou-se conhecida, na Europa, como a primeira pessoa a ser curada da malária por um remédio feito com quinina. Trata-se de uma substância que pode ser extraída de algumas espécies do gênero que veio a ser chamado de "cinchona", presentes nas matas andinas daquele tempo. A descoberta, que foi unicamente o aprendizado com as populações locais, fez com que jesuítas ordenassem a extração em massa de quinina e sua exportação para a Espanha; logo, essa forma de cura se espalharia pelo continente europeu. Assim, em 1870, Johann Schweppe lançou a tônica quinina indiana — nome completo de nossa água tônica — a partir de desenvolvimentos anteriores, produto adotado pela Companhia das Índias Orientais e pelo exército britânico como remédio para a malária, terrível entrave para os esforços de dominação colonial, mais letal do que a guerra travada contra as populações indígenas da Índia. A mistura gin + tônica surgiria, eventualmente, como instrumento militar nas ocupações britânicas: proteção contra

---

251 Ver Orlando Patterson, *Escravidão e morte social: um estudo comparativo*, trad. Fábio Duarte Joly (São Paulo, Edusp, 2008).

252 Achille Mbembe e David Theo Goldberg, "In conversation".

122 *Desde o início, por ouro e prata*

a malária e contra o estresse e outros efeitos psicológicos da guerra. "Como dito por Nicole Shukin, a quinina, assim como o gim-tônica, parece uma metáfora para o próprio império: amarga, custosa e transformativa, poderia ser modificada de várias maneiras, aparecendo como uma substância generosa, razoável e mesmo palatável".[253]

Em 1851, a Schweppes apareceu como a patrocinadora oficial da Grande Exposição dos Trabalhos da Indústria de Todas as Nações, ou simplesmente: Grande Exposição. Nela, as "culturas" do mundo inteiro (de 32 nações) foram apresentadas por meio dos produtos de seu trabalho, oportunidade inédita, para os europeus, de acessar uma globalidade na forma do espetáculo, do consumo. Situada no Palácio de Cristal, em Londres, nela era possível encontrar "mercadorias industriais, artigos de decoração, jardins ornamentais, máquinas, instrumentos musicais e minérios".[254] Para os organizadores, a exposição foi um meio de demonstrar, espacialmente, por essa remontagem do globo, a superioridade industrial britânica; e isso tanto em relação às outras potências imperiais quanto em relação aos povos colonizados. Ali, foi dado à visualização, já no interior de um enquadramento linear-progressista, uma diferença drástica entre os produtos artesanais e materiais agrícolas — nas partes dedicadas ao trabalho indígena das Américas ou da Nova Zelândia, por exemplo — e as "provas" do avanço britânico, como invenções engenhosas de cientistas ou mesmo as operações complexas da indústria têxtil, apresentadas de modo privilegiado.

Uma organização do próprio visível, a Grande Exposição dependia de uma série de recortes e seleções feitos para insuflar o ego britânico. Como diz Anne McClintock: "O tempo ficou global, uma acumulação progressiva de cicloramas e cenas arranjadas, ordenadas e catalogadas segundo a lógica do capital imperial".[255] Dentro de um espaço limitado, foi possível navegar o planeta em um movimento comparativo que parecia natural, em que as distâncias abissais foram produzidas e dadas ao olhar em uma proximidade sequencial, percorrida em poucos minutos. A globalidade ao alcance dos olhos como nunca antes: havia mesmo a possibilidade de consumir "o progresso global [...] visualmente em uma única imagem".[256] Foi o lugar onde "os tópicos do progresso e da Família do Homem, do tempo panóptico e do espaço anacrônico encontraram

---

253   Carlo Contini, Mariano Martini e Omar Simonetti, "The history of Gin and Tonic; the infectious disease specialist long drink. When gin and tonic was not ordered but prescribed", *Infez Med*, v. 30, n. 4, 2022, p. 619-26.

254   McClintock, *Couro imperial*, p. 98.

255   Ibidem.

256   Ibidem, p. 99.

123 A matéria do mundo

sua corporificação arquitetônica".[257] Essas concepções de tempo e de espaço estavam entrelaçadas: o tempo secularizado se tornou o meio de verificação das diferenças de "natureza" entre os povos, e seu caráter panóptico diz respeito "à imagem da história global consumida — com um olhar — num único espetáculo a partir de um ponto de invisibilidade privilegiada", oferecendo, na incorporação de uma lógica naturalista, um "paradigma visual para exibir o progresso evolucionário como espetáculo mensurável".[258] Assim, o movimento linear do progresso pode ser apreendido por contraste, com diferentes povos ocupando o mesmo espaço global de maneira anacrônica, resquícios do passado superado pelos europeus, em especial pelos ingleses.

Tudo isso foi exposto a uma multidão que, de outra forma, nunca teria conquistado acesso ao Palácio de Cristal. Oferecendo ingressos cada vez menos caros, os organizadores conseguiram vender todas as 2.500 entradas disponíveis para o dia inaugural. Descontos foram oferecidos nas passagens de trem para que trabalhadores de áreas distantes e industriais pudessem participar dessa celebração. Desse modo, "uma emergente narrativa nacional começou a incluir a classe trabalhadora na narrativa do progresso" e, com isso, trabalhadores brancos "podiam sentir-se incluídos na nação imperial, e o espetáculo da 'superioridade' racial os compensava por sua subordinação de classe".[259] Uma variação do *salário psicológico* do qual Du Bois falava, só que dada na ausência de muitos dos povos exibidos — não foram convidados e nem poderiam ter sido: só se podia comparar à maioria deles fazendo uso das imagens exibidas. A exibição da ordem nacional dependia dessa exclusão, assim como a manutenção *daquela* ideia de globalidade. Poderia ter dependido da exclusão da classe trabalhadora branca, mas sua declarada e praticada inferioridade não podia ser, de fato, uma exclusão total do ser-branco: ao menos um pouco de humanidade era preciso a ela conceder. Um gim-tônica simbólico e existencial.

XI *Um mundo racializado.* Christina Sharpe usa a palavra "clima" [*"weather"*] como metáfora para falar de uma antinegridade pervasiva, atmosférica — estável, apesar de todas as variações do momento.[260] Como na dinâmica entre raça como princípio de alteridade radical e o ser-racializado que se diz de muitas maneiras (o mesmo e o diferente);

---

257 Ibidem, p. 67.

258 Ibidem.

259 McClintock, *Couro imperial*, p. 101.

260 Christina Sharpe, *In the wake: on blackness and being* (Durham e Londres, Duke University Press, 2016), p. 106.

124 *Desde o início, por ouro e prata*

ou como nas dinâmicas de trabalho nas plantações: não importava se chovia ou fazia sol ou nevava, se o ar estava seco ou úmido, o trabalho permanecia, a constante justificada pela própria raça. É interessante pensar que o problema que a raça nos deixou, no presente, é o de como lidar com algo que *parece* imutável como o clima, algo que mal podemos nomear de maneira satisfatória para quem não sofre com essa insalubridade geral: como falar de maneira "objetiva", por exemplo, do que parece estar no próprio ar, do que é sutil como uma brisa, do que é ameaçador como uma tempestade no horizonte? Podemos reunir estatísticas e evidências diversas sobre atos explicitamente racistas de acordo com o que é inteligível para o nosso ordenamento jurídico, mas isso está longe de dar conta de todas as coisas que, por falta de um nome melhor, chamamos de "racismo".

Não, não tenho nomes melhores aqui comigo. Ainda assim, penso que "racismo" nos ajuda bem pouco porque, além de ser pouco dissociável de "discriminação" e "injúria" — cada uma dessas expressões inscrita na lei antirracista —, é um nome que conjura, com muita frequência, imagens de uma violência mais gráfica e palpável, mais "objetiva", bem como uma negatividade. Além disso, o que nos agride nem sempre é algo feito ou dito com a intenção de nos violentar. Um exemplo: quando alguém diz para uma criança negra que ela deverá se esforçar duas vezes mais do que as brancas para ser reconhecida ou levada a sério, contra o que se está alertando? Nem sempre atos explícitos de exclusão ou discriminação. Muitas vezes, isso tem a ver com expectativas naturalizadas ou interpretações já prontas do que temos a oferecer. Ou quando uma pessoa negra recebe menos anestesia, no consultório ou na mesa de cirurgia, porque há fragmentos das ciências raciais de outros tempos entranhados na psique do médico, que está ajustando a dose de acordo com a natureza fantasiada e não com o intuito de causar mais dor... bem, ao menos é isso que espero, se o que move a pessoa é a ideia de que a "biologia negra" é mais resistente; o que, a princípio, não seria uma coisa ruim (posso estar enganado, vai saber).

Posso oferecer centenas de outros exemplos — importa é o fato de que nem sempre o nosso problema é uma violência explicitamente dirigida a nós em termos "objetivos". O problema maior, anterior, fundacional é a existência da própria raça. A alteridade pressuposta e a possibilidade de que, de repente, representações raciais serão animadas para dar início a um movimento. Esse reino do possível é tão desgastante e sufocante quanto o que é feito: a espera ansiosa, a incerteza, o cuidado com cada passo dado. Como no episódio que abre *Afropessimismo* de Frank Wilderson: rememorando um surto psicótico que o fez parar na emergência de um centro médico universitário, ele relata como se preocupava, no meio

125 A matéria do mundo

daquilo tudo, com a possibilidade de ser visto como ameaça, perigo a ser combatido de maneira violenta. "Faça com que eles se sintam seguros, a regra mais importante da diplomacia negra".[261] Nada aconteceu, mas, respondendo de maneira automática ao clima de seu país, Wilderson tentou fugir de uma acusação mesmo em surto. O que exerce mais força sobre a psique negra? Não são apenas as condições climáticas daquele país, claro. A questão é que um mundo racializado não necessariamente é um lugar onde algo racista acontece e, ainda assim, precisamos estar sempre em estado de alerta. As tempestades são repentinas.

Já o entendimento do racismo como um conjunto de ideias, crenças ou pensamentos que têm como conteúdo a afirmação da inferioridade racial de uns e da superioridade de outros, muitas vezes interpretado como um conjunto de preconceitos, não resolve o problema. Como se vê no exemplo do uso reduzido de anestesia, certas crenças nada têm a ver com afirmações desse tipo, embora sejam racionalizações feitas a partir de uma percepção de diferença de natureza onde não há. A raça como forma imaginal segue em operação, deformando a sensibilidade, tornando possíveis incontáveis práticas e representações raciais; o que de fato acontece, no entanto, é uma parcela reduzida dessas possibilidades. São muitas as noções de racismo para além das comuns — institucional, econômico, simbólico, epistêmico, cultural, científico e mesmo o racismo por denegação —, bem como são muitas as definições de "racismo", mas será que tudo que nos afeta de maneira negativa, mais ou menos violenta ou até não-violenta, deve ser pensado através desse termo? Se a resposta for negativa, o que podemos fazer para além de criar novas metáforas? Como mais se poderia falar do peso que o *mundo* exerce sobre nós, dessa antinegridade pervasiva? O problema não está restrito às pessoas negras, claro. A questão, de todo modo, é que raça sobrevive até mesmo pela prática racial não-violenta, e sua sobrevivência é a manutenção da possibilidade da prática racial violenta. É isso que significa viver no interior de um *mundo racializado*.

XII "O pensamento arquipelágico convém ao ritmo dos nossos mundos. Ele lhe toma de empréstimo o ambíguo, o frágil, o derivado. Admite a prática do desvio, que não é fuga nem renúncia. Reconhece a dimensão dos imaginários do rastro, que ele ratifica. Seria isso uma recusa a se governar? Não, é chegar a um acordo com aquilo do mundo que está difuso justamente por arquipélagos, essas espécies de diversidade na imensidão, que, não obstante, juntam as margens e conjugam os horizontes. Damo-nos conta do que nele havia de continental,

---

261   Frank B. Wilderson III, *Afropessimism*, p. 6.

126 *Desde o início, por ouro e prata*

de espesso, e que pesava sobre nós, nos suntuosos pensamentos sistêmicos que regem até hoje a história das humanidades e que já não são adequados a nossas rupturas, a nossas histórias ou a nossas errâncias não menos suntuosas. O pensamento do arquipélago, dos arquipélagos, nos abre esses mares", diz Glissant.[262] Ilhas reunidas sem um centro, mas, ainda assim, expressão de uma forma de unidade — não a do *um* definido por uma essência, mas a de um emaranhado que pode ou não se ligar a outros e no qual importa mais a relação do que a identidade enraizada. Arquipélago é muitos e é um arquipélago, composição fragmentária e opaca: ela não se oferece na transparência do essencialismo. Um devir-arquipélago do mundo seria o acolhimento e o cultivo desse estilo de composição: "Opacidades podem coexistir, confluir, tramando tecidos cuja verdadeira compreensão estaria na textura dessa trama, e não na natureza dos componentes".[263] O colonizador agia a partir do pressuposto de uma transparência radical das diferentes naturezas percebidas pela da racialização; a totalidade do mundo seria fabricada, assim, no alocamento de diferentes essências, inteiramente dadas ao saber, muitas vezes apreendidas como produtos de sua própria geografia, emanações da paisagem natural. Pensar de maneira arquipelágica, para Glissant, não deixa de ser uma incorporação da paisagem, um esforço de ser em continuidade a ela: tudo na diáspora pode se tornar ambíguo o suficiente para que se torne meio de proliferação das multiplicidades e das relações, em um movimento criativo desviante. Tudo começa com um abraço crítico. "Eu aceito esse arquipélago das Américas", diz Walcott.[264]

XIII Denise Ferreira, em mais de um texto, oferece a seguinte ideia: e se pensarmos "*o que acontece* como uma composição", de modo a podermos pensar, consequentemente, em "seus elementos constitutivos, que podem vir a ser partes de outras composições (*o que aconteceu* e *o que ainda está para acontecer*)"?[265] Desprivilegiando, dessa maneira, o tempo imaginado como uma flecha, Denise quer visualizar melhor a globalidade como meio de atualização de violências que não são tão bem compreensíveis nas narrativas históricas lineares-causais; trata-se de pensá-las como variações de uma mesma matéria, um esforço de

262 Édouard Glissant, *Tratado*, p. 26

263 Édouard Glissant, *Poética da relação*, trad. Eduardo Jorge Oliveira e Marcela VIeira (Rio de Janeiro, Bazar do Tempo, 2021), p. 220.

264 Derek Walcott, "The Muse of History", em *What the twilight says: essays* (Nova Iorque, Farrar, Straus & Giroux, 1998), p. 64.

265 Denise Ferreira da Silva, "Fractal thinking", *aCCeSsions*, n. 2, 2016, disponível em: https://accessions.org/article2/fractal-thinking/.

127 A matéria do mundo

"identificar um padrão que se repete em diferentes escalas".[266] Não mais olhar episódios de violência racial como efeitos de algo que aconteceu imediatamente antes em uma sequência temporal, mas como composições e recomposições que alimentam o Capital global, não importa se hoje ou há dezoito ou duzentos anos. Isso seria possível porque, "embora o capital tenha se transformado ao longo dos últimos quinhentos anos, a 'força' ética da propriedade [...] permaneceu fundamentalmente a mesma".[267]

É como se perguntar: para que serve a violência contra pessoas racializadas, sobretudo as negras? Como resposta, Denise pensa os episódios distintos e distantes na história: uma insurreição negra reprimida pela polícia em Liverpool no ano de 1981 e um motim de pessoas escravizadas reprimido pela tripulação do navio Unity no ano de 1770. Ela diz o seguinte: "o Capital Financeiro Global emprega as arquiteturas jurídico-econômicas que sustentavam o Capital Mercantil (o Comércio Triangular liderado por Liverpool durante décadas) e o Capital Industrial (as fábricas têxteis processavam o algodão plantado e colhido pelos escravos transportados pelos navios mercantes, como o Unity). Essas arquiteturas garantiram a expropriação da capacidade produtiva da terra dos nativos (colonizadas/ocupadas) e o tráfico negreiro e constituem a matéria-prima (a vida e o sangue) do Capital Global".[268] Esses episódios não podem ser relacionados entre si de maneira adequada senão pelo abandono do tempo histórico como meio de costura: trata-se, diz ela, do exercício de um mesmo direito de matar que, nos dois casos, está a serviço da proteção da propriedade privada, de uma "relação jurídico-econômica que une [...] Estado e Capital".[269] Uma abordagem metafísica em que raça e globalidade são inseparáveis: a violência autorizada pela primeira é reiterada em lugares distintos como reencenação do Mesmo, desde que todos esses lugares estejam interligados na vasta e complexa rede comercial que a racialização possibilitou e ainda possibilita.

Assim, a questão "o que causou a violência?" perde relevância. Qual seria, afinal, a resposta para essa pergunta? "Porque as pessoas eram racistas"? E eram racistas por quê? Denise quer fugir das especificidades de uma situação localizável por coordenadas espaço-temporais precisas para pensar o globo como palco de uma mesma trama que se repete alheia à passagem do tempo *como* história linear e progressiva; tão alheia que se pode afirmar que está "fora do tempo". Essa afirmação depende, claro, da maneira como o tempo é imaginado. Ainda assim, é interessante

---

266 Denise Ferreira da Silva. "O evento racial ou aquilo que acontece sem o tempo (2016)", em Adriano Pedrosa et al. (orgs.), *Histórias afro-atlânticas vol. 2* (São Paulo, MASP, 2018), p. 409.

267 Ibidem, p. 410.

268 Ibidem.

269 Ibidem.

128 *Desde o início, por ouro e prata*

pensarmos que raça — como forma imaginal que permite o preenchimento de um vazio permanente, permanentemente fabricado — é quase incompreensível se aderirmos à fantasia progressista, pois o foco exclusivo ou primário no ser-racializado e nas representações raciais em sua mutabilidade não nos permite pensar, de maneira mais adequada, certa *mesmidade*. E isso nos leva, de modo talvez incontornável, a um pensamento metafísico que se ocupa das relações entre o mesmo e o diferente, o um e o múltiplo, ser e vir-a-ser (em uma forma pouco tradicional, talvez).

Nesse sentido, importam menos as peculiaridades de cada episódio de violência racial do que os elementos que constituem a trama que tem o espaço global como meio de reencenação. Montagem e remontagem, é preciso pensar a matéria de que são feitos esses episódios, de que é feito o emaranhado que é o globo, de que é feito o Capital Global. Afinal, por definição, matéria é o que permanece depois de uma forma específica ser desfeita. Disse, no entanto, que raça é forma, e penso que ela é o que permanece, extrapolando o tempo da colonização e da escravidão. E Denise fala de arquiteturas, outra maneira de dizer formas. Pode algo ser forma *e* matéria ao mesmo tempo? Bem, tarde demais, pois tudo já começa com um estranho paradoxo — paradoxal para certas formas de pensar — de uma forma que é real, mas cuja realidade só pode ser imaginária. De todo modo, é certo que a permanência da raça é contingente, relativa e limitada, ao menos no sentido de que sempre será possível um mundo sem ela, como um dia houve mundo sem ela.

No momento, ela é necessária para que *este* mundo siga girando. Destruir essa forma seria o mesmo processo de desfazimento da globalidade que herdamos, conhecemos e experimentamos (quando a herdamos, conhecemos e experimentamos como esse palco de um violento drama). As permanências, caso isso ocorresse, seriam outras. A forma--raça teria de ser desfeita em sua materialidade, ou seja, sua capacidade de servir à manufatura de uma realidade global, de garantir a fabricação de povos racializados, os quais, por sua vez, foram/são explorados para sustentar este mundo. Talvez, com isso, possamos nos livrar até mesmo da imagem linear-progressista de tempo que ordena nosso pensamento, nossos sentidos e nossa vida cotidiana.

XIV Diz Sharpe que ecologias são produzidas no interior de um clima, assim como modificações no ser-negro imaginal que é posto em contato com ele; como as pessoas que, afirma Mbembe, saem do ser--mineral para o ser-metal e o ser-moeda. Essas mesmas pessoas, porém, produzem — foram e são sempre capazes de produzir — suas próprias ecologias a partir do clima ao qual foram entregues por uma violência inédita. Produzem muitas coisas; nunca são o que certo determinismo

129 A matéria do mundo

climático teria feito delas na imaginação colonial. Pode-se pensar no trato com a terra: se a "ideologia oficial da plantação", como diz Wynter, "enfatizava direitos de propriedade", a visão de mundo das pessoas africanas escravizadas era outra. "Essa dualidade de imagens do mundo era complementar e antagônica ao mesmo tempo".[270] Essa ideologia não era uma teia de crenças fabricada de maneira natural dentro da cabeça dos europeus; também eles tiveram de aderir a ela no devir-branco. De todo modo, foi da pessoa racializada como outra que se exigiu uma transformação mais drástica de pensamento — e imaginação e sensibilidade — para que se encaixasse naquele modelo de produção. Nem sempre essa exigência foi atendida, e nem sempre o foi de maneira integral. Diz Wynter: "a indigenização do homem negro no Caribe veio do processo histórico pelo qual, deixando a África onde cultivou inhame para se alimentar — um mundo do valor de uso —, ele entrou em uma relação dual e ambivalente com a nova terra, em que cultivava cana/algodão para o lucro do senhor e inhame para se alimentar".[271] Isso teria produzido, inclusive, uma duplicidade cosmológica.

Todo o resto se segue desse antagonismo e assim surge o que McKittrick nomeia de "geografias negras", respostas a formas de pensar, sentir e imaginar o espaço e agir nele: "Reconstruir a vida interior das pessoas negras no passado em diáspora é um ato geográfico importante, que dá vida a [...] diferentes sensos de lugar; ao humanizar o sujeito negro que, não fosse isso, permaneceria preso a um esquema histórico-racial, essa reconstrução situa as geografias da diáspora negra em um tempo quando elas eram consideradas impossíveis".[272] Espaço e espacialidade produzidos, em primeiro lugar, no interior do que foi projetado para benefício da classe senhorial. De maneira mais geral, tudo começa nisso que Glissant chama de "prática do desvio" ou "esforço do descontínuo", em que o Novo Mundo representou um começo em dois sentidos: o do ser-escravo e o do que o excedia.[273] A fabricação contínua desse excedente foi o cultivo de uma plantação dentro da plantação, uma cidade dentro da cidade, um mundo dentro de um mundo — fazendo uso, para isso, de fragmentos preservados de outros mundos aos quais não se podia mais retornar, transformados nos encontros com ainda outros fragmentos-de-mundo, com todas as tensões e ambiguidades que um processo desses pode carregar.

---

270 Sylvia Wynter, *Black metamorphosis*, p. 48.

271 Ibidem, p. 52.

272 Katherine McKittrick, *Demonic grounds: black women and the cartographies of struggle* (Minnesota e Londres, University of Minnesota Press, 2006), p. 34.

273 Édouard Glissant, *Poética*, p. 97.

130 Desde o início, por ouro e prata

Tensões e ambiguidades que, como dizem Fred & Stefano, podemos encontrar na mistura entre duas expressões: *"dis place"* de M. NourbeSe Philip e *"place/meant"* de Amiri Baraka. A primeira é uma referência ao espaço entre as pernas da mulher negra, deslocado de sua intimidade para o mundo público da plantação, meio de produção do Novo Mundo porque será meio de produção de novas gerações escravizadas; um deslocamento que é possível intermediado por outro: o tráfico transatlântico. *"Displace"* é "deslocar", *"dis place"* é "este lugar" fabricado no deslocamento. Já Baraka insere a letra "e" em *"ment"*, de modo que *"placement"* (= "alocamento") ganha o sentido de destino — podemos pensar na frase *"this was meant to be"* = "estava destinado a acontecer", a parte reservada a alguém na costura do futuro. Assim, *"place/meant"* é o lugar que nos foi reservado, o nosso lugar, atravessado por uma impropriedade: se há um lugar, não é essa nova América; por outro lado, não há outro lugar fora dela a ser recuperado. Quando Fred & Stefano dizem, então, *"dis place/meant"*, "esse des-local a-ser-nosso", falam de "uma espacialidade reservada [...] por meio do fazer contínuo e diferencial de comunidades" racializadas que não se fixa pelo enraizamento essencialista: um lar diaspórico, nomádico, errante, cuja hospitalidade se dará desde sempre refazendo a terra imposta para que seja o que nunca poderia ter sido.[274]

Trata-se de uma das muitas maneiras de entender o momento da passagem transatlântica que, como coloca Glissant, é travessia em que "se dá consentimento ao não ser *um* e se tenta ser muitos ao mesmo tempo. Dito de outro modo, penso que toda diáspora é a transição do um ao múltiplo".[275] Isso quer dizer, agora, que toda massificação, toda produção de unanimidades estáticas reunidas como um ser-racializado específico entre outros, tudo isso tende ao fracasso (não se trata da mesmidade de que Denise Ferreira fala). A questão do que se é nunca esteve descolada dos usos do espaço e do trabalho de refazer os próprios sentidos de terra e território, algo que nos deu desde os quilombos em sua razoável estabilidade até os estranhos e efêmeros e pequenos lugares que surgem, por exemplo, no interior de uma roda de capoeira.[276] Isso vale, é importante notar, para as diásporas não-negras também, para todas as comunidades que foram tocadas pelos processos de racialização em

---

274 Ver o prefácio e apresentação da ed. brasileira intitulado "Improviso sem fim: uma variação brasileira", em Fred Moten e Stefano Harney, *Tudo incompleto*.

275 Édouard Glissant e Manthia Diawara, "Conversation with Édouard Glissant aboard the Queen Mary II", trad. Christopher Winks, 2009, p. 2, grifos meus, disponível em: https://www.liverpool.ac.uk/media/livacuk/csis-2/blackatlantic/research/Diawara_text_defined.pdf.

276 Para mais sobre a relação entre capoeira angola e práticas de espacialização dissidentes, ver Claudio Medeiros e Victor Galdino, "The greatest distance between two points is a straight line", *e-flux*, #143, mar. 2024, disponível em: https://www.e-flux.com/journal/143/592006/the-greatest-distance-between-two-points-is-a-straight-line/.

131 A matéria do mundo

que se tentou produzir uma essência, por mais que esta fosse mutável —
importa sempre o fato de que, por meio da raça, o que se tenta é fixar o
outro a cada momento em sua essencialidade, no não-querer ouvir sua
autoapresentação, como em uma coleção de fotografias tiradas contra
a nossa vontade, editadas e manipuladas e só depois oferecidas como
evidência do que somos. Se uma fotografia pode ser diferente da outra
por um motivo qualquer, o processo é sempre o mesmo. Um processo
de fixação operado por uma "imaginação fotoquímica", diria Raengo.[277]
Autoapresentação, inclusive, de sua geografia e ecologia. Daí a pertinência das intervenções feitas por Beatriz Nascimento que, na década
de 1970, tentava mostrar que o quilombo não era feito exclusivamente
por um movimento reativo, negativo, *fuga de* — "longe de ser esponta-
neísmo ou movida por incapacidade para lutar", essa saída da propriedade do senhor é um processo de reorganização, fuga *em direção a algo*
que envolve a "contestação da ordem estabelecida".[278] Não somente isso:
"Podemos ver que, estabelecido num espaço geográfico, presumivelmente
nas matas, o quilombo começa a organizar sua estrutura social interna,
autônoma e articulada com o mundo externo. Entre um ataque e outro
da repressão oficial, ele se mantém ora retroagindo, ora se reproduzindo.
Esse momento, chamaremos de *paz quilombola*, pelo caráter produtivo
que o quilombo assume".[279] É isso que estaria ausente em grande parte
da literatura existente, naquele momento, sobre o assunto, lacuna que
poderia ter sido preenchida, pensa Nascimento, pelas próprias pessoas
quilombolas. Isso só seria relevante, claro, para quem quisesse saber dessa paz que era a maior das ameaças ao regime escravocrata — um outro
mundo possível vivido sem a necessidade de muito do que havia sido
normalizado na realidade das plantações, das administrações coloniais
ou das metrópoles. Sabemos, aliás, como foi difícil, durante um bom
tempo, demonstrar uma estranha obviedade: que as pessoas escravizadas não foram seres inteiramente passivos, reprodução histórica de uma
imagem fabricada pelo senhor. Que dirá, então, fazer o quilombo surgir
como *outra* sociedade, com todas as implicações disso.
Além disso, o quilombo, assim como a aldeia indígena, e como tantos outros espaços de outras formas de vida, mesmo quando é conhecido de maneira abstrata, está sempre sujeito a uma desqualificação de
sua alternatividade por causa de sua escala menor. Fácil demais perce-
bê-lo como se fosse expressão de uma falta ou de uma série de faltas —
não é uma cidade, não é uma nação, não está dado em uma globalidade

277   Alessandra Raengo, *On the sleeve*, p. 11.
278   Beatriz Nascimento, "Quilombos: mudança social ou conservantismo?", em Alex Ratts
(org.), *Uma história feita por mãos negras* (Rio de Janeiro, Zahar, 2021), p. 129
279   Ibidem, p. 133.

132   *Desde o início, por ouro e prata*

que se tornou, para nós, o meio privilegiado e exclusivo de constituição do sociopolítico; por isso, não pode nunca ser suficiente e nada temos a aprender com ele. Bem... mais uma deformação dos sentidos. Como pensar a questão do mundo sem pensar essas manufaturas a partir de fragmentos de mundos diversos? E sem essas espacialidades menores — adjetivo que nada tem de negativo ou pejorativo e nem deveria ter —, como pensar outro sentido para a globalidade na qual os processos coloniais nos lançaram, abrindo espaço para um movimento que não seja assimilação mimética, incorporação de uma imagem dada, mas o contínuo e variado fazer múltiplo do *um* em um devir diaspórico?

XV No prefácio de *Crítica da razão negra*, Mbembe introduz a ideia de um *devir-negro do mundo* como maneira de dizer que algo da negridade deixa de ter a ver unicamente com os povos de origem africana, e isso porque, no capitalismo de nossos dias, novas formas de desumanização estariam disponíveis ao "sujeito do mercado e da dívida", "apenas mais um animal entre outros".[280] Essas formas fazem parte de sua transformação em *"homem-coisa, homem-máquina, homem-código e homem-fluxo"*.[281] O sujeito fabricado na incorporação forçada dessas modalidades-de-ser, em "função de normas do mercado", não pode hesitar em "se autoinstrumentalizar e instrumentalizar os outros para aumentar sua parcela de fruição. Condenado à aprendizagem por toda a vida, à flexibilidade, ao reino do curto-prazo, deve abraçar sua condição de sujeito solúvel e fungível, a fim de atender à injunção que lhe é constantemente feita — tornar-se um outro".[282] Assim, ele pode dizer que "os riscos sistemáticos aos quais os escravos negros foram expostos [...] constituem agora, se não a norma, pelo menos o quinhão de todas as humanidades subalternas",[283] algo que ocorre inclusive mediante práticas que são revisões e atualizações de antigas práticas coloniais/imperiais. Se não há motivo para negar que tudo isso tenha mesmo acontecido e continue acontecendo, não deixa de provocar certo incômodo, ou ao menos uma curiosidade, a ideia de que isso seria uma generalização/globalização da condição negra, por assim dizer, para além das pessoas negras.

Há elementos, no próprio livro, que justificam essa afirmação. Como bem nota David Marriott: a raça é pensada como uma "forma fantasmagórica do pensamento que é volátil, inconstante e continuamente dinâmica"; os processos de racionalização da existência da raça não visavam

---

280   Achille Mbembe, *Crítica*, p. 16.
281   Ibidem.
282   Ibidem, p. 17.
283   Ibidem.

133 A matéria do mundo

só a construção de um sujeito racial, mas foram "usados também para dar suporte às práticas de dominação"; o nome "negro" nunca significou uma verdade no sentido tradicional do termo, e sim "uma fabulação da verdade que é também a figura de uma separação/segregação que depende, excessivamente, do trabalho de subjugação".[284] Ou seja, raça sempre foi uma tecnologia que nada teve a ver com a captura de uma realidade simplesmente dada por fiéis representações — sempre foi um instrumento que servia, antes de tudo, à dominação violenta de um grupo sobre outro, *arma de guerra*. Além disso, ferramenta usada na fabricação de uma realidade surreal, em que o "mundo das palavras e dos signos autonomizou-se a tal ponto que não se tornou apenas uma tela para apreensão do sujeito, mas uma força em si, capaz de se libertar de qualquer vínculo com a realidade".[285] Por que, então, raça serviria tão-somente para fazer algo com as pessoas racializadas como negras, ou com as pessoas racializadas como outras do ser-branco? Por que haveria um limite nisso que foi feito para corroer a própria noção de limite, corrosão que sempre teve a ver com práticas de dominação do diferente e da própria diferença?

Parece-me que, se pensarmos que há algo de absurdo na ideia de um devir-negro do mundo, teremos de pensar, consequentemente, que o nome "negro" se refere a uma realidade dada e imutável, e que a condição negra diz respeito às pessoas que, por acaso, foram racializadas como negras e nada mais. Assim, é preciso lembrar do que nos diz Raengo: nomes raciais são metáforas não usadas como metáforas, e a cor negra é projeção, também uma invenção que opera no esquecimento de seu ser-inventado. A superfície corpórea só pode ser abordada *como se* fosse racializada na perturbação violenta da realidade que as práticas coloniais produziram. Fora disso, mesmo com o esforço violento de abstração que pensar esse fora exige, nada há ou teria havido ali: nada liga a condição negra às pessoas que classificamos, ainda hoje, como negras. O exemplo das pessoas irlandesas racializadas como um paradoxo — negras e brancas ao mesmo tempo e apesar de todas as suas semelhanças corpóreas com os ingleses — deve ser suficiente para lembrarmos de que tudo isso é terrivelmente *arbitrário*.

A raça é autônoma em relação a nós; ela só precisa de grupos a serem dominados para que seja colada, de maneira violenta, à carne, e isso não envolve, para sempre e por necessidade, uma *colorização*. Tecnologia ou instrumento, o que importa são os seus possíveis usos — a racialização não significou, desde o início, que somos descartáveis?

---

284 David Marriott, "The becoming-black of the world? On Achille Mbembe's *Critique of Black Reason*", *Radical Philosophy*, n. 202, jun. 2018, p. 66.

285 Achille Mbembe, *Crítica*, p. 32.

134   Desde o início, por ouro e prata

Nem mesmo a raça precisa das pessoas negras. Penso em Surauardi: o mundo imaginal é o mundo das imagens *autônomas*. E não é essa descartabilidade retomada na desumanização que produz, no lugar do humano pleno, algo outro, algo menor, menos-do-que-humano, um recorte fantástico indissociável do governo de multidões, ainda que sem cor? Todas descartáveis, pouco importa *quem são* — pouco importa o que significa essa expressão — pois outra coisa será fantasiada em seu lugar. Desde o início, raça serviu a uma liberdade de todos os constrangimentos, a uma ilimitação de si. Nada é intocável, improfanável, nem Deus; só o humano o é, desde que haja quem tenha a força para se manter no interior da humanidade enquanto exclui outras pessoas. Não é difícil imaginar como isso pode acontecer no capitalismo porque os exemplos não nos faltam: basta olhar ao redor.

Isso quer dizer, então, que a violência contra pessoas negras nada tem de específico ou singular, que todas as violências são iguais? Bem, essa violência sempre se confundiu, para quem quisesse notar, com a violência antiárabe, antissemita, anti-indígena e tantas outras. E, novamente, *este* mundo não foi feito unicamente do que a escravidão ofereceu. A pergunta, no entanto, pode ser refeita: as violências contra as minorias raciais "consolidadas" nos últimos séculos, então, nada têm de diferente, de *essencialmente* diferente das outras violências que desumanizam? E isso importa? Pode-se dizer que, com o devir-negro do mundo, nos desdobramentos pós-coloniais de nossa globalidade, todas essas violências se tornaram, por questões genealógicas, partes de uma mesma família composta de diferentes elementos reunidos em torno de um vazio, de um esvaziamento — como ocorreu com todas as "humanidades subalternas".

Ah, e assim como o rio, tenho corrido desde então

Os tempos da diáspora

> *Acreditar, portanto, que o passado está morto é um erro sentimental; nada quer dizer a afirmação de que tudo foi esquecido, que o próprio negro esqueceu. Não é questão de memória. [...] Um homem não lembra a mão que lhe agrediu, da escuridão que lhe assustou quando criança; a mão e a escuridão, ainda assim, permanecem com ele, indivisíveis para sempre em relação a ele, parte da paixão que o move para onde quer que pense fugir.*

— James Baldwin

> *Agora, ilumino no passado o amanhã*
> *de meu hoje... meu tempo dentro de mim se*
> *distancia de meu lugar*
> *às vezes, e meu lugar dentro de mim se*
> *distancia de meu tempo.*
> *Os profetas são todos minha família, mas o céu dista*
> *de sua terra, e eu disto de minhas palavras.*

— Mahmud Darwich

> *eu, o fincado na razão das palavras... meu início era*
> *meu fim, e o fim, um passeio para as imagens.*

— Hachim Challula

> *Houve um tempo em que era fácil saber*
> *quem era o meu povo.*

— Audre Lorde

136 *Ah, e assim como um rio, tenho corrido desde então*

Perda

"O aterrorizante vem do abismo, três vezes amarrado ao desconhecido", diz Glissant. "Uma primeira vez, inaugural, quando você cai no ventre da barca [...] o ventre dessa barca te dissolve, te atira num não mundo em que você berra. Essa barca é uma matriz, o abismo-matriz".[286] Em sua linguagem tantas vezes ambígua, Glissant nos dá a imagem do navio que transporta as pessoas colonizadas como *ventre* e *matriz*: ambiente gerativo, no interior do qual algo que está para nascer é elaborado por intermédio de uma violência sem precedentes; uma introdução à certa forma do ser-racializado lançado em diáspora. O que significa, aqui, visualizar a relação entre terror e maternidade de forma ambígua? Se, na diáspora, o *um* da massificação negra é imposto de maneira violenta e, ainda assim, é sempre dado no múltiplo, o que ocorre quando as pessoas racializadas, já desorientadas pela proliferação fantasmática de representações, decidem oferecer a si mesmas outra multiplicidade como prática do desvio? Raça é algo que também pode ser entendido como o *um* em relação a uma multiplicidade: forma da desumanização presente sempre que o colonizador fabricou modos racializados de ser, acompanhados pelo múltiplo de representações e nomes raciais igualmente de sua autoria; com Glissant, porém, é preciso pensar nas práticas de diferenciação no interior do próprio ser-racializado, como o ser-negro, por exemplo, que passa a ser a unidade ativamente fraturada e deslocada pelas pessoas racializadas desse modo. Em certo sentido, o renascimento no abismo não precisa ter sido uma decisão, ao menos não como conclusão de um raciocínio deliberado; a contrametamorfose é um movimento da própria vida em sua totalidade, quando : e está diante e no meio de uma violência que dissolve. Se, na barca, antes mesmo dela, na verdade, o múltiplo pré-colonial é capturado *como se* pudesse mesmo formar unanimidades, totalidades estáticas e internamente coerentes, o fato é que essas pessoas que eram muitas e de muitos povos se tornarão ainda outras, reunidas sem nunca se fundir ao redor de *um* nome. Dos povos indianos que foram embarcados para Trindade e Tobago, por exemplo, havia: tâmil, télugo, kodava, malaiala, marata, neuari, gonde, túlu, pastó, pársi, caxemire... e mais ou menos umas duas dezenas de outros nomes cuja grafia não pude encontrar em nossa língua.

Sempre importante lembrar: não foram somente os povos africanos que, sendo muitos, cada um com sua língua, sua cultura, seu *mundo*, foram convertidos, na fantasia, em uma massa de único nome, nome que significasse, primariamente, uma tentativa de substituição. Ainda assim,

---

286 Édouard Glissant, *Poética*, p. 30.

137 Os tempos da diáspora

ao longo deste ensaio, o foco será na produção teórica de pessoas negras que pensam os sentidos da existência afrodiaspórica. Com isso, o que gostaria de fazer é colocar diferentes referências em contato para mostrar que há formas de pensar esses sentidos que nos induzem ao esquecimento de que raça funciona como princípio de esvaziamento para *todas* as pessoas racializadas, não importa quem, não importa sua origem geográfica e, principalmente, não importa a que tipo de trabalho e exploração ela seja submetida. Trata-se de uma maneira de pensar como o abismo de que Glissant fala — e ele bem sabia disso — não toca exclusivamente os povos racializados como negros, ainda que a escravidão tenha sido um meio mais intenso de dissolução. Dito isso, prossigamos.

Se o ventre do navio dissolve como sistema digestório, o que isso significa, ali no meio do oceano, é uma perda cosmológica, mesmo sem nunca se tornar perda total: a escala do ocorrido em nada implica uma nadificação absoluta, pleno sucesso dos processos de desumanização. Carrega-se fragmentos de mundo para lá e para cá. Sua reconstrução, no entanto, é impossível — afinal, *de quem* será o mundo a ser refeito no encontro produzido pela massificação? Mesmo onde a fuga se torna o meio para a instituição de outra sociedade, nos cantos aquilombados da diáspora — que, desde logo preciso dizer, não são o objeto e nem o sujeito deste ensaio —, é difícil afirmar uma univocidade do repertório usado para o (re)enraizamento como (re)territorialização, sobretudo porque o abandono integral dos mais diversos aspectos da pequena realidade da plantação sequer foi norma. Soma-se isso à multiafricanidade da população escravizada e aos encontros com outros povos no interior das Américas, e temos uma expansão e revisão de qualquer repertório carregado no corpo, na memória, na ponta da língua. Bem, voltemos ao navio.

"Pois se você está sozinho nesse sofrimento, você compartilha o desconhecido com algumas pessoas que você ainda não conhece".[287] Um terreno novo a ser explorado por meio da amizade e de alianças que, até outro dia, podiam mesmo ser impensáveis; uma luta contra a potência destituinte da barca. "A Passagem do Meio foi um canal de nascimento, lançando uma luta prolongada entre proprietários e pessoas escravizadas em torno de direitos de definição [...] Ainda assim, foi uma morte, água batismal de uma espécie diferente. No mínimo, a pessoa africana morreu para o que era antes e para o que poderia ter sido. Essa experiência deixou uma marca permanente".[288] Se é preciso fazer com que essas pessoas renasçam, quem pode controlar os rumos dessa nova vida, dessa nova

---

287 Ibidem.

288 Michael A. Gomez, *Exchanging our country marks: the transformation of African identities in the colonial and antebellum South* (Chapel Hill, The University of North Carolina Press, 1988), p. 13.

138 *Ah, e assim como um rio, tenho corrido desde então*

existência no Novo Mundo? Essa dupla morte, embora catastrófica, não pode significar, de maneira generalizada, que a nova vida seria aquela prevista pelos colonizadores. Além disso, é preciso lembrar de que, muitas vezes, essas pessoas se misturaram entre si e abandonaram, de modo coletivo, "o que poderia ter sido" em nome de uma liberdade geral. Pensemos nas muitas insurreições, na própria Revolução Haitiana.

A novidade do Novo Mundo, por isso, mostra-se em uma dupla impossibilidade: a de um começo apropriado e a de uma apropriação dos começos. No primeiro caso, a perda de um mundo e de todos os seus sistemas de referência. No segundo, podemos pensar o seguinte: se colonizar foi transformar o que foi (des)encontrado em outra coisa, desencadear uma série de metamorfoses às quais se pretendeu, de uma maneira ou de outra, governar e domesticar, o fato é que a própria existência destas palavras neste livro mostra que isso não funcionou. Isso não quer dizer nada sobre a incomensurabilidade de uma perda que, no limite, só podemos mesmo dizer que foi de ordem cosmológica, quase como uma metáfora indecente que, mesmo assim, é o que temos para figurar o peso e a escala da violência colonial. De todo modo, se há algo a ser feito que não é a assimilação de uma impotência massificada, então se trata de algo a ser feito *depois* de uma travessia peculiar: a passagem pela Porta do Não-Retorno. "O segundo abismo", diz Glissant, "é o insondável do mar", onde todo senso de futuro orientado a partir do presente enraizado no passado é perturbado e desfeito pelo desconhecido adiante — "Não estaria essa barca vagando eternamente pelos limites de um não mundo, não frequentado por nenhum ancestral?".[289]

Dito de maneira literal, "Porta do Não Retorno" é o nome de um monumento localizado em Uidá, no Benim, construído no preciso local onde as pessoas escravizadas foram obrigadas a embarcar em direção ao desconhecido. Na verdade, há outra porta de mesmo título, parte da Casa dos Escravos, na ilha de Gorée, no Senegal, outro memorial dedicado à história das pessoas que não mais voltaram às suas terras: entra-se em um breve túnel que dá no mar, ponto de partida para uma nova etapa da violência colonial. Como metáfora, no entanto, o nome é usado por Dionne Brand para dizer "uma coleção de lugares" que, sendo "real e metafórica", assume uma dimensão "mítica para nós que estamos em dispersão nas Américas do presente".[290] Uma maneira de dizer e figurar o que foi certa passagem, não importa onde tenha ocorrido, entre *ser* o que se era (e o que se poderia ter sido) até então e, contra a própria vontade, assumir a existência como ficção elaborada por um outro

---

289   Édouard Glissant, *Poética*, p. 30.
290   Dionne Brand, *A map to the Door*, p. 18.

139 Os tempos da diáspora

radicalmente estrangeiro — não sem um trabalho insistente de contra-ficção que move um conflito interminável no interior das psiques e das paisagens racializadas. E dizer, também, que essa passagem assombra a diáspora negra: "A porta existe como ausência. Algo que não sabemos, lugar que não conhecemos. Existe, ainda assim, como o solo sobre o qual andamos. Cada gesto que nossos corpos fazem aponta para ela"; e também: "[a] porta significa o momento histórico que colore todos os momentos na Diáspora".[291] O que quer que imaginemos como possibilidade de retorno será vão esforço de cobrir uma perda irreparável.

Já no navio, com a reorganização drástica de qualquer vínculo entre passado, presente e futuro, as pessoas escravizadas terão de assumir um peculiar ser-embarcado-no-mundo, as referências balançando com o resto da carga, o futuro sempre em vias de desaparecimento no horizonte opaco, mal-inteligível. O navio se torna uma espécie de intermundo precário na transição entre dois mundos distintos, no qual as pessoas se refaziam ao longo de algumas semanas ou meses para se adaptar a esse espaço de transição que, muito provavelmente, devia parecer se estender pela eternidade. Olaudah Equiano, como dito em sua autobiografia, chegou mesmo a pensar que o interior do navio fosse uma estranha forma de lar para os europeus, onde ele se encontrava de passagem: "Não podia deixar de expressar meus medos e apreensões a alguns dos meus conterrâneos, perguntando-lhes se essas pessoas viviam naquele lugar oco (o navio), sem possuir um país. Disseram-me que eles não viviam ali, mas vinham de um país distante. 'Então', eu disse, 'como é possível que em todo o nosso país nunca tenhamos ouvido falar deles?'".[292] Uma sociedade embarcada já hierarquizada pela política racial da diferença e da inimizade; ainda assim, espaço no interior do qual era preciso aprender a viver como se fosse mesmo um país flutuante. Vida impossível desde o início, pois "o reino desterrado do oceano não era figurado nas sociedades pré-coloniais da África Ocidental como um domínio próprio às atividades humanas (e não divinas) — da mesma forma que essa figuração estava ausente dos sistemas medievais de conhecimento europeu".[293]

"Quando enfim avistamos a ilha de Barbados", diz Equiano, "os brancos a bordo deram um grande grito, fazendo para nós muitos sinais de alegria. Nós não sabíamos o que pensar a respeito".[294] O imprevisível de uma

---

291   Ibidem, p. 24-5.

292   Olaudah Equiano, *A interessante narrativa da vida de Olaudah Equiano, ou Gustavo Vassa, o Africano, escrita por ele mesmo*, trad. João Lopes Guimarães Júnior (São Paulo, Ed. 34, 2022), p. 56.

293   Stephanie E. Smallwood, *Saltwater slavery: a Middle Passage from Africa to American diaspora* (Cambridge e Londres, Harvard University Press, 2007), p. 124.

294   Olaudah Equiano, *A interessante narrativa*, p. 60.

140   *Ah, e assim como um rio, tenho corrido desde então*

nova história que começa na descontinuidade, na dissolução da força das genealogias e identidades consolidadas, na reconfiguração do parentesco, no alojamento em novas funções, na repartilha do sensível e do imaginário, na Torre de Babel, na adaptação a uma nova paisagem — geográfica, social, existencial. "A terceira forma do abismo", diz Glissant, "projeta paralelamente à massa de água a imagem inversa de tudo o que foi abandonado, que, por gerações, só será encontrado nas savanas azuis da memória ou do imaginário, cada vez mais desgastado", o que não significa a impossibilidade de uma "aliança com a terra imposta, sofrida, redimida".[295] Morre o antigo lar para que nasçam as Américas. Morre um nome próprio para que surja o impróprio: Equiano foi Michael, Jacob e, quando removido de uma fazenda na Virgínia para ser levado à Inglaterra por seu novo proprietário, um capitão-tenente da Marinha Real, tornou-se Gustavo Vassa, nome mais duradouro e disseminado que foi levado a assumir. Diz Equiano: "[...] quando me recusava a responder pelo meu novo nome, o que a princípio fazia, isso me rendia muitas bofetadas. Então eu finalmente cedi e por esse nome tenho sido conhecido desde então".[296]

Sobreviver ao navio-caixão significa ir longe o suficiente para ser renomeado ou renomeada, é o que diz a música *Thousands are sailing* de The Pogues. Na vida diaspórica nas Américas, carrega-se muitos nomes: Equiano era chamado, às vezes, de "o africano", sem maiores especificações. A retomada de seu nome de batismo igbo, usado na autobiografia e em quase nenhum outro lugar (com exceção de algumas cartas, parece), mostra-se um retorno curioso, que não é direcionado ao que era antes e ao que poderia ter sido. Trata-se de uma autonomia que se forma a partir de múltiplos modos de heteronomia experimentados ao longo de praticamente toda uma vida, e o nome se refere a essa existência desviada e revisada por si e pelo outro nos encontros e desencontros consigo e com o outro.[297] Nome que, em certo sentido, é fictício, um *nom de plume*. Sabe-se que Equiano recusava seu uso em contextos que não envolvessem alguma forma de escrita — como quem se apresenta não como realidade, e sim como *mito*. Nas outras ocasiões, públicas e privadas, preferiu "Vassa", que veio a ser seu nome como militante abolicionista, seu nome como cidadão britânico, nome que aparece em quase toda a papelada que deixou, incluindo o seu testamento.

---

295   Édouard Glissant, *Poética*, p. 32.

296   Olaudah Equiano, *A interessante narrativa*, p. 68.

297   "Equiano" parece ser uma maneira de escrever um de vários nomes igbo, como Ekwuno, Ekweano, Ekwoanya ou Ekwealuo. Ver Paul E. Lovejoy, "Olaudah Equiano or Gustavus Vassa — What's in a name?", *Atlantic Studies: Literary, cultural and historical perspectives*, v. 9, n. 2, 2012, p. p. 165-184, trad. bras.: "Olaudah Equiano ou Gustavus Vassa: o que há em um nome?", *Fronteiras*, Revista de História, v. 24, n. 43, 2022, p. 14—37. Disponível em: https://ojs.ufgd.edu.br/FRONTEIRAS/article/view/16560.

141 Os tempos da diáspora

O curioso é que "Vassa" acabou por se tornar um nome involuntariamente descritivo: como nos lembra Lovejoy, Gustav Vasa foi o rei sueco conhecido por libertar o seu povo, herói nacional do século dezesseis, quase um abolicionista. Nascido Gustav Eriksson, membro da Casa de Vasa, foi filho de um lorde assassinado durante uma invasão dinamarquesa; após ser capturado, conseguiu fugir e organizar uma insurreição camponesa que lhe deu o título de Protetor da Suécia em 1521. Por que o capitão-proprietário de Equiano escolheu esse nome específico? Nunca saberemos. Já Equiano, claro, não tinha qualquer conhecimento, na época de sua nomeação, da história de seu outro portador ou desse estranho e distante reino na Suécia, assim como "não tinha como saber que Jacob [Jacó] subiu uma escada e confrontou Deus".[298] Além disso, não se pode dizer com precisão quando ele veio a entender o sentido de "Gustavus Vassa", e, de maneira estranhamente profética, o fato é que sua vida foi marcada pela captura, pela fugitividade, pela conquista da autonomia e mesmo por certo heroísmo. Tornou-se um símbolo, não obstante muito disso ter ocorrido nessa passagem de Gustavus Vassa a Olaudah Equiano, nome com o qual se ofereceu ao mundo como *autor*. O nome igbo — que significa "'vicissitude' ou também 'fortuna', 'alguém favorecido, possuidor de uma voz forte e eloquente'"[299] — ganha sua força descritiva por meio do nome sueco/britânico, nome profético neste consentimento diaspórico ao não ser *um* de que Glissant fala.

Tudo isso, no entanto, é o desdobramento de uma perda singular. "Olaudah Equiano" nunca pode significar, novamente, o que era para ter significado — ser favorecido no mundo igbo não tinha como envolver todas as vicissitudes infernais da vida como pessoa escravizada por europeus. O esvaziamento promovido pela racialização, intensificado na produção de um ser-mercadoria, certamente não era possível no imaginário igbo — Equiano teve de aprender, contra a sua vontade, o sentido dessas práticas, assim como o sentido de tantas outras coisas, algumas violentas, outras não; não importa. Familiarizar-se com elas foi um processo que teve a violência geral da escravidão e do colonialismo como condição. Na diáspora, tudo é forçado no interior do campo sensorial, na substituição violenta de realidades. Para todos os efeitos, o terror é parte da iniciação a uma nova existência, a um Novo Mundo. Uma destrutividade geradora como o abismo-matriz de Glissant, e isso nos dá uma condição geral de irrecuperabilidade em que o nome igbo de batismo só é apropriado à distância do que poderia ter significado na especificidade de um mundo deixado para trás.

---

298 Paul E. Lovejoy, "Olaudah Equiano", p. 168.

299 Olaudah Equiano, *A interessante narrativa*, p. 32.

142 *Ah, e assim como um rio, tenho corrido desde então*

De todo modo, há muitas formas de ser favorecido. Algumas delas são um desdobramento possível do desfavorecimento geral. Para um povo que foi deslocado à maneira colonial, "retorno" é um dos incontáveis termos que tem o seu sentido corrompido. "Há uma diferença", diz Glissant, "entre o deslocamento (por exílio ou dispersão) de um povo que continua existindo em outro lugar e a transferência (tráfico) de uma população que *se transforma em outra coisa* em uma nova terra, que se torna um novo fato do mundo".[300] Nesse cenário, o retorno pode se tornar "obsessão com o Um: não se deve mudar o ser"; obsessão com um *eu* perdido, com *uma* origem cada vez mais distante com a passagem do tempo novomundano.[301] Sobra, quando se abandona esse *um* originário, a prática do desvio [*détour*], em que a memória deve ser deslocada para outra função: em primeiro lugar, deve-se misturar às lembranças de outros povos trazidos para as Américas; em segundo, não pode mais ser o meio de reconstituição integral de um cotidiano perdido. Lembrar para repetir é algo que, de muitas maneiras, significa um deslocamento em relação ao passado, isso quando ele pode ser de fato lembrado — não importam os esforços de conservação, cada geração seguinte se formará já no interior dessa nova paisagem, cuja brutalidade será também uma agressão permanente à memória. Se nem Equiano, que permanece carregando consigo, no momento da escrita autobiográfica, lembranças de sua infância igbo, pode sustentar um nome sem que remeta a uma condição estranha ao seu mundo de origem, o que será de seus filhos e suas filhas, de seus netos e suas netas?

Na tradução inglesa de *Le discours antillais*, "um novo fato do mundo" se torna "*a new set of possibilities*", "novo conjunto de possibilidades". Isso ainda preserva toda a opacidade ambígua típica de Glissant: trata-se de um conjunto habitado pelas criações de si e do outro, ainda que esse *si* seja indissociável dos processos de outrificação que nos dão o ser-racializado. Nessa confusão, na imprevisibilidade que podemos associar ao humano, inclusive quando o que se tenta, precisamente, é torná-lo objeto de um saber infalível — objeto cujo futuro estaria dado, desde sempre, como desdobramento de qualidades raciais tidas como natureza e, portanto, destino —, as novas possibilidades devem conviver com as imagens encontradas nas "savanas azuis da memória e do imaginário". Mesmo que essas imagens passem a ser apresentadas, a partir de certo momento, por intermédio de fabricações, partem de uma nova mitologia. Da África, por exemplo, até hoje é penoso encontrar uma imagem que seja representação empiricamente verificável e não

300 Édouard Glissant, *Le discours antillais* (Paris, Éditions Gallimard, 1997), p. 44.
301 Ibidem, p. 46.

143 Os tempos da diáspora

projeção hipercarregada fantasmaticamente que ainda distancia, a despeito das intenções, o continente africano da diáspora negra. Acabamos navegando por uma multidão de fantasmas de origem branca *e* negra. Fantasmas que convivem com as memórias vivas — embora desgastadas — que sobreviveram a todo o trabalho de apagamento e distorção. Às vezes, a projeção está em pequenos e improváveis detalhes. Penso na jornada de Hartman, que viajou à Gana em determinado momento de sua vida e registrou suas memórias, misturadas às suas elaborações teóricas, no livro *Perder a mãe*. Como tantas outras pessoas negras nos EUA, ela se identifica como *"African-American"*, "afro-americana". Logo ao chegar em Elmina, no entanto, é nomeada por crianças locais de *"oborɔnyi"*, "estrangeira" (mais literalmente: "quem vem de além do horizonte", as pessoas de pele mais clara ou de lugares onde se convive com elas). Com o passar do tempo, o nome se torna recorrente, marcando uma distância em múltiplos níveis entre Hartman e aquelas pessoas, uma distância que ela imaginava não existir porque todas eram *negras* e, portanto, africanas em alguma medida. O problema é que, em Gana, há pessoas ganesas, não genericamente africanas: dizendo de modo mais específico: acãs, dagombas, jejes... Mesmo não podendo encontrar possíveis relações familiares — sanguíneas — com as pessoas de Gana, porque, como de costume, sua genealogia desapareceu no tempo, Hartman ainda conserva um senso de comunidade que, logo ela descobrirá, diz respeito à vida na diáspora negro-americana exclusivamente, não à vida nas várias nações africanas. Sua projeção é refutada no cotidiano dessa cidade que se faz a cada dia mais estranha — nem mesmo a relação com o tempo da escravidão é a mesma.

Retornamos ao abismo: Hartman é descendente de pessoas escravizadas, seu primeiro nome também um esforço de afirmar uma relação inalienável e carregada de sentido ético com o continente africano; antes, era Valarie, nome submerso nas expectativas de sua mãe quanto a uma vida (impossivelmente) embranquecida. "Demorei a notar que a ruptura atlântica não tinha como ser remediada por um nome, e que as rotas atravessadas por pessoas estranhas era o país materno mais próximo que encontraria".[302] A maternidade mais apropriada em sua impropriedade continua sendo abissal. A escravidão é um começo — ela tira de Hartman a possibilidade de dizer sua origem com precisão lá onde o tempo lhe fez *oborɔnyi*. A relação entre memória, passado e identidade é outra; Hartman ainda precisa lidar com o fato de que, para as pessoas que ficaram em Gana, em muitos casos, a rememoração de uma

---

302 Saidiya Hartman, *Lose your mother: a journey along the Atlantic Slave Route* (Nova Iorque, Farrar, Straus & Giroux, 2007), p. 8-9. Edição brasileira: *Perder a mãe: uma jornada pela rota atlântica*, trad. José Luiz Pereira da Costa (Rio de Janeiro, Bazar do Tempo, 2021).

144 *Ah, e assim como um rio, tenho corrido desde então*

genealogia preservada significa chegar até os responsáveis pela venda das que foram levadas para as Américas. Às vezes, a Passagem do Meio e a Porta do Não-Retorno produzem mais distâncias do que podemos prever. O que significa, então, um nome como "Saidiya", se não é o fio que costura diferentes continentes, fio a ser seguido em direção a uma origem não-abissal, não-oceânica? A africanidade do primeiro nome, mesmo deslocado do sobrenome "Hartman", acaba por ser uma afro-a-mericanidade, e a autora decide que não abandonará essa identidade — como se, depois de sua jornada, o nome "afro-americana" continuasse a dizer uma duplicidade... porém de outra maneira.

Acima de tudo, Hartman foi a Gana para fins de pesquisa. A viagem tinha a ver com a maneira como ela tenta lidar com as lacunas nos arquivos da escravidão. Ela não encontrou o que procurava, não conseguiu sair de uma relação insuperável com a perda e com a impossibilidade, deixando um longo relato de fracassos em forma de livro, e esse acaba sendo o seu tema, um substituto para a ausência verificada. Em "Vênus em dois atos", ela diz: "Como uma escritora comprometida em contar histórias, eu tenho me esforçado em representar as vidas dos sem nomes e dos esquecidos, em considerar a perda e respeitar os limites do que não pode ser conhecido" — "A violência irreparável do tráfico transatlântico de escravos reside precisamente em todas as histórias que não podemos conhecer e que nunca serão recuperadas".[303] O que sobra a ser feito quando não há o que fazer? Sua preocupação diz respeito à inexistência de narrativas autobiográficas elaboradas por *mulheres* escravizadas que sobreviveram à travessia atlântica, ou ao menos de registros terceiros de suas perspectivas. Sobra, para Hartman, imaginar como poderia ter sido a vida de Vênus, uma garota escravizada que ela encontra em um documento qualquer. Na verdade, até mesmo isso seria, em certo sentido, impossível. "Vênus" nem sequer é o seu nome.

Não sendo, pode ser o nome de muitas e de nenhuma; como "africano", usado para se referir a Equiano. "Vênus" é também um de muitos nomes. "O que mais há para saber?", pergunta-se Hartman — "Seu destino é o mesmo de qualquer outra Vênus negra: ninguém lembrou do seu nome ou registrou as coisas que ela disse, ou observou que ela se recusou totalmente a dizer alguma coisa".[304] Trata-se do nome de um fantasma. Ficção propriamente racial, também: só que, na maioria dos casos, esses nomes dados no esvaziamento do próprio não são deslocados como "Gustavo Vassa". Ou melhor, disso não temos qualquer

---

303   Saidiya Hartman, "Vênus em dois atos", trad. Fernanda Silva e Sousa e Marcelo R. S. Ribeiro, em André Arias, Clara Barzaghi e Stella Z. Paternianl (org.), *Pensamento negro radical: antologia de ensaios* (São Paulo, Crocodilo e n-1 edições, 2021), p. 109 e 123.

304   Ibidem, p. 106.

145 Os tempos da diáspora

registro. Foram raríssimas as pessoas escravizadas que deixaram, como um de seus legados, narrativas e nomes impropriamente apropriados, ou mesmo qualquer rastro de sua existência como algo para além do ser--mercadoria. Boa parte dos arquivos nos mostra a circulação de nomes como etiquetas comerciais. Esse desaparecimento não diz respeito unicamente aos povos racializados que foram submetidos à escravidão; temos todos os outros que foram metamorfoseados na diáspora em outras condições violentas de trabalho e desumanização. São muitas as perdas, e isso considerando apenas as pessoas que sobreviveram.

Poderia dizer que o fundo do oceano abriga incontáveis perdas. Inadequado. É um lugar de apagamento radical. Ali, não há túmulos, não há cinzas reunidas ou memoriais próximos de algum vestígio material de quem se foi. Não é possível sequer saber *onde* estão as pessoas para além das "balas esverdeadas", como diz Glissant, as balas de canhão usadas para fazer peso. No máximo, restos metálicos da captura desacompanhados de qualquer vestígio: até mesmo os ossos desaparecem com o tempo. A perda do traço e da ruína se torna a perda da própria perda, ausência singular que marca as histórias da escravidão, da servidão contratual e do colonialismo — no fundo do oceano, essa ausência, ilocalizável, não pode ser vinculada a uma terra e às raízes que nela se encontram; como afirma John Drabinsky, não há o mesmo "*passado enraizado*" que "condiciona a própria possibilidade da linguagem da perda que encontramos no discurso europeu sobre história e memória".[305] A perda oceânica e a continental são categorialmente distintas. Ainda assim, Glissant diz que essas pessoas lançadas ao mar "*semearam as profundezas*", leitura que ele faz da afirmação de Brathwaite de que a "unidade é submarina", ao falar da história antilhana.[306] O que nasce dessas sementes? Raízes de outro tipo, pensa ele.

Raízes que não podem ser localizadas de maneira definitiva, como ocorre com os corpos anônimos desaparecidos no Atlântico. Algo que se aproxima da figura do *manguezal* que Glissant conjura de maneira ocasional, e que talvez seja mais interessante, uma metáfora menos abstrata e distante: "Obscuridade intrincada, perdida em ramagens de raízes vermelhas, ela começava no cemitério e engolia a orla de água amarela lançada sobre a água azul, até a embocadura do Rio Salgado".[307] O manguezal, formado no espaço entremarés, nem na terra firme e nem exatamente no abismo marítimo, sobrevive graças ao modo como suas raízes o lançam para cima, fazendo com que o "mais importante fique além do alcance

---

305 John E. Drabinsky, *Glissant and the Middle Passage: philosophy, beginning, abyss* (Minneapolis e Londres, University of Minnesota Press, 2019), p. 37.

306 Édouard Glissant, *Le discours*, p. 231.

307 Édouard Glissant, *Tratado*, p. 57.

146 *Ah, e assim como um rio, tenho corrido desde então*

contingente e destrutivo das ondas".[308] Fronteiriço, o manguezal não está nem cá e nem lá, uma figura da não-continentalidade e do enraizamento impróprio em seu deslocamento. Esse enraizamento começa no cemitério, no espaço e no tempo da morte, mas não termina nele e nem está nele enclausurado: como a existência diaspórica nas Américas. Ainda assim, o começo marítimo é o ponto de partida de uma história necessariamente lacunar, nunca a ser remediada por nomes que fazem a ponte entre o passado e o presente. Manguezais não servem como árvores genealógicas. "Onde estão seus monumentos, suas batalhas, mártires / onde está sua memória tribal? Senhores, / na cripta cinzenta. O mar. O mar / trancafiou a coisa toda. O mar é História" — assim diz o poema de Derek Walcott.[309] "O mar é história" oferece versos que nos levam a reimaginar eventos--chave e outros elementos do Velho Testamento: Gênesis, Êxodo, a Arca da Aliança, os Cânticos de Salomão, Jonas, a queda de Gomorra, as Lamentações do profeta Jeremias; até que se salta, de repente, para a emancipação das pessoas escravizadas, para a república, a democracia. Tudo se torna submarino: os acontecimentos de uma história impossível. História com "H" maiúsculo, nome impróprio. Só se pode começar *vida* se ela exceder as representações raciais e às práticas de enclausuramento se o próprio começo — Gênesis — for reimaginado como impossibilidade produtiva; é isso ou se deixar levar pelo que é feito de nós. Não podemos começar no início violentamente dado, a não ser que ele se torne *outro*. Como um mito falante que anuncia, de maneira própria, o ser-mito recorrendo a um nome sideral. Como um ex-escravizado com um *nom de plume* estranhamente real e um nome fictício profeticamente descritivo. Em uma prática de desvio que começa em um beco sem saída. "Estes nomes que habito se organizam em arquipélagos", diz Édouard Glissant, batizado como Mathieu. "Tenho tantos nomes dentro de mim, e tantos países representados pelo meu. [...] Os nomes vagueiam dentro de nós, e talvez guardemos diversos deles de reserva, um para a planície, outro para o arquipélago, outro para a trilha e outro ainda para o deserto. [...] Eles acumulam terras e mares ao seu redor, nos quais nunca sabemos se vamos nos embrenhar para descansar ou se, de repente, não os ligaremos, errantes e abertos que são, a outras tantas areias e outros tantos rios ao longe".[310]

Talvez o apelo dessas imagens de um desenraizamento radical seja mais sentido em certas comunidades diaspóricas do que em outras no interior das Américas, não tendo uma pertinência geral. E nem digo isso pensando somente por fora da relação entre nomadismo

---

308 John E. Drabinsky, *Glissant*, p. 46.

309 Derek Walcott, "The Sea is History", em *Collected poems* (Nova Iorque, Farrar, Straus & Giroux, 1986), p. 364.

310 Glissant, *Tratado*, p. 66.

147 Os tempos da diáspora

geográfico-existencial e a existência negra; sabemos bem o apelo que o essencialismo ainda exerce sobre *essa* diáspora, *contra* essa diáspora em sua diasporicidade incontornável. Se pensarmos como Glissant, pouco importa: até a Europa pode participar de um devir-arquipélago — tudo questão de como se reimaginam identidade, relação, memória, raízes e fronteiras; o *um* e o múltiplo, o mesmo e o diferente (nesse caso, a unidade diz respeito ao modo-de-ser a cada momento e em cada lugar imposto, e não à raça). Nem todas as pessoas racializadas perderam o seu nome e os registros genealógicos que lhes permitem reivindicar um vínculo ancestral preciso, mas todas elas podem decidir o que fazer a partir disso. Nem todas carregam tão intensamente o trauma de uma perda da própria perda, ainda que o oceano tenha acolhido e dissolvido, sem distinção, todos os povos que o colonialismo lançou às Américas. "Eu aceito esse arquipélago das Américas", diz Walcott. É questão de ir às últimas consequências da apropriação crítica de um ecossistema socioimaginal de impropriedade violenta, transformar o mar em história e reivindicar o abismo como início de vida, não apenas de morte.

Memória

O mar é história

Onde estão seus monumentos, suas batalhas, mártires?
Onde está sua memória tribal? Senhores,
na cripta cinzenta. O mar. O mar
trancafiou a coisa toda. O mar é História.

No início, havia o óleo abarrotado,
pesado como caos;
então, como uma luz no fim do túnel,

a lanterna de uma caravela,
e esse foi o Gênese.
Depois os gritos empacotados,
a merda, o gemido:

Êxodo.
Osso soldado pelo coral no osso,
mosaicos
cobertos pela benção da sombra do tubarão,

essa foi a Arca da Aliança.
Então vieram dos fios arrancados
de luz solar no fundo do oceano

as harpas plangentes do cativeiro babilônico,
enquanto búzios brancos aglomeravam como algemas
nas mulheres afogadas,

148 Ah, e assim como um rio, tenho corrido desde então

e esses foram os braceletes de marfim
dos Cânticos de Salomão,
mas o oceano seguiu virando páginas em branco
procurando pela História.

Então vieram homens com olhos pesados como âncoras
que afundavam sem tumbas,

salteadores que faziam churrasco do gado,
largando costelas carbonizadas como folhas de palmeira na costa,
e então a boca raivosa, espumando

da onda engolindo Port Royal,
e esse foi Jonas,
mas onde está sua Renascença?

Senhor, tudo trancado na areia do mar
ali logo depois do recife sofrido de corais,
onde navios-de-guerra afundaram;

coloque esses óculos, eu mesmo te guiarei até lá.
É tudo sutil e submarino,
passando por colunatas de coral,

depois das janelas góticas de leques de Vênus
para onde a garoupa crostada, olhos-de-ônix,
pisca, sobrecarregada de joias, como uma rainha careca;

e essas cavernas sulcadas com cracas
esburacadas como pedra
são nossas catedrais,

e a fornalha antes dos furacões:
Gomorra. Ossos triturados por moinhos de vento
até virar marga e fubá.

e essas foram as Lamentações —
eram apenas Lamentações,
não eram História;

então vieram, como espuma no lábio ressecado do rio,
os juncos marrons das aldeias
adornando e coagulando na forma de cidades,

e durante a noite, coros de mosquitos,
sobre eles, as torres
lanceando o lado de Deus

enquanto Seu filho se pôs, e esse foi o Novo Testamento.

E então vieram as irmãs brancas batendo palmas
para o progresso das ondas,
e essa foi a Abolição —

júbilo, ó júbilo —
rapidamente desaparecendo
conforme a renda do mar seca ao sol,

149 Os tempos da diáspora

mas isso não era História,
era apenas fé,
então cada rocha se tornou sua própria nação;

então veio o sínodo das moscas,
então veio a garça secretariada,
então veio o sapo-boi berrando por voto,

vaga-lumes com ideias brilhantes
e morcegos como embaixadores a jato,
e o louva-a-deus, como policial de farda cáqui,

e as lagartas peludas de juízes
examinando com atenção caso a caso,
e então nas orelhas escuras de samambaias

e na risada salgada das rochas
com suas piscinas marinhas, veio o som
como boato sem qualquer eco

da História, de verdade começando.

— Derek Walcott

Trauma

"Será que já raiou a liberdade / ou se foi tudo ilusão / será, oh, será / que a Lei Áurea tão sonhada / Há tanto tempo assinada / Não foi um fim da escravidão?": o samba-enredo da Estação Primeira de Mangueira, no ano de 1988, trazia em seu título a oposição entre *realidade* e *ilusão* mediada por um entendimento dissidente de liberdade, sem o qual é evidente que não faria sentido oferecer conflito valendo-se de uma interrogação. Foi o mesmo ano da Marcha Contra a Farsa da Abolição, organizada pelo movimento negro em diversas cidades, incluindo Salvador, onde se lia em uma faixa: "Senzala ontem. Favela hoje. Cativeiro ontem. Detenção hoje. Houve abolição?".[311] Podemos pensar, também, o título da música de O Rappa: "Todo camburão tem um pouco de navio negreiro". Temos, assim, a dúvida lançada — e nunca deixou de ser lançada — quanto à realidade ou "veracidade" de um evento que, no interior de certo enquadramento histórico, teria sido uma ruptura; pode-se dizer que a interrogação é direcionada a um senso de descontinuidade, ao próprio sentido de um evento como marco histórico que separa um antes e um depois de maneira drástica. E isso, por sua vez, autoriza essa confusão de tempos e lugares, a possibilidade de uma imagem hifenada: como *senzala-favela*, conjurada pela narradora de *Becos da memória* de Conceição Evaristo.

---

311 As imagens podem ser encontradas no Acervo Zumví.

150 Ah, e assim como um rio, tenho corrido desde então

Desde a abolição, e não só no Brasil, não faltaram intervenções como essa, que dizem respeito, em última instância, a um dissenso quanto à relação entre emancipação e liberdade. Sobre isso, sabe-se bem, como diria Hartman, que ser livre, no pós-abolição, foi a entrada no sistema de trabalho assalariado que, a despeito de todas as promessas, nunca se deu sem que os tempos da servidão e da liberdade se misturassem de maneira excessiva: entre tantas outras coisas, temos as imaginadas dívidas financeiras e morais com os antigos proprietários-senhores e com a nação, o trabalho feito nas casas onde já se trabalhava antes de outra maneira, contratos questionáveis e nem sempre cumpridos, o policiamento da mobilidade e as várias práticas de vigilância, a atualização das formas de submissão, a criminalização da recusa dessa nova realidade por meio da figura da *vadiagem* ou do *vadio* — estrutura revisada apenas o bastante para acomodar uma estranha noção de liberdade: a de voltar ao trabalho que os brancos não queriam para si. Tudo isso dá no que Hartman chama de "individualidade sobrecarregada da liberdade",[312] que não significa a incorporação do sofrimento dos males antes destinados à classe trabalhadora, mas a continuidade infernal de muitos dos *mesmos* sofrimentos; com a diferença de uma carteira muitas vezes não assinada. "A princesa esqueceu de assinar", dizia outra das faixas na Marcha.

"Apontar um marco absoluto e definitivo separando a escravidão e o que veio depois se tornou algo problemático, quando não impossível, por causa da cumplicidade entre escravidão e liberdade; ou, ao menos, pelos modos como uma coisa pressupunha, afirmava e espelhava a outra — no caso da liberdade, sua dignidade e autoridade era derivada desse 'símbolo primeiro da corrupção', enquanto a escravidão se transformava e expandia pela sujeição e limitação da liberdade".[313] Há, também, o elemento primário dessa continuidade na diferença: raça. Sua sobrevivência significa, sempre, a possibilidade do exercício de uma liberdade radical que só funciona com o constrangimento do outro, e o fato — que conhecemos excessivamente bem — é que, na ausência de limites e interdições de qualquer ordem, toda violência imaginável se faz factível, embora não seja instanciada. Não por acaso, a favela, os espaços de detenção e os de encarceramento serão percebidos como os pontos mais intensos dessa distorção temporal: zonas de exceção e naturalização da guerra, onde será experimentada a arbitrariedade radical da violência e a ilimitação da fantasia de quem a exerce. Favela-senzala não é uma metáfora, mas a figura de uma distinção que continuamente desaparece. O que antes era feito no

---

312 Ver Saidiya Hartman, *Scenes of subjection: terror, slavery, and self-making in nineteenth-century America* (Londres e Nova Iorque, Oxford University Press, 2022).

313 Saidiya Hartman, *Scenes*, p. 201-2.

151 Os tempos da diáspora

interior de um ecossistema organizado pela relação institucionalizada de propriedade pode "voltar" a ser feito depois, sem maiores constrangimentos: afinal, a lei republicana nunca valeu para todas as pessoas de maneira igualitária, e a violência contra pessoas negras continuou norma estruturante *deste* mundo pós-colonial, pós-abolição. Isso exige repensar a ideia de que a "república", de que "a alforria é uma medida do tempo".[314]

O problema da farsa mostra duas coisas importantes: i) a escravidão institucionalizada como a conhecemos — como um fato do passado — é apenas uma das muitas possibilidades que surgem quando se racializa uma multidão de povos; ii) a abolição jurídica não nos deixou uma sociedade alguns passos adiante na marcha imaginada do progresso, limitou-se a atualizar as relações entre o *um* e o múltiplo — saímos, aqui, do sentido que Glissant dá a esses termos, sentido usado na primeira seção; agora, gostaria de falar da raça, princípio de alteridade e desumanização, como o *um* e do múltiplo como sendo as representações possíveis de um ser-racializado imaginado, que hoje não são mais exatamente as mesmas que circulavam no tempo da escravidão, apesar de parte delas ter permanecido de maneira mais ou menos tímida ou explícita. O ser-mercadoria, por exemplo, *como* possibilidade inscrita no ser-negro, não desapareceu; deixou somente de ser transformado em ato em escala industrial e planetária. A raça, porém — se pensada como *forma imaginal* que tem como função primária um esvaziamento e uma distorção da fantasia e da sensibilidade —, em nada foi alterada. O que há de permanente é o vazio a ser livremente preenchido; o que muda são as representações raciais que preencherão esse vazio e as práticas por elas animadas. Por isso, como diria Mbembe, o tempo pós-colonial é o *"tempo do entrelaçamento"*, "um tempo que não é linear, nem uma simples sequência em que cada momento apaga, anula e substitui os que o antecederam, de modo a constituir uma única era no interior da sociedade. Esse tempo não é uma série, mas um *entrelaçamento* de presentes, passados e futuros que conservam as profundezas de outros presentes, passados e futuros".[315] Se raça pode ser uma força de distorção temporal — da experiência diaspórica do tempo —, isso tem a ver com o modo como ela se encontra no coração desse emaranhado.

Voltamos, assim, a Denise Ferreira e à ideia de que o "evento racial" está fora do tempo, outra maneira de pensar a relação entre os "'tempos de outrora' e o 'agora mesmo'".[316] A sequencialidade se torna um problema quando precisamos lidar com o fato de que um *mesmo* reaparece em

---

314 Nilson, *Pequeno caderno maranhense* (Recife, Companhia Editora de Pernambuco, 2024), p. 12.

315 Achille Mbembe, "Time on the move", em *On the postcolony*, p. 16.

316 Denise Ferreira da Silva, "O evento racial", p. 408.

152   *Ah, e assim como um rio, tenho corrido desde então*

diferentes composições, quando apenas reconstruir os laços causais em uma proximidade temporal não é suficiente para entendermos como diferentes episódios de violência racial ao redor do globo prestam aos mesmos fins — a uma finalidade também global. Quanto a isso, há o modo como Sharpe pensa a violência contra pessoas negras: comentando o massacre do navio Zong no fim do século dezoito, em que pessoas escravizadas foram lançadas ao mar porque adoeceram e perderam algo de seu valor como mercadoria (o que significava que, oferecendo outras justificativas para o ato, os proprietários do navio podiam exigir — de maneira fraudulenta, claro — uma indenização da seguradora marítima e receber um valor maior do que o que teria sido recebido na costa jamaicana), Sharpe afirma que esse episódio violento do passado foi uma "versão de parte de um mesmo evento que já dura mais de quatrocentos anos".[317] Dado que o mundo seria historicamente organizado por essa violência, constitutiva de um *clima* global, a passagem do tempo significa, para Sharpe, a proliferação do mesmo, de um único evento de longa duração, atualizado por suas múltiplas versões, versões que são, em sua essência, reiteração, repetição, reprodução.

Traduzindo e talvez deslocando um pouco o que Denise e Sharpe dizem, podemos dizer que raça comporta, desde sempre, o *um* e o múltiplo, e que sua relação com o tempo é, por isso, dupla: há o inalterável que sobrevive às múltiplas alterações; há o ser-racializado que se diz de muitas maneiras, sujeito ao devir, razoavelmente afetado por marcos históricos (o que afeta, também, as identidades raciais voluntariamente assumidas e revisadas e que não se confundem com esse ser-racializado imposto ou com as representações raciais que fazem de nós). Assim, podemos sair do foco no ser-negro e na escravidão para reimaginarmos a temporalidade pós-colonial como um entrelaçamento geral que reúne todas as diásporas raciais provocadas pelo colonialismo moderno em seu ancoramento no *um*. A favela-senzala é apenas uma das muitas figuras desse problema. Se é possível imaginar um evento singular que está sempre ocorrendo, uma reencenação sem fim que parece encerrar nosso próprio senso de futuridade, é porque a diferença, aqui, só pode ser compreendida a partir da mesmidade. Ou seja, não se trata de negar *todas* as diferenças específicas que verificamos entre o tempo da escravidão (generalizando: o tempo da colonização) e o presente, mas de tentar entender essa experiência peculiar de uma não-mudança, de uma farsa repetida à exaustão nas narrativas progressistas. Entendê-la, inclusive, para além da centralidade do trabalho na oposição entre realidade e ilusão, por mais que isso tenha feito parte da experiência cotidiana de tantas pessoas.

---

317   Christina Sharpe, *In the wake*, p. 37.

153 Os tempos da diáspora

Não se trata, portanto, da reconstrução psicológica da experiência para fins de uma compreensão da interioridade da pessoa racializada. Isso interessa unicamente ao modo como um sofrimento psíquico pode, muitas vezes, apontar para uma estrutura que em muito excede a psique individuada. É nesse sentido que podemos, com Grada Kilomba, pensar a dimensão traumática da existência diaspórica nas Américas: a partir de uma série de entrevistas, Kilomba quer nos mostrar que a experiência do racismo cotidiano se dá, muitas vezes, como forma de retorno a outro tempo: "De repente, o colonialismo é vivenciado como real — somos capazes de senti-lo! Esse *imediatismo*, no qual o passado se torna presente e o presente passado, é outra característica do trauma clássico. [...] Por um lado, cenas coloniais (o passado) são reencenadas através do racismo cotidiano (o presente) e, por outro lado, o racismo cotidiano (presente) remonta cenas do colonialismo (o passado). A ferida do presente ainda é a ferida do passado e vice-versa".[318] Não se trata de uma projeção teórica: não é incomum encontrar relatos sobre violência racial em que se afirma precisamente essa vivência de um passado-no-presente, dois mundos — que deveriam estar bem separados por um marco histórico ou outro — em apenas um. Outro dia, um amigo descreveu um episódio violento como um estar de volta à senzala: o que significa dizer algo assim quando, em outro sentido, sentido mais literal, a pessoa nunca esteve em uma senzala ou nunca esteve na senzala habitada no passado por pessoas escravizadas?

Isso é algo que me faz pensar na experiência da leitura de Fanon. Da leitura de tantas outras pessoas, claro; o fato é que isso me ocorreu pela primeira vez lendo Fanon. O capítulo "A experiência vivida do negro", em *Pele negra*, é a reconstrução de um drama *comum*: não se trata, ali, de uma autobiografia, e não ser no sentido de que esse "auto-" surge no interior de um "hetero-" que não é condição imposta somente a Fanon e, por isso, extrapola o *eu* de muitas maneiras. O modo como ele tenta, sem sucesso, encontrar uma forma de representar a si — de se autoidentificar — que escape às representações do outro, testemunhando a ineficácia de seus gestos no interior de uma estrutura social que opera pelo assujeitamento negro e pela distribuição dos tempos e lugares de sua aparição apropriada, é o modo como *o negro* experimenta a ordem colonial. Ele sabe, porém, que nem todo homem negro se identificará com o que escreve: "Muitos negros não se reconhecerão nas linhas que virão a seguir". Ainda assim, *eu* me reconheço. Algo que, talvez, tenha sido imprevisto no momento da escrita: "nossas observações e conclusões valem apenas para as Antilhas — ao menos no que se refere ao negro *em seu lar*".[319]

---

318   Grada Kilomba, *Memórias da plantação: episódios de racismo cotidiano*, trad. Jess Oliveira (Rio de Janeiro, Cobogó, 2019), p. 158.

319   Frantz Fanon, *Pele negra*, p. 28.

154   *Ah, e assim como um rio, tenho corrido desde então*

Fanon estava pensando na diferença que poderia haver entre duas situações: a do negro antilhano e a do negro africano. Sua preocupação era uma distância espacial, nada tinha a ver com pessoas que, no futuro, reabririam seu texto no movimento peculiar de um encontro não-antecipado, talvez mesmo indesejado: a esperança fanoniana era o fim da raça e do ser-negro junto com o fim do colonialismo. Ele não contava com nosso futuro, não queria que existisse: lutou para que não ocorresse. Exatamente por isso, no entrelaçamento pós-colonial dos tempos, posso me aproximar de Fanon; contra a sua vontade, ele pode se aproximar de mim, de nós, e não exclusivamente de um *nós* negro, masculino. Como diz Mbembe: "[...] é quase impossível sair incólume de uma leitura de Frantz Fanon. É difícil lê-lo sem ser interpelado por sua voz, sua escrita, seu ritmo, sua linguagem, suas sonoridades e ressonâncias vocais, seus espasmos, suas contrações e, acima de tudo, seu fôlego".[320] Como se houvesse uma comunhão possível que nada tem a ver com o entendimento abstrato de uma série de palavras e conceitos — comunidade tátil, dada na fantasmagoria feita carne. Um toque que vem de outro tempo, porque esse outro tempo está preso ao nosso, porque o nosso é experimentado nesse deslocamento em direção ao passado. Há uma *mesmidade* que reúne pessoas no plano imaginal, em que encontramos algo como um *arquivo fenomenológico*, multidão de registros da experiência vivida do *um* que é a raça como forma da alteridade radical, assim como do múltiplo do qual ela é condição contingente de possibilidade.

Desde Fanon, no entanto, muito mudou. Inquestionável. A própria organização de nossa globalidade é uma variação do que havia antes, como desdobramento e protuberância em um emaranhado que mal podemos figurar a não ser de maneira fragmentária, e sabe-se lá para onde isso ainda vai. A colônia, como ele a conheceu, e a partir da qual o próprio movimento de descolonização como programa de "desordem absoluta" fez sentido, já não existe mais daquela forma nas Américas; apesar da não-independência de tantas nações e das novas colônias de configuração nada inédita em outros continentes. Mudaram também as maneiras específicas de racialização no sentido de um rearranjo das representações raciais, em que as diferenças raciais podem até mesmo ser interpretadas como inocentes diferenças culturais. Muito disso se deve ao que, em outro lugar, ofereci como reinterpretação da democracia racial — os processos de inclusão e acolhimento da diversidade racial, sem compromisso com a destituição da raça como princípio dessa mesma diversidade, mantendo inalterada, por fora dos ambientes de

---

320   Achille Mbembe, *Políticas*, p. 211.

155 Os tempos da diáspora

"harmonia", a existência de um tipo de violência racial que, como diz Denise, não resulta em crises éticas, crises em nossa *forma de vida* — como é o caso das chacinas policiais em diferentes cidades brasileiras, de todos os crimes policiais jamais punidos.[321] Muda-se o visto e o ouvido, mas o não-perceber que sustenta a organização da sensibilidade comum, assim como o esvaziamento imaginal que abre o caminho para a proliferação de fantasmas e objetos fobígenos, continua em operação. Como nos lembra Wynter, o acrônimo "N. H. I." [*"No humans involved"*, "Nenhum ser-humano envolvido"], que também é gíria policial em alguns cantos dos EUA, era usado no judiciário de Los Angeles para classificar os casos envolvendo jovens negros que tiveram seus direitos violados de uma maneira ou de outra.[322]

"Progresso", portanto, é um termo que nada nos oferece para pensar a diferença entre passado e presente. Seria preciso espacializar o tempo de outra maneira. Há a possibilidade de um pensamento fractal, como afirma Denise, que faz passado, presente e futuro serem inteligíveis como lugares organizados segundo os mesmos padrões, em contato uns com os outros, em que encontramos composições mais ou menos estáveis: "*o que acontece* é o que ocorre em um *plenum*, o que expressa e é expresso pelo que está abaixo, sobre ou ao lado do que já aconteceu, do que está para acontecer". Dessa maneira, o que haveria é arranjo e rearranjo — "composição (ou decomposição ou recomposição)" — a partir de um conjunto de elementos constituintes, processos que nos dariam cada iteração da violência racial.[323] Ou podemos imaginar os diferentes tempos como espaços sobrepostos, com múltiplas interseções. Ou como um emaranhado de fios que mal conseguimos diferenciar uns dos outros, dependendo de que parte visualizamos, indistinção denegada na consciência nacional que mal consegue crer que "escravos outrora / tenha havido em tão nobre país", em tão nobre mundo. No meio disso tudo, sempre a raça como tecnologia de distorção que, a despeito de todas as diferenças vividas, parece nos deixar em uma clausura temporal: como uma bala de canhão que prende o nosso corpo no fundo do passado oceânico. O próprio sistema abolido de escravidão perde a irreversibilidade de seu ser-passado — afinal, ele fez parte de uma realidade manufaturada na abertura deixada pela raça, que não foi a lugar algum (o não-retorno desse sistema deve ser igualmente *reespacializado*).

---

321 Denise Ferreira da Silva, "Ninguém: direito, racialidade e violência", *Meritum*, n. 1 (9), 2014, p. 69.

322 Ver Sylvia Wynter, "Nenhum Humano Envolvido: carta aberta aos colegas", também publicado na antologia *Pensamento negro radical*.

323 Denise Ferreira da Silva, "O evento racial", p. 409.

156 *Ah, e assim como um rio, tenho corrido desde então*

Assim, as diferenças em relação ao passado — e a um outro lugar no passado, como as Antilhas coloniais de Fanon — são relevantes, para mim, por causa do modo como sua autoevidência força, para fora do sensível e do inteligível, sobretudo no enquadramento linear-progressista do tempo histórico, a continuidade que faz de toda ruptura mais intensa uma farsa. Porque a liberdade *desejada* pelo movimento negro, ao marchar ao longo de uma oposição improvável, excede o que a raça como tecnologia de enclausuramento permite e autoriza. Se as pessoas racializadas como negras são lançadas, de maneira contínua, à senzala e ao cativeiro, "liberdade" não pode ser sinônimo de "alforria" ou "emancipação" ou qualquer outro termo que sinalize o não-ser mais uma pessoa escravizada. Pode significar, no entanto, outras coisas, graças ao contraste entre o branco e o negro, e até mesmo para além desse contraste: a confusão semântica se deve à confusão temporal e à insuficiência do marco histórico e do que chamam de "progresso".

De uma autobiografia a outra, Frederick Douglass, o escravo que se fez filósofo abolicionista na fuga, altera uma passagem do relato de sua luta contra um funcionário da plantação, momento de redescoberta de uma potência encoberta pela violência da escravidão: ele adiciona o adjetivo "comparada" [*"comparative"*] ao substantivo "liberdade" [*"freedom"*], algo que ele faz em outros pontos de *My bondage and my freedom* e com outros substantivos.[324] Essa adição tinha precisamente a ver com o esforço em entender uma experiência de liberdade que ainda se encontrava a certa distância de um ideal negro — ideal que era, para o branco, apenas parte de sua vida cotidiana. Ou seja, falando de maneira mais simples: Douglass se entendia livre de maneira relativa. Havia uma diferença entre o presente e o passado, mas ela se dava em um misto de continuidade e descontinuidade. Essa mistura, como bem nota Neil Roberts, mostra-se na diferença que Douglass oferece entre *escravidão* e *liberdade na forma* e *no fato*. Em sua escrita, no entanto, ele não pensava a relação entre o tempo da escravidão e o tempo pós-abolição, e sim entre o tempo de sua escravidão e o de sua liberdade (ainda não reconhecida no âmbito jurídico). Nesse sentido, ser escravo na forma era estar sujeito à reescravização, dado que, naquele momento, ele era classificado como um "escravo fugitivo", não como um "homem livre". Douglass não trabalhava mais como escravo, isso era um fato. A forma jurídica, porém, permanecia como assombração.

Como abolicionista, ele não podia ainda trabalhar com uma nova distinção na qual, muito provavelmente, a forma teria de ser repensada

---

324 Ver a seção "Douglass on comparative freedom" no segundo capítulo de Neil Roberts, *Freedom as marronage* (Chicago e Londres, University of Chicago Press, 2015). A tradução do livro, feita por mim, em breve será lançada pela editora Papéis Selvagens com o título *Liberdade como quilombagem*.

157 Os tempos da diáspora

para além do âmbito jurídico (o que significaria, talvez, repensar o que é ser livre no fato, já que a liberdade experimentada no futuro se tornou relativa em novos sentidos). A mobilidade de Douglass, naquele tempo, era constrangida em um cenário mais amplo porque, de acordo com a lei de seu estado e de outros, ele era mercadoria, propriedade em movimento impróprio, então sua posição no espectro da liberdade só mudaria com a transformação da ordem jurídica geral dos EUA, mudança à qual ele dedicou sua existência militante. Se pensarmos, no entanto, a forma que constrange como a própria raça por fora da lei, em sua autonomia em relação aos códigos e legisladores e às decisões e jurisprudências? A abolição pela qual Douglass lutou não era a da raça, que ele assumia como um dado incontornável — se, de seu futuro que é o nosso presente, podemos dizer que seu desejo de uma liberdade *na forma* não foi satisfeito porque as expectativas quanto à abolição foram frustradas, nossa liberdade relativa deve relativizar o próprio sentido de "forma". Não podemos pôr essa frustração na boca de Douglass, claro. É um problema propriamente nosso — nosso tempo continua sendo outro.

Outro exemplo: a interpretação que Denise Ferreira faz de *Kindred*, romance de Octavia Butler. Dana, protagonista, viaja no tempo diversas vezes, indo e voltando, oscilando entre o presente — a Los Angeles de 1976 — e o passado, uma plantação em Maryland no começo do século dezenove. "Lá/naquele tempo, o que mais importava não era o modo como ela abordava o mundo em primeira pessoa, mas o fato de que, naquele mundo (a arquitetura política colonial em que Escravidão foi a modalidade econômica primária), ela ocupava uma posição em terceira pessoa — mundo em que a referência a ela seria sempre ao estatuto jurídico de um 'isso', ou seja, de propriedade. A associação entre cor da pele e o estatuto de propriedade operava de tal modo que, mesmo ela estando de posse de documentos que provassem sua liberdade, isso não era garantia de que ela não seria feita existir como uma Escrava".[325] Racializada como negra naquela situação, Dana já era antecipada, desde o início, como propriedade (a ser recuperada ou obtida pela primeira vez). O documento é irrelevante, assim como o fato de que ela não é dali e daquele tempo, e essa irrelevância tem a ver com toda uma arquitetura política que estava acima desses pequenos detalhes legais. Assim, Dana está na mesma posição que Douglass, ainda que essa posição seja interpretada de maneira distinta.

Para entendermos a irrelevância do documento, voltemos ao famoso caso de Dred Scott, também nos EUA, que Denise comenta. Como propriedade, ele foi levado do Missouri para Illinois, onde a escravidão havia se tornado ilegal. Esse fato foi usado por Scott para abrir um

---

325 Denise Ferreira da Silva, *Unpayable debt*, p. 87.

158   *Ah, e assim como um rio, tenho corrido desde então*

processo contra seu proprietário, argumentando que, ao passar para outro estado, no qual as leis eram outras, ele havia se tornado livre. Não por decisão de alguém, apenas pelo mero fato de sua presença. Por isso, teve de levar seu processo a uma corte federal; sem sucesso, recorreu à Suprema Corte dos EUA. No texto da decisão, é dito que "um negro livre pertencente à raça africana, cujos antepassados foram trazidos ao país e vendidos como escravos, não é um 'cidadão' nos termos da Constituição dos Estados Unidos" e, por isso, não possui quaisquer direitos ou imunidades, nem mesmo o poder de mover um processo legal. As diferenças jurídicas entre os diferentes estados que Scott mobilizou, nessa mobilização que não era para ter sido, não contavam para a Suprema Corte. Além disso, diz o documento, "as únicas duas cláusulas que se referem a essa raça tratam seus membros como pessoas que, de forma moralmente legítima, podiam ser tratadas como propriedade e como escravos". Por fim, a partir de uma revisão das leis estaduais, a Corte declarou que o objetivo delas era "erguer uma barreira perpétua e intransponível entre a raça branca e a raça que foi reduzida à escravidão, governada mediante um poder absoluto e despótico, vista como uma raça tão inferior na escala dos seres criados que o casamento entre pessoas brancas e negros ou mulatos foi tido como antinatural e imoral, punido como um crime [...] Além disso, nenhuma distinção foi feita entre o negro ou o mulato livre e o escravo, de modo que esse estigma, da mais profunda degradação, foi estabelecido *para o todo da raça*",[326] o que, em minhas palavras, seria o todo do ser-negro. Curioso esse texto que parece uma crítica e, ainda assim, sustenta uma decisão contra Scott.

No caso de Dana, a raça precede o ser-propriedade instanciado na captura de fato, assim como ocorre com Scott no breve período de sua existência em um estado em que sua condição era ilegal, ou mesmo durante o tempo de sua mobilidade imprópria como autor de um processo. Isso porque, como diz a decisão, o "estigma" está vinculado ao todo do ser-negro que a raça torna possível. Essa precedência tem a ver com uma antecipação do ser-de-Dana, ou do ser-negro em geral, como passível de apropriação, de captura — sua identidade, formada em outras condições, pouco interessa aos agentes da escravidão. Da mesma forma, o fato de que ela é casada com um homem branco, no presente-futuro, é apenas inimaginável na Maryland do passado. Durante vários de seus momentos na plantação, Dana não é escravizada, ela se move em relativa liberdade, embora sua mobilidade seja reduzida quando comparada à de Douglass-fugitivo. Ela não pode sair daquele terreno e seu destino

---

326   A decisão referente ao caso "Dred Scott v. Sandford (1857)" pode ser encontrada no *site* da *The national archives*, disponível em: https://www.archives.gov/milestone-documents/dred-scott-v-sandford. Os grifos são meus.

159 Os tempos da diáspora

está preso ao de algumas outras pessoas que lá se encontram. Em certo momento, inclusive, acaba sendo obrigada a trabalhar em uma plantação de milho como punição, *como se* fosse escrava. De todo modo, podemos dizer que Dana e Douglass sofrem a tormenta de uma *forma*. E, se Douglass pensa que essa forma é jurídica, podemos repensar o que ele diz utilizando outra oposição entre fato e forma, por uma multiplicação: escravo na forma jurídica, na forma "ontológica", por assim dizer, e no fato. Dana estaria constrangida, em sua liberdade relativa e precária, a uma forma acima-da-lei que serve para a produção de uma representação de quem ou *o que* ela é, representação de um ser-racializado específico que é o ser-negro, manchado pelo estigma, não importando a jurisdição de onde ela vem ou de onde ela está ou do lugar para onde ela poderia ter ido, como no caso de Dred Scott.

Essa forma é a raça, uma forma propriamente *imaginal* — não diz respeito somente às pessoas racializadas como negras. O objetivo em pensar assim é deslocar a raça de elaborações teóricas que a prendem de maneira excessiva ao fato da escravidão; por isso, foi dito que o ser-mercadoria é meramente uma possibilidade entre outras do ser-negro — com todas as suas especificidades vividas pelas pessoas assim racializadas — que, por sua vez, é uma entre outras possibilidades do ser-racializado. A potência de esvaziamento dessa forma não poupa ninguém; independe de nós, de nossa história, de nossas teorias. Sua recalcitrância é parte de sua natureza, de seu ser-imaginal. Assim, proponho retomar Dana e Douglass (e Scott) como figuras de uma mobilidade relativa, que sempre será relativamente menor quando comparada à mobilidade autoexpandida que o devir-branco oferece, de modo que, no tempo pós-colonial, a farsa de uma ruptura dirá sempre respeito ao fato de que a raça permanece como princípio de alteridade e outrificação radicais, como princípio de toda sorte de violências (mesmo que muitas delas não sejam mais instanciadas da mesma maneira e, por isso, sejam enquadradas como algo do passado). Se o "racismo cotidiano não é um evento *isolado*, mas sim um acumular de episódios que reproduzem o trauma de uma história colonial coletiva", como diz Kilomba,[327] gostaria de dizer que essa coletividade, desde sempre, excede as pessoas racializadas como negras e a escravidão como uma das possibilidades dadas pela raça na partilha (pós-)colonial do sensível e no imaginário (pós-)colonial. Não é tão-só a nós, afinal, que Fanon toca e tocou na abertura que é também a ferida aberta pelo colonialismo. *O tempo das imagens é outro.*

---

327 Grada Kilomba, *Memórias*, p. 218, grifos meus.

Luto/melancolia

Retornando a Sharpe e à ideia de *um* evento com múltiplas variações, gostaria de fazer alguns comentários, começando pela palavra *"wake"* que dá título ao seu livro — *In the wake*, traduzido no Brasil como *No vestígio*. Alguns dos sentidos da palavra que interessam a Sharpe são: i) *"wake"* ("sulco", "sequência", "esteira", "rastro") é o que o navio deixa atrás de si, na superfície do mar, quando cruza as águas, uma perturbação; ii) *"wake"* ("vigília", "funeral") é um rito organizado em torno da morte. Viver após a escravidão seria viver nessa condição funerária permanente que é o que essa catástrofe primeira — o evento do qual todos os eventos de violência racial contra pessoas negras são apenas versões — deixou como rastro e perturbação espacial. "A escravidão transatlântica foi e é o desastre".[328] É o ponto de partida tanto para o entendimento da negridade [*"blackness"*], que Sharpe afirma ter sido produzida no interior do navio, quanto para a existência diaspórica como desdobramento de uma nadificação fundacional que não deixa de ser atormentada por esse evento inacabado.[329] Se Sharpe não fala em uma "essência negra", fala de uma existência sempre a caminhar sobre o terror como um solo existencial que nos prende à escravidão; é uma volta a mais para chegar no mesmo gesto de definição do essencialismo (é com essa definição, inclusive, que se separa as pessoas racializadas como negras das racializadas de outras maneiras). Nós nos tornamos os próprios *"veículos* do terror"; viver no rastro-vigília é "viver no e com o terror". A experiência do tempo, nesse caso, é a de uma permanência insistente da possibilidade da morte como resultado da violência, o que torna possível a seguinte pergunta: "como se faz o luto de um evento interminável?".[330] O que se vive no presente, dessa maneira, seria variação local, com coordenadas espaço-temporais precisas que, na verdade, seriam irrelevantes; como quando Denise fala do evento racial fora do tempo.

Como ocorre em tantos textos produzidos nos EUA sobre raça e negridade (que, muitas vezes, significa a mesma coisa que a expressão "ser-negro" que tenho usado), a escravidão é um começo — a *plantation* ou o navio na Passagem do Meio são esse lugar onde o que as pessoas negras nunca podem deixar de ser é produzido, em um primeiro momento, pela nadificação e da coisificação: a criação de um ser-mercadoria. Sabemos que a racialização precede a escravidão de muitas maneiras. Ainda assim, por que essa insistência *nesse* evento e não em

328 Christina Sharpe, *In the wake*, p. 5.
329 Ibidem, p. 27.
330 Ibidem, p. 19.

161 Os tempos da diáspora

tantos outros, também violentos? Uma resposta possível é o fato de que foi nele que as pessoas negras puderam experimentar, da forma mais radical e intensa, o que *poderia* significar sua própria racialização — também é o ponto máximo de uma dissolução forçada que deixou suas marcas no próprio tempo. Por outro lado, sabemos também que essa dissolução nunca ocorreu de maneira total: ser-mercadoria foi o modo estranho de ser das pessoas que eram sujeito e coisa ao mesmo tempo, mercadorias falantes, propriedade imprópria.[331] De todo modo, quero pensar raça e racialização excedendo a história da diáspora negra nas Américas, mas fazendo isso por meio das elaborações teóricas encontradas em seu interior (com o auxílio de referências que estão fora dela). Além disso, quero sair dos constrangimentos de uma das variações mais recentes dos *black studies* estadunidenses: gostaria de pensar, por exemplo, a partir do que diz Walcott em sua rejeição da despossessão como marca definidora da existência negra: "o mar é história", "eu aceito esse arquipélago das Américas".

Ou, como apontado mais de uma vez, pensar com a ambiguidade que Glissant não cessa de conjurar. Retornemos, então, ao problema da história e da memória e do arquivo. Hartman, em "Vênus em dois atos", depois de meditar sobre o trabalho de contar histórias impossíveis por causa da ausência delas nos documentos pesquisados, pergunta se essa prática torna possível um "jeito de viver no mundo no rescaldo da catástrofe e da devastação" ou uma "casa para o ser [*self*] mutilado e violado"; e faz isso para se perguntar, imediatamente em seguida: "Para quem — para nós ou para elas?". Sem responder à sua própria interrogação, Hartman prossegue e afirma que a perda — a ausência — alimenta seu anseio de contar histórias que se tornam, por algum motivo inelaborado, "uma forma de compensação [...], talvez o único tipo que nós iremos receber".[332] Há um estranho *nós* em seu texto que aponta para uma comunidade que, mesmo diante do *nada*, não consegue ir embora — o anseio que disse ser seu é apresentado, na verdade, como se viesse de mais de uma pessoa, de toda uma coletividade. Revirando os arquivos da escravidão como Hartman, McKittrick se justifica assim: "*Não posso* abandonar essas histórias incompletas, assim como a violência brutal, e isso porque, em parte, esse abandono significaria deixar de ver como esses atos violentos são agora reproduzidos".[333]

---

331 Ver Fred Moten, "A resistência do objeto: o grito de tia Hester", *Revista ECO-Pós*, v. 23, n. 1, 2020, p. 14-43.

332 Saidiya Hartman, "Vênus", p. 109.

333 Katherine McKittrick, "Mathematics black life", *The Black Scholar*, v. 24, n. 2, 2014, p. 23, grifos meus.

162 *Ah, e assim como um rio, tenho corrido desde então*

Hartman ainda se pergunta mais algumas vezes sobre o sentido do próprio trabalho: "Se 'ler o arquivo é entrar em um necrotério, permitindo uma visualização final e autorizando um último vislumbre de pessoas prestes a desaparecer no porão de escravos', por que alguém abre o caixão e olha para a face da morte? Por que arriscar a contaminação envolvida na reafirmação das maldições, obscenidades, colunas de perdas e ganhos e medidas de valor pelas quais as vidas cativas eram inscritas e extintas?".[334] Novamente, ficamos sem resposta — o texto continua com mais descrições violentas e mais meditações sobre impossibilidade e ausência e morte e despossessão. Ela declara depois de algumas páginas: "A perda de histórias aguça a fome por elas. Então é tentador preencher as lacunas e oferecer fechamento onde não há nenhum. Criar um espaço para o luto onde ele é proibido. Fabricar uma testemunha para uma morte não muito notada".[335] Na sequência de mais algumas voltas, Hartman, por fim, responde algo semelhante a McKittrick, dizendo que se trata de "descrever indiretamente as formas de violência autorizadas no presente" — em certo sentido, essa continuidade resultaria no compromisso com a crítica radical do presente e com o trabalho de imaginar um futuro no qual, para falar como Sharpe, o evento interminável enfim seja encerrado. De todo modo, o texto é movido por necessidades, como a de "tentar representar o que não podemos", que aparecem no texto como se fossem autoevidentes, dado o fato da perda notada nos arquivos.[336]

Em sua meditação sobre fracassos, impossibilidades e constrangimentos, Hartman encontra uma oportunidade para pensar, de maneira brilhante, uma série de assuntos; há uma produtividade nesse exercício repetitivo (que, aliás, não se resume ao texto "Vênus em dois atos"). Gostaria, no entanto, de ficar com essas perguntas que, quando recebem alguma resposta, nunca vão além de um interesse pessoal: o sentido desse trabalho de fabular histórias impossíveis, pervertendo os arquivos para que mostrem, de maneira breve e precária, algo que não é o que pretendiam dizer os que fabricaram esses documentos, é um sentido pessoal. Não é uma crítica, nada contra essa presença no texto (os textos que ofereço carregam também, às vezes de maneira explícita, às vezes implícita, um tanto de pessoalidade). Isso é algo que a própria Hartman admite: "Essa escrita é pessoal porque essa História me engendrou, porque 'o conhecimento do outro me marca', por causa da dor experimentada em meu encontro com os fragmentos do arquivo e por causa dos tipos de história que construí para fazer a ponte entre o passado e o presente e dramatizar

---

334   Saidiya Hartman, "Vênus", p. 111-2.

335   Ibidem, p. 117.

336   Ibidem, p. 124.

163 Os tempos da diáspora

a produção do nada".[337] Uma forma de habitar, mesmo que temporária, o lugar de um outro — em seu caso, de uma outra — que é o seu lugar no presente, a despeito de todas as diferenças (lugar que é dito ser o do *nada*). Trata-se de outra via de elaboração do problema da continuidade e da mesmidade, embora justificada por um interesse afetivo individual, compreensível a partir de uma biografia também individual. Como pensar, então, a relação entre essa pessoalidade e o "nós" recorrente em seu texto? Se isso me interessa, não é porque esse *nós* é pura projeção, invenção de uma única pessoa — existe, de fato, toda uma comunidade que se identifica com ele, que partilha dos pressupostos do texto de Hartman.

Por que, por exemplo, essa relação específica com a ausência? Fico pensando no poema de Beatriz Nascimento em que ela fala do desejo de escrever um conto: "pode ser um conto-de-fadas, um conto-do--vigário, um conto erótico / Quero escrever um conto, um conto de amor e de vida / Quero dizer de felicidades. Alguma coisa que seja ela mesma". Esse texto ofereceria um "ponto na trajetória do devenir / Para um futuro mais belo / Futuro que vislumbro na cor dourada do sol da janela dos Arquivos / Arquivo casa onde eu morei e que em mim mora / Quero escrever um conto ao silêncio dos documentos".[338] Nascimento, ao contrário de Hartman, mesmo ao falar sobre imaginar outros futuros, não fixa seu olhar nos documentos diante de si, mas atravessa a janela, como alguém que sente o peso de uma clausura. Ela não quer fabular o passado, mas encontrar algo fora dos arquivos que responda ao "silêncio dos documentos" (se é que ela está pensando no mesmo silêncio que Hartman). Ambas gostariam de escrever sobre relações amorosas, não sobre morte. Os olhos de Hartman, porém, parecem sempre fixados na violência, nessa violência fundadora que é a escravidão em toda a singularidade de seu ser-evento — fixados no *nada* que muito provavelmente Nascimento nunca enxergaria. É a escravidão que está em uma trajetória em direção ao futuro. Talvez Nascimento nunca tenha escrito seu conto, talvez fosse algo que pudesse ser meramente objeto de desejo, talvez apenas o poema como expressão desse desejo fosse possível. De todo modo, me interessa nesse contraste pensar as relações possíveis com os arquivos, esse olhar para outra direção de Nascimento. Esse desejo que, ainda assim, não a lança em uma meditação sobre despossessão. O poema poderia ter contido mais algumas linhas sobre impossibilidade, mas deixa uma abertura.

---

337   Ibidem, p. 110.

338   Beatriz Nascimento, "Quero escrever um conto", em Alex Ratts e Bethânia Gomes (org.), *Todas (as) distâncias: poemas, aforismos e ensaios de Beatriz Nascimento* (Salvador, Ogum's Toques Negros, 2015), p. 50.

164 *Ah, e assim como um rio, tenho corrido desde então*

Assim, quero me afastar dos pressupostos do texto de Hartman no sentido de que gostaria de entender o que fazer com toda essa melancolia que dele emana, dele e de outros textos que encontramos nos *black studies*. Se há mesmo uma relação que possamos chamar de "melancólica" ali, ela pouco tem a ver com a não-admissão da perda das histórias, da impossibilidade de uma reconstrução digna da historiografia. Hartman não tem problema algum com esse reconhecimento, ela não insiste em um esforço de encontrar o que não está lá (embora, aparentemente, tenha ido aos arquivos procurando alguma coisa inexistente, como quando esteve em Gana). Essa melancolia, então, só pode ser outra coisa, dado que o próprio método reivindicado por Hartman é uma *fabulação* que, muitas vezes, pode ser entendida como uma contraficção — "contra" porque a mercadoria no documento já é uma ficção. Essa melancolia reside no fato de que, apesar da ausência e do silêncio, há uma recusa em deixar as figuras do passado *no* passado. Elas são convocadas a todo momento para que digam algo sobre o presente, para que digam "nós".

Repito Stephen Best sobre o tipo de experiência que o trabalho com arquivos provoca nele: "Várias e várias vezes, eu me dedicava a recuperar algo do arquivo e fracassava. O que parecia, porém, ser confirmado em cada tentativa não era a recalcitrância do passado, mas, na verdade, o tanto que eu era atraído por esse ser-despossuído de maneira extática". Ele não vê motivos para fazer de seu fracasso algo útil, algo a ser trabalhado para oferecer uma compensação qualquer. Nesse caso, a aceitação da perda, para Best, é a aceitação de uma *"obliteração do outro"* sem a qual ele não existiria — *"não há passado alternativo que resultaria na minha existência"*.[339] E só. Vida que segue, sem dívidas, sem insistir no passado como se ele nos demandasse alguma coisa, como se houvesse uma tarefa que realizássemos em seu nome, sem saber de suas vontades: afinal, o silêncio dos arquivos é o silêncio dos fantasmas em mais de um sentido: em todos eles.

É possível que isso esteja mais próximo da aceitação do arquipélago das Américas e do mar como História: no interior de um beco sem saída da memória, nada há a fazer; os abismos da diáspora são tomados como dado ambíguo, cuja ambiguidade reside no fato de que, como diz Best, não existiríamos sem ele, apesar de toda a sua força corrosiva, de toda a violência. Se o arquivo é a cena de um crime, se a atitude histórica melancólica é sempre forense, pensa Best, então o retorno a essa cena pode se dar em mais de um sentido, pode-se procurar nela mais do que o crime, pode-se ver nela, portanto, mais do que uma cena de injúria

---

339. Stephen Best, *None like us: blackness, belonging, aesthetic life* (Durhman e Londres, Duke University Press, 2018), p. 20-21.

165 Os tempos da diáspora

— "O que está em disputa, para mim, é o que nasce dessa cena".[340] A escravidão, como lugar de origem de um *nós* é o que ele está tentando repensar. Se pensarmos mais uma vez com Glissant e Walcott, a conversão de "mar" em "História" é uma maneira de dizer que, não obstante a dissolução experimentada no abismo, algo resta — a unidade do ser--mercadoria é fraturada e corrompida para dar lugar a uma multiplicidade na diáspora, pois é aquilo que não pode ser conservado, não importa a escala e a intensidade da violência: seja porque entra em choque com *um* outro modo-de-ser pré-colonial, estilhaçando-se no processo; seja porque é deslocado em contato com um múltiplo prévio reunido no esforço de massificação. Como diria Nathaniel Mackey, há "uma anterioridade que escapa a toda e qualquer ocasião natal".[341]

Nesse sentido, Best afirma ter encontrado nos arquivos "não o que nós somos, mas o como 'nós' não somos".[342] Talvez uma variação da afirmação de Fanon: "Não tenho o direito de me deixar enredar pelas determinações do passado. Não sou escravo da Escravidão que desumanizou meus pais". Pode ser algo mais simples de se dizer quando há um engajamento otimista na tarefa política de desmantelar um mundo e produzir outro sentido de humanidade, mundo no qual a existência verdadeiramente precederá a essência. Ainda assim, nossa condição presente, se está ou não distante do engajamento de Fanon, em nada muda a decisão sobre como se relacionar com o passado; mesmo quando, como tenho feito até aqui, o presente é oferecido no interior de um entrelaçamento de tempos que faz do passado algo terrivelmente contemporâneo. Se apontei raça como o que produz essa distorção temporal específica — digo "específica" porque, do ponto de vista da experiência vivida, o tempo é sempre mais caótico do que gostaríamos que fosse quando o imaginamos de maneira linear e progressista —, é porque, no fundo, gostaria de repetir o gesto fanoniano, apontando para a abolição da raça como o que ainda não foi feito, retomando um olhar para o futuro descarregado do peso do passado, e não reivindicando uma identidade coletiva a partir de uma despossessão compartilhada por pessoas de múltiplos tempos. Se Fanon não desejava o nosso presente e nele não tinha interesse, menos ainda tinha em nosso olhar submerso em arquivos. "Não se deve tentar fixar o homem", diz Fanon, "pois seu destino é estar solto", e isso também tem a ver com herança e com as maneiras pelas quais nossas identidades são nela enraizadas.[343]

---

340   Stephen Best, *None like us*, p. 21.

341   Nathaniel Mackey, "Bedouin hornbook", em *From a broken bottle traces of perfume still emanate, volumes 1-3* (Nova Iorque, New Directions Books, 2010), p. 34.

342   Stephen Best, *None like us*, p. 132.

343   Frantz Fanon, *Pele negra*, p. 241.

166   *Ah, e assim como um rio, tenho corrido desde então*

Se, no interior *deste* mundo, não cessará o trabalho de fixação, nem se abandonarmos toda forma de essencialismo para nós, isso não significa que devamos manter, com o passado, sobretudo com a escravidão, essa relação produtiva que é a reafirmação da despossessão constitutiva de quem somos. Essa é a cena de desentendimento que encontramos em *Perder a mãe*, quando Hartman não consegue encontrar pertencimento e um senso de continuidade entre sua identidade afro-estadunidense e as formas de fazer-comunidade em Gana, que não passam pela afirmação da escravidão ou da colonização como eventos originários. Que passam, não raro, pela recusa do passado como algo constrangedor. Como diz Best, "O que 'nós' compartilhamos é o segredo amplamente conhecido de 'nossa' impossibilidade", que nos permite uma "desfiliação" no lugar da solidariedade melancólica com figuras do passado.[344] Podemos entender isso formulando uma simples pergunta: por que é apenas na despossessão imposta que o passado e o presente, assim como as pessoas de ambos os tempos, podem se encontrar? Confesso que, quando falo de um encontro com Fanon, falo de uma experiência de encontrar, nessa figura do passado, um sofrimento em comum; não foi a única experiência que tive, mas foi a primeira. Que tenha sido a primeira, agora, pouco me importa: isso nada significa para além do momento em que me encontrava, momento de tentar entender uma violência.

Assim, o encontro na despossessão é um fato, não podemos negar — por que esse fato é o que nos dará um senso primário de existência negra no entrelaçamento dos tempos, como diz Sharpe com todas as letras? Pode-se dizer que a despossessão é uma característica *verdadeira* do ser-negro *como* um modo-de-ser imaginado pelo colonizador e pelo escravizador — a questão, portanto, é se iremos definir a existência negra nas Américas pelo ser-negro conforme foi por eles fabulado, misturando nossas identidades raciais a essa produção violenta, ao invés de abraçar o esvaziamento operado pela raça como oportunidade atemporal. Não estava Fanon, em ato, fazendo com que a existência precedesse a essência, ao invés de essencializar a existência, mesmo com todas as limitações dadas por um mundo colonial? Algo já não começava precisamente ali, na recusa e na fugitividade que marcaram a luta e o pensamento anticolonial? "Um futuro só se constrói na dinâmica de um presente", diz Rancière.[345] Acrescento: essa dinâmica depende de um passado.

Como diz Mbembe: "Continuo a ser um ser humano [...] Esse *excedente inelimínavel*, que escapa a qualquer captura ou fixação num estatuto

---

344   Stephen Best, *None like us*, p. 22.

345   Jacques Rancière, "Uma boa oportunidade?", *Instituto Humanitas Unisinos*, 1 jun. 2020, disponível em: https://www.ihu.unisinos.br/categorias/599489-uma-boa-oportunidade--artigo-de-jacques-ranciere.

167   Os tempos da diáspora

social e jurídico e que nem a própria ocisão seria capaz de interromper, nenhuma designação, nenhuma medida administrativa, nenhuma lei ou atribuição, nenhuma doutrina e nenhum dogma poderão apagar. 'Negro' é, portanto, uma alcunha, a túnica com que alguém me encobriu e sob a qual tentou me encerrar. Mas, entre a alcunha, o sentido a ela atribuído e o ser humano chamado a assumi-lo, há algo que permanecerá para sempre no âmbito da distância. E é esta distância que o sujeito é chamado a cultivar e, talvez, radicalizar".[346] Podemos ler essa declaração de Mbembe de três maneiras: i) como expressão de um desejo; ii) como manifesto e convocação; iii) como uma estranha maneira de dizer o passado. Na verdade, podemos dizer que ele está fazendo as três coisas ao mesmo tempo. É a terceira possibilidade, porém, que me interessa no momento. Em um dos ensaios de *Crítica da razão negra*, "Réquiem para o escravo", Mbembe se recusa a enclausurar sua escrita por meio das restrições da historiografia, pois, como bem aponta Hartman, isso nos lançaria a um acúmulo de lacunas e silêncios que não pode ser desfeito com mais conhecimento histórico. Recorrendo, assim, à literatura e a outros campos discursivos e não-discursivos, Mbembe oferece uma *figura* da pessoa escravizada que cultiva a distância aqui mencionada ao fazer uso de uma série de metamorfoses. Não só isso: trata-se de uma maneira de figurar o poder onde, aparentemente, predomina a impotência no ser-despossuído.

"Não é possível circunscrever o poder aos limites de uma forma única e estável", ele diz, "pois é de sua natureza participar do *excedente*. Todo poder, por princípio, só é poder por suas capacidades de metamorfose [...] Sendo assim, os verdadeiros senhores do poder e os detentores da verdade são os que sabem retraçar o curso da sombra que chama, que é preciso abraçar e atravessar com o objetivo preciso de se tornar outro, de se multiplicar, de estar sempre em movimento. Ter poder é, portanto, saber dar e receber formas. Mas é também saber se desprender das formas dadas, mudar tudo permanecendo o mesmo, esposar formas de vida inéditas e entrar em relações sempre novas com a destruição, a perda e a morte".[347] O que há de fascinante nesse trecho é o fato de que pode servir para falar do colonizador e da pessoa colonizada, escravizada. Isso porque, para Mbembe, que está tentando retomar o pensamento fanoniano a sua própria maneira, toda a questão é tornar algo destrutivo em fator de cura, o que depende da possibilidade de uma ambiguidade ser produzida — como quando Fanon fala da violência anticolonial. Se a descrição que Mbembe oferece serve para o colonizador, é porque é ele quem inicia as metamorfoses que nos darão a história do colonialismo e

---

346   Achille Mbembe, *Crítica*, p. 92.

347   Ibidem, p.232-3, grifos meus.

168 *Ah, e assim como um rio, tenho corrido desde então*

da escravidão, a história do próprio devir-branco. É ele quem dá e recebe formas, quem se desprende das formas dadas no interior da civilização europeia. Quanto à pessoa escravizada, o início de sua ação fugitiva só pode ser uma apropriação na e da condição geral de despossessão: se um enquadramento lhe é dado violentamente, ela responde dando outros a si. Assim, o que a figura do escravo — para o qual se faz um réquiem — nos mostra é algo que, para Mbembe, os arquivos anglófonos da escravidão não dizem tão bem (se as autobiografias como a de Douglass não contarem como documentos propriamente históricos): uma série de transformações no tempo. Sabe-se, no entanto, que outras pessoas, de uma maneira fugitiva ou de outra, recusaram o destino imposto junto da túnica e da alcunha, e a questão é o que se faz com esse saber no momento da fabulação. Na cena da metamorfose crítica e criticamente derivada, também estão presentes a morte, a violência, a brutalidade, *o evento interminável*, mas o que importa são as relações que a pessoa que nela se encontra pode estabelecer com tudo isso ao mesmo tempo que tenta se relacionar com a vida, com as maneiras de produzir uma vida irredutível, incapturável. Mbembe afirma que, com esse ensaio, tentou oferecer recursos que não estariam disponíveis nos arquivos "afro-americanos" e no "paradigma da Passagem do Meio", usando sobretudo a ficção de Amos Tutuola para elaborar a figura de um excesso em relação ao que é feito de si por um outro.[348] Se é para fabular, por que não recorrer à própria ficção? Por que a fabulação tem de ficar presa ao que há de mais monstruoso arquivado?

Quanto a Tutuola, vamos ficar com *My life in the bush of ghosts*, romance publicado em 1954. De maneira resumida, temos ali a história de um garoto anônimo que, procurando por sua mãe no momento da invasão de um exército que pretende escravizar a população local, acaba por descobrir que ela foi capturada e resolve se esconder, na companhia de seu irmão, no meio da mata. Faz isso sem saber que se trata da *mata dos fantasmas*, onde entra não por livre escolha, mas por trágico acaso. "Não se entra no reino fantasmal por curiosidade ou porque se quer. É uma tragédia, uma perda que está na origem, em última instância, de tudo", diz Mbembe.[349] Sendo apenas criança, o protagonista usará sua ignorância e inocência como justificativas para a entrada nesse reino proibido. Essa entrada, embora marque o início de toda uma jornada existencial como algo que se sofre, e não como uma ação propriamente dita, não dá o todo de uma identificação possível com a figura do escravo; não é isso que a escrita oferece. Trata-se de outra fabulação crítica, ainda associável às

---

348   Achille Mbembe e David Theo Goldberg, "In conversation".

349   Achille Mbembe, "Life, sovereignty, and terror in the fiction of Amos Tutuola", *Research in African Literatures*, v. 34, n. 4, 2003, p. 7.

169 Os tempos da diáspora

violências arquivadas, mas que se ocupa das condições de possibilidade da reconstrução e da revisão de uma capacidade de agir que devem, elas mesmas, ser reconstruídas e revisadas em um exercício imaginativo. Esse exercício fará do romance uma forma de dizer o não-dito da conquista de uma mobilidade que também é dado histórico (ainda que esse dado seja encontrado, na maioria das vezes, nos documentos que o registram como um problema a ser administrado).

Após a entrada no reino fantasmal, começa uma jornada perturbadora, grotesca, surreal. O protagonista é capturado por fantasmas com as mais estranhas e irrazoáveis formas; capturado sucessivas vezes, sempre escapa para ser mais uma vez tomado como propriedade. Sofre todas as violências imagináveis; violências que, em muitos casos, envolvem metamorfoses impostas: como ao ser transformado, com o uso de feitiços, em camelo para transportar a carga de seus senhores. O garoto passa anos no interior da mata, envelhece ali, vive toda uma existência. Sua jornada, no entanto, não é feita apenas de um recorrente decaimento no ser-propriedade: ele também domina a capacidade metamórfica, torna-se artefato, animal não-humano, até mesmo chuva ou ar — torna-se, eventualmente, feiticeiro como os fantasmas. Tudo que ocorre, de uma maneira simbólica ou de outra, diz respeito ao mundo da escravidão. O mais importante, no caso, é o fato de que o protagonista sem-nome se torna autor de suas próprias metamorfoses, embora a condição dessa autoria não seja a mesma presente na existência dos fantasmas-senhores. Ele descobre até mesmo forças que estão para além do seu controle *e* do controle dos fantasmas que o perseguem: alcança o ingovernável com a batucada, a dança, toda essa movimentação improvisada. Diz Mbembe: "foi se desprendendo da forma-escravo, comprometendo-se com novos investimentos e assumindo a condição de espectro" que o sujeito plástico da escravidão "pode conferir a essa transformação pela destruição um sentido de futuro".[350]

No meio de tudo isso, a escrita de Tutuola nos convida, de modo recorrente, a uma experiência caótica do tempo — os eventos se desdobram em ritmos que variam, a correria desenfreada muitas vezes é uma espécie de andar em círculos, o tempo se divide entre fases de perda e de enriquecimento que não se sucedem à maneira de um progresso, que podem mesmo ser simultâneas. Muito disso se deve ao uso impróprio que Tutuola faz da língua inglesa: sua escrita soa como uma fala apressada e bagunçada, pontuada por momentos em que é preciso recuperar o fôlego para, logo em seguida, retomar um ziguezague infernal de palavras. A ausência de uma multidão de vírgulas faz com que tudo se torne próximo demais, misturado demais. E, apesar de os

---

350 Achille Mbembe, *Crítica*, p. 229.

170 *Ah, e assim como um rio, tenho corrido desde então*

relatos sobre o tempo passado na mata dos fantasmas serem um vaivém de capturas e fugas e metamorfoses de todos os lados, expressando um padrão que se repete e se diferencia na repetição, há saltos temporais significativos, quebras na cronologia que perturbam o próprio senso de continuidade das coisas. "Para muitas pessoas apanhadas no vórtex do colonialismo e do que veio depois, os principais índices do tempo são o contingente, o efêmero, o fugitivo e o fortuito — incerteza radical e volatilidade social. Mudanças radicais andam lado a lado com outros deslocamentos sutis e graduais, quase invisíveis, imperceptíveis. Rupturas bruscas se encontram entrelaçadas com estruturas de inércia".[351] Não há, portanto, sequencialidade nítida, irreversibilidade da flecha do tempo, genealogia possível: tudo incompleto.

Nessa incompletude, como pode a despossessão dizer a origem de um "nós"? Quem é o garoto na mata dos fantasmas? A cena da escravidão é originária, abissal como diria Glissant, mas a que exatamente ela dá origem? Quem pode determinar o sentido desse nascimento? Se a perda é real, se ela tem mesmo uma dimensão cosmológica, se, desde a primeira perda, a história das pessoas negras na diáspora americana tem sido pontuada por incontáveis outras perdas, o que pode nos compelir a assumir uma relação com esse vazio? Sharpe se pergunta sobre como pode haver luto no interior de um evento interminável, mas a questão é: por que esse acúmulo de perdas deve ser *seu e nosso* ao mesmo tempo, em um sentido definidor, a ponto de caracterizar a existência no rastro ["*wake*"] como interminável rito funerário ["*wake*"]? Best caracteriza essa postura acadêmica como o tomar posse de uma dívida melancólica no encontro com o fantasma da escravidão: "*você deve a esse outro pelo fato de que existe e ele não.* [...] *ao escrever sobre o passado, saldamos nossas dívidas não por meio de nossa vida, mas na reanimação do outro*",[352] reanimação que se dá nem que seja pela afirmação de uma figura muda da despossessão. Esse senso de obrigação não tem tanto a ver com o futuro, mas com o passado — retorno à cena do crime para nela se encontrar um *nós* que só faz comunidade no puro negativo. Na mata dos fantasmas, porém, o que Tutuola/Mbembe encontra é o reino das metamorfoses — do fazer-se múltiplo na errância e no desvio.

Não trago isso para dizer a verdadeira caracterização de uma comunidade com os espectros, mas para mostrar que não há um *nós* e sim muitos possíveis. A ausência do ser-humano nas representações raciais arquivadas não pode nos constranger dessa maneira, nem a violência

---

351   Achille Mbembe, *Out of the dark night*: essays on decolonization (Nova Iorque, Columbia University Press, 2021), p. 28. O texto citado não está presente na edição brasileira do livro (*Sair da grande noite*).

352   Stephen Best, *None like us*, p. 20.

171 Os tempos da diáspora

que emana desses documentos. É certo que o fantasma nos toca, que não podemos escapar de seu toque de maneira permanente, que não podemos deixar de sofrer sua companhia. Trata-se, portanto, de uma questão acerca da interpretação do *páthos* e da natureza imaginada desse toque. E se o fantasma for tocado de volta e, assim, for movido em outra direção, em todas as direções possíveis? E se, por conta mesmo do entrelaçamento em que tocar e sofrer o toque são indissociáveis, não houve uma única direção para o que sucede ao contato? O que Best propõe é retornarmos a essa encruzilhada imaginal para repensar o que mais pode estar disponível. Isso significa, em um primeiro momento, rever o problema da mesmidade e da continuidade: "Nossa responsabilidade, quando lidamos com essas figuras do passado escravo, não importa qual seja a nossa orientação crítica, é fazer com que o presente delas seja *delas*", torná-las um tanto outras para, em sua opacidade, notarmos como "elas são presentes, para nós, da única maneira que podem ser":[353] pessoas desconhecidas. Trata-se de uma formulação curiosa; tudo começa com um esvaziamento de sentido, em que a irrecuperabilidade das histórias, ao invés de conjurar a despossessão imposta e partilhada entre os tempos, torna-se lembrete de que essas pessoas são *estranhas* para nós — começa com a negação da ideia de que a diferença em relação ao outro interdita um comum, que podemos nos encontrar sem sermos o mesmo. Assim, Best pode revisar a univocidade da pertinência do passado que se desdobra na univocidade de um *nós* contemporâneo. A comunidade, agora, é reencontrada na impossibilidade de dizer quem são essas pessoas *e* quem nós somos, na arbitrariedade do plural. Impossibilidade de enquadrar a existência comum de uma maneira e não de outra, ocasião para o desfazimento dos laços melancólicos. Aceitar *essa* impossibilidade, *essa* perda, seria a saída da melancolia histórica que sobrevive mesmo à admissão da impossibilidade de contar, com precisão historiográfica e biográfica, como foi o passado ausente dos arquivos.

Como diz Fred Moten, é preciso pensar "uma ontologia da desordem, da sutura aberta", que deve "operar como crítica geral do cálculo mesmo quando a diáspora é reunida como conjunto aberto — ou como abertura que perturba a própria ideia de conjunto — de diferenças acumulativas e inacumuláveis, partidas sem origem, saídas que desafiam, de maneira incessante, a ocasião natal em geral, mesmo quando sugerem o que é prévio".[354] Um desenraizamento que não pode ser desfeito não importa nosso desejo. Isso nos leva, aqui, a pensar que a despossessão imposta e

---

353   Ibidem, p. 20.

354   Fred Moten, *The universal machine* (Durham e Londres, Duke University Press, 2018), p. 150.

172 Ah, e assim como um rio, tenho corrido desde então

tida como originária, na cena da escravidão, só pode ser nossa precisamente ao não ser nossa — ela não pode nos oferecer uma "identidade--raiz", para usar o termo de Glissant, um entendimento de ser que nos torna meras repetições em nossas intermináveis perdas no evento que não cessa. A singularidade diaspórica, pensada a partir da entrada no Novo Mundo, está na dissolução de toda singularidade, até mesmo da que definiria, no presente e no passado, uma comunidade negra como ser-dissolvido. Uma ruptura do parentesco: "Eu aceito esse arquipélago das Américas. Digo, ao antepassado que me vendeu, ao antepassado que me comprou: não tenho pai, não quero ter um, ainda que te entenda, fantasma negro, fantasma branco, quando ambos sussurram 'história' — pois se tento perdoar a ambos, fico preso em sua ideia de história, ideia que justifica e explica e expia. Não cabe a mim, contudo, perdoar; minha memória não pode conjurar um amor filial, teus traços me são anônimos, foram apagados. Não tenho o desejo, nem tenho o poder de perdoar".[355]

Agora, o fantasma está deslocado. Ele não precisa, entretanto, ter ido a lugar algum. Ele pode nos encontrar no desencontro geral. Ele sussurra "história", mas é tarde — a palavra já perdeu um sentido apropriado. Apontar para um *nós* imperturbável no ser-despossuído, na confusão entre tempos, é a permanência melancólica em uma comunidade projetada a partir do presente, projeção feita a partir de um conjunto de possibilidades mais amplo que é encerrado e recalcado por esse ato. Hartman sabe que uma melancolia pode ser identificada no que escreve: "Se essa *história de Vênus* tem algum valor, este consiste em iluminar o modo como nossa era está presa à dela. Uma relação que outros podem descrever como um tipo de melancolia, mas que prefiro descrever como a sobrevida da propriedade, quero dizer: o detrito de vidas às quais ainda precisamos atentar, um passado que ainda não passou e um estado de emergência contínuo no qual a vida negra permanece em perigo".[356] Fatos inegáveis. Há, no entanto, um deslocamento, mudança categorial de assunto: a relação melancólica é algo que se dá entre os tempos, não pode ser confundida com certa metafísica do tempo que afirma a permanência e as reiterações do *um*. Trata-se de uma relação entre a figura acadêmica e o fantasma, é isso que Best tenta nos lembrar. Relação que situa a herança e o modo de seu ser-herdado. Pensemos, como Derrida, que toda herança é dada em uma "*heterogeneidade* radical e necessária" — "Uma herança jamais está reunida consigo mesma, nunca é uma em relação a si. Sua unidade pressuposta, se é que pode haver uma, consiste apenas no *imperativo* do *reafirmar pela*

355 Derek Walcott, "The Muse of History", p. 64.
356 Saidiya Hartman, "Vênus", p. 123.

173 Os tempos da diáspora

decisão. [...] Se a legibilidade de um legado fosse algo simplesmente dado, natural, transparente, unívoco, se não convocasse a interpretação ao mesmo tempo que a desafia, nunca teríamos o que herdar dele. Ele apenas nos afetaria como causa — natural ou genética".[357]

Talvez essa melancolia seja conservada no vínculo ineliminável entre arquivo, história e fabulação. O subjuntivo de Hartman está acorrentado, por definição, ao passado registrado: o material contra o qual trabalha é o material por meio do qual trabalha. Sua escrita, como ela diz, "depende dos registros legais, dos diários dos cirurgiões, dos livros de contabilidade, dos manifestos de carga dos navios e dos diários de bordo, e nesse aspecto ela vacila diante do silêncio do arquivo e reproduz suas omissões".[358] As vidas passadas com as quais ela se ocupa e preocupa são as que aparecem — na iminência de seu desaparecimento — na documentação que, dizendo o ser-mercadoria, deixa à mostra a partilha colonial do sensível como algo que também foi arquivado *e* como condição daquele arquivamento. Aparecem, portanto, em seu não-ser percebidas como plenamente humanas. No interior dessa ordem do sensível, é possível, claro, encontrar a permanência mais uma vez. O que está fora de cena é o que a pessoa escravizada, por fora da percepção colonial, dá a ver e ouvir e sentir. É isso, portanto, que Hartman afirma que deve ser recriado, mas não como resgate do dado perdido, como um *"dar voz* ao escravo", sua verdadeira voz — "garotas mortas são incapazes de falar".[359] Sobra, portanto, uma escrita da continuidade que faz surgir, da lacuna histórica, uma fabulação lacunar e, com isso, recusa a partilha colonial do sensível ao mesmo tempo em que reconhece os limites que ela impõe aos arquivos. Contra a ficção do ser-mercadoria, a ficção crítica que faz ver o ser-ficção em suas operações passadas (e presentes). No meio disso, porém, há um vínculo afetivo, pessoal, que está sempre se confundindo com a impessoalidade interessada de um *nós* do presente que se encontra com o outro do passado na lacunaridade do ser-despossuído e na partilha imposta de uma insensibilidade social. É esse vínculo que, no texto de Hartman, organiza o ato da herança e dá o sentido de uma obrigação para com o passado que ela sabe beneficiar apenas as pessoas no presente, na compensação oferecida pelas histórias.

Será que, contra essa expectativa, os fantasmas não se alegrariam com nossa liberdade relativa? Será que entenderiam a incompletude de nossos projetos tal como nós a entendemos? Será que somos, de fato, como nossos pais, nossas mães espectrais? Será que não nos diriam para

---

357 Jacques Derrida, *Specters of Marx: the state of the debt, the work of mourning, and the New International* (Nova Iorque, Routledge, 1994), p. 16.

358 Saidiya Hartman, "Vênus", p. 123.

359 Hartman, "Vênus", p. 122.

174 *Ah, e assim como um rio, tenho corrido desde então*

nos emanciparmos, para deixarmos o passado, para vivermos nossas próprias existências e histórias? Será que diriam para abandonarmos, enfim, esse "modelo traumático da história negra que tem, como uma de suas marcas fundamentais, uma regularidade edipiana e desvitalizadora"?[360] Não, não faz sentido dizer que diriam algo assim. Esses são os nossos termos, a nossa língua. A gramática do fantasma é irrecuperável. Ele pode ser estrangeiro, para nós, como Hartman é estrangeira em Gana, onde não há comunidade automaticamente dada no ser-negro/africano, mesmo havendo raça, mesmo diante da presença do *um*. As pessoas com as quais ela interage em Gana se relacionam com outros fantasmas, ou se relacionam de outra maneira com os mesmos fantasmas que nos tocam.

Penso, também, na mais estranha das afirmações feitas por Baldwin — em conversa com a antropóloga Margaret Mead, quando o assunto se torna os crimes do passado, ele diz: "Não sou, em última instância, inocente. Vendi meus irmãos, minhas irmãs...". Mead o interrompe e pergunta quando isso ocorreu, ele responde: "Ah, foi há milhares de anos atrás, isso não faz diferença alguma".[361] Baldwin quer dizer algo sobre herança, sobre o que é passado de uma geração a outra, mas sua escolha de palavras é incomum. O que mais me interessa no que ele diz são duas coisas: o fato de não falar "nós vendemos", e sim "eu vendi"; o fato de não dizer "eu fui comprado". Por que Baldwin se lança do outro lado de um senso de comunidade que vem da permanência do ser-despossuído e, nesse mesmo gesto, ainda falando de uma responsabilidade coletiva, diz "eu vendi"? Não me interessa dar uma resposta a essa pergunta. Fico pensando no modo como, no meio de uma conversa, de maneira tão espontânea, sua relação com o passado seja afirmada como a de um crime cometido, como se assumir essa responsabilidade fosse uma saída peculiar do problema que tanto o assombrava: a possível impossibilidade de interromper um ciclo de violências. De todo modo, ele acaba por deslocar, não importa a sua intenção, o sentido de um *nós*. E o faz de maneira perturbadora: quem quer, afinal, participar dessa outra comunidade criminosa — ainda que tenha sido *outro tipo* de crime e não o do europeu —, que também era negra, africana? Esse outro *nós* é indesejável, tanto que seu crime é recalcado em todas as reivindicações de "realeza negra" que miram na ancestralidade africana.

Parece haver algo dessa estranha intervenção de Baldwin no poema "Entre nós" de Audre Lorde, em que a corrosão da autoevidência de uma comunidade feita de violência vem da lembrança do crime: "Sob o sol

---

360   Ismail Muhammad, "The misunderstood ghost of James Baldwin", *Slate*, 15 fev. 2017, disponível em: https://slate.com/culture/2017/02/how-critics-have-misunderstood-james-baldwins-influence-on-todays-great-black-nonfiction-writers.html.

361   James Baldwin e Margaret Mead, *A rap on race* (Filadélfia e Nova Iorque, J. B. Lippincott Company, 1971), p. 177.

175 Os tempos da diáspora

dos litorais de Elmina / um homem negro vendeu uma mulher que carregava / minha avó na barriga / ele foi pago em moedas amarelas brilhantes / que reluziam ao sol poente / e nos rostos dos filhos e filhas dela". Esse brilho demoníaco que atravessa o oceano torna difícil, ela diz, assimilar as palavras de uma "negridade fácil como salvação". Se vamos aos primeiros versos do poema, Lorde revela um desencontro consigo mesma: até certo ponto de sua vida, os rostos de outras pessoas negras refletiam um *nós*, um sinal "de que não estava só"; por conta dessa mancha que vem do passado como a possibilidade fratricida no futuro, a partir de certo momento, ela passa a ver rostos que "me destruiriam por qualquer diferença", terminando a primeira estrofe com a declaração angustiada de que "[h]ouve um tempo em que era fácil saber / quem era meu povo". O poema também se revela, depois, uma crítica às formas de enclausurar a negridade, recusadas em nome de outro parentesco: "pois nós somos todos filhos de Exu", figura da "possibilidade e do imprevisível", "e cada um de nós veste muitas possibilidades / dentro de nossa pele".[362] Dupla perturbação do senso de pertencimento que é dado pelo ser-negro como algo imposto enquanto ser-despossuído.

O estranho gesto de Lorde vincula o homem de Elmina (onde Hartman esteve) à diáspora e nos oferece a imagem da repetição sem fim de outra violência — uma violência intranegra. Lorde poderia ter dito que, no interior do *nós*, surge ainda outro *nós* como resultado dessa divisão interna, seu poema tentando atravessar o espaço *entre* um e outro sem reivindicar a violência e a despossessão como a cola que tudo reúne, de maneira definidora, sob o signo da negridade. Como o brilho é herdado, as pessoas escravizadas do passado dos EUA não poderiam ter estado, portanto, imunes. Isso não significa, claro, que elas não sofreram, de maneira geral, a mesma violência, mas é algo que nos faz pensar: por que as histórias que não podem ser contadas, para Hartman, não podem ser sobre a fratura de um *nós*, de toda comunidade negra possível? Parece um tanto arbitrário que, na impossibilidade da recuperação, essa seja a única possibilidade de comunidade, de encontro com o fantasma que emerge. Sendo arbitrário, por que não outra coisa?

Podemos, assim, retornar ao que diz Best sobre seu encanto com o ser-despossuído — uma maneira de ver, em nós, a multidão monolíngue das pessoas que foram tocadas pela escravidão cujo fantasma nos toca no presente. E, porque nos toca, porque sentimos certa continuidade, porque vivemos — em parte — no interior de sua forma, interpretamos o toque do espectro escravizado como maneira de nos dizer um *nós* que

---

362 Audre Lorde, "Entre nós", trad. Stephanie Borges, em *A unicórnia preta* (Belo Horizonte, Relicário Edições, 2020), p. 267-71.

176 *Ah, e assim como um rio, tenho corrido desde então*

extrapola os marcos históricos fabricados na imaginação progressista. E, sendo a escravidão uma cena de crime e nascimento, de violência e de origem, esse *nós* é enclausurado — a existência diaspórica é a iteração sem fim do ser-negro preso ao ser-mercadoria do passado, e a herança é preservada da *"perturbação* ontológica que o arquivo produz", perturbação que deveria nos livrar da ideia de uma identificação específica com figuras do passado, assim como nos livrar de um senso de comunidade existencial que, para quase todos os efeitos, acaba sendo um entendimento de ser.[363] Levada às últimas consequências, essa perturbação é a diasporicidade arquipelágica, irredutível, constituída e cultivada como heterogeneidade radical e necessária — herança como a mata agitada de fantasmas em que as metamorfoses são a corrupção incessante de todo *um* violentamente dado. Arquipélago: se é muitos e é um arquipélago, seu ser-um é a impossibilidade de um *nós* fixo em uma das partes; não há um centro que possa dirigir nossa atenção com um apelo maior.

O que move o nosso pensamento é o "reafirmar pela decisão", uma entre muitas. Se, desde o início, esse *nós* sempre foi impossível, e se não pode ser pressuposto de uma maneira e não de outra sem que isso sufoque o próprio exercício de fabulação e o senso de comunidade com o fantasma do passado, por que não, nos mares circundantes, ir ao encontro do fantasma não escravizado, abandonando essa singularidade do ser-negro? Por que não tocar e nos deixar tocar, inclusive, pelo fantasma tâmil, télugo, kodava, malaiala, marata, neuari, gonde, túlu, pastó, pársi, caxemire... e mais ou menos umas duas dezenas de outros nomes cuja grafia não pude encontrar em nossa língua?

---

363   Stephen Best, *None like us*, p. 88.

Apenas me prometa uma batalha, por sua alma e pela minha

Sobre o estatuto racial da ontologia

Se você não é mito, é a realidade de quem?
Se você não é realidade, é o mito de quem?

— Sun Ra

Não pretendemos, portanto, mostrar como os homens pensam nos mitos, mas como os mitos se pensam nos homens, e à sua revelia. E talvez convenha ir ainda mais longe [...] para considerar que, de um certo modo, os mitos se pensam entre si.

— Claude Lévi-Strauss

Ainda mais curioso é esse negócio de ser uma ficção em busca de sua metáfora mais retumbante.

— Dionne Brand

178 *Apenas me prometa uma batalha, por sua alma e pela minha*

"A ontologia crítica de nós mesmos e mesmas", dizia Foucault, "não deve ser pensada como teoria, doutrina ou mesmo corpo permanente de saberes a serem acumulados; devemos concebê-la como atitude, éthos, uma vida filosófica na qual a crítica do que somos é, ao mesmo tempo, a análise histórica dos limites impostos a nós e um teste de seu possível atravessamento".[364] Nesse caso, a identificação do *que somos* é um problema duplo: lidando com uma "série aberta de questões" por um "número indefinido de investigações que podemos multiplicar e especificar o quanto quisermos", sempre no risco de perdermo-nos num labirinto qualquer, a tarefa nada fácil de nos encontrarmos tem o preciso intuito de nos desencontrarmos. Afinal, "de que valeria a obstinação pelo conhecimento se resultasse apenas em acúmulo, e não [...] na errância de quem conhece?", pergunta-se Foucault.[365] Trata-se de, sempre e a cada vez, submeter nosso apego ao *eu* — imagem do que somos, imagem que abraçamos como propriamente nossa — à crítica das formas de subjetivação que nos situam neste mundo. Esse movimento é indispensável caso não queiramos permanecer no interior de um destino social dado de violenta antemão. De modo nada imprevisível, isso significava, para Foucault, o abandono da política baseada na resistência das identidades. A única forma de autoidentificação que lhe interessava era a de uma (des-)identificação estratégica: a identidade, assim, seria parte de "um jogo", "procedimento para favorecer relações — que relações "de diferenciação, criação e inovação" podem existir por meio da homossexualidade, por exemplo? Essa foi a sua preocupação.[366] Descobrir um *eu* ou um *nós* só pode ser, nesse caso, um movimento que anula a si mesmo: só isso deve importar quando se tenta dizer o que a violência faz de nós, quando se diz a violência para dizer "nós" — o resto é apego a uma imagem, deixar-se dominar por uma imagem.

Cito tudo isso e cito reafirmando porque partilho dessa preocupação, não por um apelo à autoridade. Pouco importa, na verdade, que Foucault tenha dito isso; importa essa sensação de encontrar, enfim, as palavras que expressam algo para o qual ainda nos falta a linguagem. Os textos neste livro, muitas vezes, aliás, foram escritos

---

364 Michel Foucault, "Qu'est-ce que les Lumières?", em *Dits et écrits 1954-1988, Tome IV*: 1980-1988 (Paris, Éditions Gallimard, 1994), p. 577, tradução minha. Edição brasileira: O que são as Luzes?", em *Ditos & Escritos, v. II – Arqueologia das Ciências e História dos Sistemas de Pensamento*, org. e sel. Manoel Barros de Motta, trad. Elisa Monteiro (Rio de Janeiro, Forense Universitária, 2000), p. 351.

365 Michel Foucault, *Histoire de la Sexualité 2: L'usage des plaisirs* (Paris, *Éditions* Gallimard, 1984), p. 14, tradução minha. Edição brasileira: *História da sexualidade 2 – O uso dos prazeres*, trad. Maria Thereza da Costa Albuquerque (Rio de Janeiro: Graal, 1984), p. 13.

366 Michel Foucault, "Michel Foucault, uma entrevista: sexo, poder e política de identidade", trad. Wanderson Flor do Nascimento, *Verve*, n. 5, 2004, p. 265-6.

179 Sobre o estatuto racial da ontologia

em um exercício de colagem; citações e mais citações e mais citações que, em muitos casos, faziam parte do trabalho de reunir o que já convergia de uma maneira ou de outra no interior de uma nova composição. A expectativa é que essa composição mexa com alguém, que provoque essa experiência de um encontro com o mosaico de palavras que *ainda* não foi encontrado. Confesso que, às vezes, essa colagem se deu no estilo surrealista, forçando a reunião do que, teoricamente, não deveria estar junto, do que não parece ter relação. Pior: às vezes, no estilo daquele esforço sincrético de renascentistas como Pico della Mirandola, que misturava todas as tradições que lhe interessavam para produzir a *sua* filosofia, *como se* estivesse descobrindo uma convergência natural oculta a todo o resto — uma naturalidade ridiculamente artificial. Esse estilo é algo que sempre me encantou: um verdadeiro humanismo. Ou melhor: um humanismo que presta. Isso é outro assunto, porém...

É como diz Glissant: "Arremessemos sobre o imaginário da identidade raiz-única esse imaginário da raiz-rizoma. Ao ser que se impõe, apresentemos o ente que se apõe",[367] justapõe, soma, mistura — assim ele transforma, como Foucault o faz, o problema da identidade no problema da *relação*. A existência precede a essência mais uma vez. Glissant estava mais preocupado, ao fazer isso, com os perigos das variações negras do nacionalismo, do imperialismo e do essencialismo; com a possibilidade de uma política cosmopolita que não fosse a mera reunião de várias diferenças encerradas em si mesmas; com o abandono, enfim, do enraizamento identitário como meio de resistência ao colonialismo. Todas essas preocupações tinham a ver com a situação global de uma hiperfronteirização misturada a um excesso de contato entre os povos. Até agora, a questão da identidade tem aparecido, neste livro, como a questão dos limites de uma identificação com um *nós* marcado por atributos negativos, esvaziado, despossuído — algo que permitiria ver uma comunidade entre fantasmas do passado escravo e as pessoas negras do presente emancipado, uma maneira de entender o que permanece apesar da passagem do tempo e de imaginar, mesmo precariamente, as vidas de pessoas *como nós*. Como se palavras pudessem nos reunir e ancorar na repetição incessante de tudo que sofremos agora, no passado, no futuro. De certa maneira, isso ainda me parece variação do que Glissant chama de "identidade raiz-única", embora o solo no qual essa raiz se encontra seja uma negatividade aberta pela violência. Pode-se dizer que os efeitos são os mesmos, ou que só podem ser os mesmos; ou que têm sido, de maneira frequente, os mesmos, apesar de ser *uma* possibilidade.

---

367   Édouard Glissant, *Tratado*, p. 18.

180   *Apenas me prometa uma batalha, por sua alma e pela minha*

Agora, porém, gostaria de pensar em uma variação desse discurso que talvez nos permita encontrar algo que não seja a melancolia caracterizada no ensaio anterior. Para isso, gostaria de falar de Frank Wilderson e do afropessimismo, sobretudo de uma identidade afropessimista, do que pode significar essa autoidentificação com um *nada*, um efeito dos processos de nadificação que começam com a escravidão.

O que é afropessimismo? É preciso notar, sempre em primeiro lugar, o que significa o "pessimismo" nesse nome; há muita confusão por aí em torno disso. A palavra diz a recusa do progresso ou, escrevendo com maior precisão, a recusa das narrativas progressistas que situam o racismo — e não a raça — como algo a ser desfeito, de maneira gradual, por intermédio de políticas reformistas; narrativas carregadas de um otimismo delirante do qual faz parte a crença de que o pior do racismo está no passado. Se isso parece com a denúncia da farsa da abolição e a crítica da imaginação temporal do progressismo estadunidense feitas por Hartman, por exemplo, é porque, quando Frank Wilderson decidiu ressignificar o nome "afropessimismo" — "que nos anos 1980-1990 designava um forte ceticismo sobre o continente africano, ressaltando sua suposta propensão à corrupção e à incapacidade das nações recém-independentes de adotar reformas políticas ou seguir os ditames da economia de mercado"[368] —, a ideia era mesmo reforçar o trabalho dela. Por isso, ele mantém o esforço em mostrar continuidades alheias à fronteirização do tempo por meio de marcos históricos como a abolição; contudo, para além do recurso a uma análise histórica, ele oferece uma imagem metafísica do próprio *mundo* como *antinegro* (não muito distante do que Denise Ferreira faz). Passado e presente como duas configurações do *mesmo* e, desta vez, introduzindo essa experiência no interior de uma ontologia bastante peculiar. É esse problema da singularidade do mesmo, na forma como ele é costurado no afropessimismo e nos textos de Wilderson, que gostaria de retomar.

Antes disso, uma breve exposição dos elementos que me interessam nessa costura: i) a afirmação de que a posição paradigmática da negridade, no interior deste mundo, é a "antítese do sujeito humano",[369] algo que só pode ser desfeito em um evento político de proporções cosmológicas, revolução apocalíptica; ii) esse antagonismo

---

368   Allan K. Pereira, "A condição sem análogo da antinegridade: uma introdução ao afropessimismo", em Fernanda Rodrigues de Miranda e Marcello Felisberto de Assunção (org.), *Pensamento afrodiaspórico em perspectiva: abordagens no campo da História e da Literatura* — Volume I: História (Porto Alegre, Editora Fi, 2021), p. 41.

369   Frank B. Wilderson III, *Afropessimism*, p. 302.

181 Sobre o estatuto racial da ontologia

ontológico emerge com a escravidão, que posiciona as pessoas racializadas como negras no interior de uma metafísica nadificante — elas são *nada* e sua existência como tal sempre se dá de maneira relativa à existência humana; iii) sendo essa nadificação o produto da escravidão, todas as outras minorias políticas, incluindo as pessoas não-negras racializadas como outras em relação às brancas, situam-se do outro lado dessa nadidade, ou seja, encontram-se no humano (sim, é isso mesmo...); iv) por estarem desse lado, mesmo sem perceber, seu cotidiano serve à reprodução da humanidade, que é outra maneira de dizer a reiteração da violência contra pessoas negras como manutenção do humano e de *seu* mundo; v) o afropessimismo, portanto, é a crítica radical dos humanismos reformistas e de seus compromissos ontológicos e éticos. Se podemos entender a força filosófica do aparato conceitual do afropessimismo, é preciso sempre situá-lo como resposta a esses compromissos.

Abrindo outros parênteses: devo dizer que a ontologia da raça pensada e proposta nestes ensaios é maneira alternativa ao afropessimismo de dizer a relação entre o *um* e o múltiplo, mesmidade e alteridade. Situando a raça como o *um* que permanece e o ser-racializado em sua multiplicidade como o que a raça torna possível, pude afastar a raça do ser-negro *e* da escravidão — esta pensada como produção do ser-mercadoria (variação do ser-negro) — e essa foi uma maneira de sair de certa clausura. A ideia, portanto, desde o início, era pensar a raça *por fora* do ser-negro; por fora também das restrições que comumente encontramos nos interesses teóricos de pessoas negras que se dedicam a pensar raça e colonialismo. Deve estar nítido, portanto, que, para mim, se há algo a ser levado a sério no que o afropessimismo oferece, nada pode ter a ver com a afirmação de que somente as pessoas racializadas como negras estão do outro lado da humanidade, afirmação que acompanha a negação de qualquer analogia possível envolvendo a violência contra pessoas negras e a violência contra outros grupos racializados. Essa maneira de pensar dá em afirmações como esta: "[...] no inconsciente coletivo, o palestino insurgente tem mais em comum com o Estado israelense e com a sociedade civil isralense do que com as pessoas negras".[370] Inconsciente coletivo de quem, meu querido?

---

370 Frank B. Wilderson III, *Afropessimism*, p. 12.

182 *Apenas me prometa uma batalha, por sua alma e pela minha*

Antes de prosseguir, um exemplo do discurso afropessimista: Calvin Warren, um dos discípulos de Wilderson, relata uma conversa pós-conferência em que certa pessoa, afetada pela negatividade de sua fala, afirmou que era possível, sim, mudar as coisas — "nós temos esse poder, nós somos livres". A resposta de Warren foi uma série de outras perguntas, lembrando que nenhuma solução reformista imaginada e praticada até o momento fez com que a violência contra pessoas negras cessasse ou mudasse drasticamente de forma ou ao menos tivesse sua intensidade e recorrência sistemática reduzidas (violência que atinge seu ápice no assassinato gratuito e sem consequências, que ocorre sem uma "crise ética" que o suceda, para citarmos novamente Denise). "Será que estamos no aguardo de uma solução inédita, extraordinária, nunca antes imaginada que nos dará o fim da violência contra as pessoas negras e da miséria?", Warren responde/pergunta. "As pessoas começaram a me responder que estava tudo melhorando, apesar do aumento das taxas de homicídio, do poder irrestrito do Estado policial, da impunidade dos policiais responsáveis pelo assassinato de pessoas negras, do complexo industrial-prisional e da reescravização de toda uma geração, da taxa inacreditável de mortalidade infantil negra, da falta de empregos para a juventude negra e da pobreza debilitante".[371]

Após perguntar pelo sentido das ideias de progresso e melhoria diante dessa realidade, Warren recebeu a resposta: ao menos, a escravidão terminou, não somos mais pessoas escravizadas. Ele diz, então, que pediu às pessoas que lessem, de maneira atenta, a Décima Terceira Emenda da Constituição estadunidense — esse texto peculiar que parece sempre roubado por um esquecimento, mesmo estando ali, de dizer com todas as letras: a escravidão é garantida *pela lei* desde que a pessoa seja condenada por um crime (conveniente, dadas as políticas de encarceramento em massa de pessoas negras). Nesse clímax, um estranho deslocamento: Warren aponta para o empírico como evidência de uma ontologia aterrorizante que, desde o início, é o pressuposto de todas as suas intervenções. Bem, ele está contrapondo o empírico a uma *outra* metafísica naturalizada no progressismo/liberalismo, a que nos dá a reencenação mítica da democracia racial no sentido expandido e revisado que o mito recebeu num ensaio anterior deste livro.

A resposta sobre a Décima Terceira Emenda, por isso, é uma mudança de assunto — a pessoa na audiência está correta ao dizer que não há mais pessoas escravizadas *como antigamente*, e o texto constitucional

---

371   Calvin Warren, *Ontological terror: blackness, nihilism and emancipation* (Durham e Londres, Duke University Press, 2018), p. 3-4.

183   Sobre o estatuto racial da ontologia

está dizendo o mesmo, ainda que de um jeito perverso. Se há algo diferente a ser dito é a ontologia afropessimista que o diz: uma pessoa não-escravizada *no fato*, para usar a expressão de Douglass, ainda assim está na posição ontológica do escravo; sobre isso, pouco importa o que leis dizem ou deixam de dizer, assim como não importam as variações denunciadas como o múltiplo de aparências que oculta o *um*. O que define o ser-escravo, no interior dessa ontologia, não é um sistema de trabalho, um sistema econômico, nem um texto jurídico, nada — ele é definido pela condição a que Orlando Patterson dá o nome "morte social", essa tripla composição em que encontramos a possibilidade da violência gratuita, a alienação natal e a desonra. Isso só faz sentido, porém, por uma transposição conceitual, já que a proposta de Patterson era pensar o que era a pessoa escravizada *para* as várias sociedades que se organizaram, desde a antiguidade, em torno e mediante práticas escravagistas; tratava-se de uma caracterização histórica, empírica. Não havia, em seus argumentos, nenhuma singularidade negra e nada próximo de uma leitura metafísica do mundo como a que encontramos em Wilderson, Warren e outros.

Se me permitem a sinceridade: não havia, na verdade, nada de interessante na obra de Patterson que nos permitisse pensar nos nossos problemas modernos. Nem o conceito de *diferença racial* que ele usa tem a ver com essa modernidade. O afropessimismo descontextualiza e repensa o sentido da morte social, dando a um conceito genérico uma relevância inédita, tornando-o praticamente incontornável nos *black studies* contemporâneos.

Voltando... sob o risco de soar repetitivo, gostaria de retomar o problema de um *nós* que indica pertencimento e comunidade, ao mesmo tempo que conjura a violência, mas a partir de uma ontologia crítica da despossessão que nós somos e tendo em vista, mais uma vez, a recalcitrância infernal da raça. Gostaria, assim, de pensar o drama ontológico-existencial que Frank Wilderson nos entrega como um problema com o qual devo lidar porque, em alguns sentidos, a representação desse drama *me* parece estar correta, e isso é algo que tem me perturbado há quatro anos, quase como uma possessão demoníaca.

Um problema meu e de meia dúzia, talvez. Stefano Harney e Fred Moten fazem parte dessa meia dúzia, por exemplo.[372] Não me recordo de mais ninguém, então sobram quatro lugares. Esses lugares podem

---

372   O esforço que faço neste ensaio muito tem a ver com a longa digressão de Fred em "Uma poética dos subcomuns", texto que citarei mais adiante, e com uma série de conversas que tenho tido com Stefano.

184 *Apenas me prometa uma batalha, por sua alma e pela minha*

ser deixados vazios. Não quero dizer, aqui, que devamos dar atenção ao afropessimismo para entendermos sua possível ou necessária verdade. Não, isso não é problema meu. É um exercício. Filosofia, às vezes, como exercício, áskēsis. Algo um tanto propício, pois, logo mais, chegaremos às práticas monásticas/ascéticas de outros tempos...

Por outro lado, como havia dito antes ao citar Mbembe, o "paradigma da morte social" e essa insistência em falar de processos de coisificação/nadificação são coisas que têm seus limites. Gostaria, então, de repensar essa limitação, pensá-la de outra maneira, demorar-me nela por um tempo e ver o que dela pode sair. Afinal, esses processos foram e são reais, mas falar deles é se concentrar em um aspecto da história de nossas paisagens sociais, dar atenção excessiva à violência — que está aí, não há como negar. Se há uma limitação, isso significa que, a partir de certo ponto, o verdadeiro se torna falso ou, ao menos, o pertinente se torna irrelevante. Além disso, dizer que "não houve morte social alguma", como faz Mbembe, parece levar-nos de volta ao problema do sentido dos verbos "haver", "existir" etc. Pode-se dizer que não houve morte social como nunca houve o ser-negro: são invenções forçadas pela violência. Da perspectiva de quem exerceu essa violência, estava tudo lá, dado aos próprios sentidos, tudo real. Por outro lado, as pessoas racializadas se tornaram alguma coisa — nunca o que tentaram fazer delas e com elas.

Pode-se dizer que se tornaram negras, por exemplo, no sentido de que elas tiveram de tomar uma *identidade racial* para si. Isso nunca foi e nem poderia ter sido a incorporação plena das representações raciais — uma efetivação total da morte social —, mas já é alguma coisa. O que isso significou e significa, em cada caso, não temos como dizer de maneira resumida e precisa. Sabe-se que, em muitas ocasiões, tomar essa identidade para si foi e é pouco mais do que declarar: *eu sou quem sofre tal e tal coisa por conta da aparência que tenho*. Não foi e não é sempre, porém, que essa identidade racial = o todo do *eu*. Muito disso se deve precisamente ao fato de que raça é pensada como força de falsificação e distorção do *quem* se é, como se, por baixo das representações raciais, houvesse um *eu* verdadeiro que deseja se mostrar para o mundo. E não é irrelevante o fato de sentir que algo interdita, enfraquece ou dificulta essa apresentação de si: as pessoas são forçadas a serem negras diante do outro e no interior da sociedade racializada. Ainda que o sejam sem corresponder de maneira exata às representações raciais que delas são feitas, há algo ali que só faz sentido por causa de uma *relação*.

Assim, o fato é: do ponto de vista historiográfico, ao menos daquele de uma historiografia comprometida com a crítica do enquadramento das

185 Sobre o estatuto racial da ontologia

pessoas escravizadas como seres inteiramente passivos — como produtos impecáveis das práticas de coisificação —, Mbembe está certo. Essas pessoas não *existiram historicamente* assim, ou não existiram *todas* assim; de um jeito ou outro, a generalização é imprópria. Essa categoria, porém, ainda pode ser aplicável se pensarmos, como Patterson, nos modos como as pessoas escravizadas negras eram vistas, entendidas e situadas no "interior" da sociedade. Nos modos como as pessoas foram obrigadas a existir contra a própria impossibilidade dessa existência. Trata-se de pensar a não-lugaridade antissocial de certo lugar social. O afropessimismo em muito excede essa caracterização na passagem do empírico ao metafísico: por isso, é possível herdar a condição de morte social e a posição ontológica do ser-escravo. Pode-se, mais uma vez, apontar para a história como forma de recusar a continuidade nesses termos metafísicos, mas isso seria mudar de assunto. O afropessimismo não é um revisionismo histórico; os problemas que ele precisa resolver são outros. Será que podemos falar da limitação da descrição metafísica de mundo no afropessimismo sem mudar de assunto e apelar ao empírico e ao histórico?

Isso nos leva de volta a Fanon, ao seu texto, em que os problemas metafísicos e os culturais se confundem. "A ontologia, quando se admite de uma vez por todas que ela deixa de lado a existência, não nos permite compreender o ser do negro. Pois o negro já não precisa ser negro, mas precisa sê-lo diante do branco. Alguns teimarão em nos lembrar que a situação tem duplo sentido. Respondemos que isso é falso. O negro não tem resistência ontológica aos olhos do branco. Os negros, de um dia para outro, passaram a ter dois sistemas de referência em relação aos quais era preciso se situar. Sua metafísica, ou, menos pretensiosamente, seus costumes e as instâncias às quais remetem foram abolidos, pois estavam em contradição com uma civilização que eles desconheciam e que lhes foi imposta".[373] Vale a pena citar esse trecho mais longo, sem picotá-lo, e prosseguir por partes.

Antes disso, retomemos outro momento: a citação, em nota de rodapé, do texto de Sartre sobre a questão judaica, cujas linhas expressam um "problema que [...] nos agarra pelas entranhas".[374] Lá, Sartre afirma que, diante da "hostilidade ameaçadora da sociedade circundante", pode-se perder um "sentido metafísico".[375] Trata-se de uma perda ocasionada por outra, a qual,

---

373 Frantz Fanon, *Pele negra*, p. 125.
374 Ibidem, p. 193.
375 Jean-Paul Sartre, "Reflexões sobre a questão judaica", em *Reflexões sobre o racismo*, trad. Jacó Guinsburg (São Paulo, Difusão Europeia do Livro, 1960), p. 92.

186 *Apenas me prometa uma batalha, por sua alma e pela minha*

por sua vez, tem uma natureza política: sem direitos garantidos de maneira firme, sem a segurança de saber o seu lugar no mundo como ancoramento na própria tradição e em uma tradição própria, o horizonte do pensamento é manchado por uma insegurança pervasiva, disseminada nas relações sociais e reproduzida no cotidiano. O problema do judeu, no texto sartreano, é o antissemita: sem este, as comunidades judaicas europeias teriam estado livres para se ocupar com outras coisas dotadas, por meio de sua própria tradição, de sentido — até mesmo um sentido *metafísico*. Então, quando Fanon diz que existe, "na *Weltanschauung* de um povo colonizado, uma impureza", devemos lembrar da relação entre essa cultura de insegurança e a perda de uma disposição metafísica.[376]

Bem, "metafísica", no texto fanoniano, ali mesmo onde se encontra a citação anterior, aparece como sinônimo de "costumes" ou "sistema de referência". É provável que isso se deva ao fato de que Fanon, em muitos momentos de *Pele negra*, estava respondendo à etnofilosofia de Tempels, responsável por inaugurar certa tradição de equivalência entre "ontologia" e "cultura".

Placide Tempels, padre/missionário da ordem franciscana, tinha um problema muito sério para resolver — problema administrativo e logístico: como operar uma conversão mais eficiente das pessoas colonizadas ao cristianismo? Como aprimorar esse fluxo? Por algum motivo grotesco, Tempels pensava que o verdadeiro problema da colonização era o desrespeito às tradições locais somado à descivilização do cristianismo. Se essas tradições não fossem consideradas de maneira digna, não serviriam ao objetivo maior do trabalho missionário: a conversão. Tempels se preocupava com o fato de que, depois de convertidas, as pessoas retornavam às suas crenças mais tradicionais, àquelas tão enraizadas que o retorno era quase que orgânico, quase que automático. O estudo dessas crenças, diz Tempels, é o estudo da "filosofia bantu" — o nome de seu livro carregava essa expressão. Ele serve para identificar os elementos no interior dessa filosofia (= sistema de referência = cultura) que estão em sintonia com o cristianismo: "Por não termos penetrado a ontologia dos Bantu, mantemo-nos incapazes de lhes fornecer uma doutrina espiritual assimilável e uma síntese intelectual compreensível. Por não termos compreendido a 'Alma' bantu, não fizemos o esforço metódico para que esta tenha

---

376 Frantz Fanon, *Pele negra*, p. 125.

187 Sobre o estatuto racial da ontologia

vida mais pura e mais intensa".[377] Assim, diz Tempels, "partindo da verdade, do bom e sólido costume indígena é que poderemos conduzir os Negros para uma verdadeira civilização bantu", civilização propriamente cristã.[378] Por isso, "[a]ntes de ensinarmos aos Negros o nosso pensamento filosófico, esforcemo-nos por penetrar nos deles" — "Somos nós que podemos lhes dizer, de um modo preciso, qual o conteúdo de sua concepção dos seres".[379] Com uma etnografia improvisada e desvinculada de qualquer instrução formal, a missão é posta em movimento... começam as generalizações organizadas pela lógica racial/colonial...

O termo "etnofilosofia" não é criação de Tempels. Há duas versões do nome. Fico com a de Hountondji que foi a de maior impacto: "Com essa palavra, designei certa prática filosófica que consiste em dar a si a tarefa de descrever visões coletivas de mundo";[380] algo feito pela "interpretação dos costumes, dos provérbios, das instituições, enfim, dos dados diversos da vida cultural dos povos africanos — uma *Weltanschauung* particular [...] supostamente comum a todas as pessoas africanas, subtraída da história e do devir". Trata-se de um pretexto "para uma discussão entre eruditos europeus, e as pessoas negras permanecem, na prática, o oposto do que poderíamos chamar de 'interlocutoras' — é delas que se fala, rostos sem voz que outras pessoas tentam decifrar entre si, objeto a ser definido e não sujeito de um discurso possível".[381]

Fanon diz que não lhe interessa a obra de Tempels, sua descrição da ontologia bantu; que não lhe interessa "saber que '*Muntu* é Força' entre os Bantu, ou melhor, poderia até me interessar, não fossem certos detalhes".[382] Os detalhes são o conjunto de violências coloniais em operação naquele momento. É esse um dos sentidos da interdição ontológica: "não se trata de encontrar o Ser no pensamento bantu, quando a existência dos Bantu se vê colocada no plano do não ser, do imponderável". Por isso, ele afirma que "a segregação" praticada pelo colonialismo — que tem o próprio Tempels

---

377   R. P. Placide Tempels, *A filosofia bantu*, trad. Amélia A. Mingas e Zavoni Ntondo (Luanda, Faculdade de Letras da UAN, 2016), p. 35.

378   Ibidem, p. 33.

379   Ibidem, p. 40.

380   Paulin J. Hountondji, "Ethnophilosophie: le mot et la chose", em *Exchoresis: Revue Africaine de Philosophie*, n. 7, 2008, p. 1.

381   Paulin J. Hountondji, *Sur la "philosophie africaine": critique de l'ethnophilosophie* (Paris, François Maspero, 1976), p. 14-5.

382   Frantz Fanon, *Pele negra*, p. 196.

como um de seus agentes — "não tem nada de ontológico".[383] Uma maneira de dizer que, quando um povo é dominado dessa forma, pouco importa o esforço do colonizador em entender a cultura = ontologia desse povo: ela será uma ficção instrumentalizada para fins administrativos e logísticos. De fato, faz parte da etnofilosofia de Tempels um exercício de fabulação crítica. Isso significa que não há nada, no texto etnofilosófico europeu, que possamos tomar como verdadeiro? É muito provável que haja alguma coisa ou outra que reflete o que um número razoável de pessoas pensava *naquele momento*. Pouco importa.

Com isso, parece ficar mais nítido o que significa a impossibilidade da ontologia para Fanon. Não é que um indivíduo qualquer não possa pensar em termos metafísicos — tomada como idêntica à cultura, a ontologia indígena sofre com a destrutividade da violência colonial. No mesmo momento do livro, Fanon chega mesmo a dizer que, se não há "mais o 'minimamente humano', não há cultura". Afirmação curiosa — assim como uma outra: "sabemos que a sociedade bantu não existe mais". Isso nos leva ao comentário sartreano sobre o *sentido metafísico* perdido — uma insegurança que tudo parece contaminar. O que Fanon parece dizer é que, quando há violência contra os sistemas de referência que tornam um povo capaz de mapear o mundo e orientar a sua vida cotidiana de maneira estável, algo que afeta inclusive e sobretudo as possibilidades criativas e de produção do novo, quando há uma luta para assegurar a própria existência relativa a esses sistemas, a essência só faz sentido como o que é imposto pelo outro do qual emana a ameaça cosmológico-existencial. A inexistência da sociedade bantu é a impossibilidade de retomar a fluidez e as dinâmicas culturais interrompidas pela colonização. De um lado, a resistência cultural se torna conservadorismo voltado à sobrevivência, em que o apego ao *que somos* no momento é resposta a uma força de dissolução que não conhece limites.[384] Por isso mesmo, a resistência ontológica/cultural diante do branco está comprometida, porque essa versão estagnada, mumificada, é sua própria morte — o que resiste é um cadáver, não é o que deveria ter estado ali. Do outro lado, a administração colonial — com o auxílio de sua classe intelectual — inventa culturas estáticas para os povos colonizados, fazendo com que tudo se misture em um fechamento, uma falsificação. "A característica de uma cultura é ser aberta", poder

---

383   Ibidem, p. 197.

384   Frantz Fanon, "Racismo e cultura", em *Por uma revolução africana*, trad. Carlos Alberto Medeiros (Rio de Janeiro, Zahar, 2021), p. 72.

189 Sobre o estatuto racial da ontologia

sempre ser atravessada por "linhas de força espontâneas, generosas, fecundas".[385] Talvez Fanon tenha exagerado um pouco nisso. De todo modo, uma longa digressão. Pensar a limitação. Pensar por meio dela. Sim, vamos lá. Qual o motivo para o retorno a Fanon? Bem, o afropessimismo é uma leitura peculiar do que Fanon diz quando nega que pessoas negras/colonizadas tenham "resistência ontológica" diante dos brancos/colonizadores. Também é uma das muitas leituras equivocadas que afirmam que "zona de não--ser" = zona de não-humanidade (quando se tratava, precisamente, do contrário). O afropessimismo radicaliza tudo isso e dá a volta em Fanon e em seu desinteresse, surgindo com uma ontologia em mãos. Parece que, saindo do empírico, da existência e da história, Wilderson consegue abrir o espaço necessário para que a *morte social* se torne condição ontológica e não simplesmente histórica — as pessoas negras, mesmo após a abolição, carregam consigo essa condição relativa. Será que isso significa, então, uma recuperação daquele sentido metafísico que, para Sartre, perdia-se no antissemitismo, e que Fanon julgava ter desaparecido com o colonialismo? Não, não pode ser isso. Mais uma vez: nunca foi questão de produção de textos filosóficos *e* metafísicos por alguns indivíduos. A condição ontológica herdada, além disso, não permite a resistência ontológica = resistência cultural.

Não, há algo ainda mais estranho em cena. Essa não-resistência retorna na figura do *nada* — a pessoa negra é nadificada porque não *resiste ontologicamente*. Ela não é.

Não farei aqui um jogo de palavras como Górgias, dizendo que ser nada = ser algo, logo = ser, ou algo assim. É claro, desde Fanon, que o ser-negro é relativo; se é possível, como Wilderson o faz, falar na existência negra como a existência do *nada*, é porque essa existência é situada de maneira bem específica no interior de *um* mundo. Não há, portanto, a ideia de um não-ser absoluto no afropessimismo. Se uma pessoa negra é algo para além desse *nada*, ela não o é por ser negra, não o é enquanto negra — o que significa, para uma pessoa negra, não ser uma pessoa negra no interior de nosso mundo? É uma impossibilidade; sempre nos fazem saber que somos, sim, pessoas negras, que não podemos não ser assim, não importa o quanto desejemos, o que falemos ou pensemos ou façamos (é exatamente esse o motivo para Fanon ter afirmado que era preciso entrar em uma zona de não-ser, pois a colônia seria a zona do ser-negro; esse detalhe escapa inteiramente ao afropessimismo, no entanto).

---

385 Frantz Fanon, "Racismo e cultura", p. 73.

190 *Apenas me prometa uma batalha, por sua alma e pela minha*

Assim, a negridade prende as pessoas obrigadas a incorporá-la no interior deste mundo à nadidade relativa.

Quando Wilderson cita a passagem sobre esse tipo de resistência em *Afropessimismo*, ele está comentando a arbitrariedade radical da violência lançada contra pessoas negras, comentando dois casos específicos em que elas são como "objetos no interior de uma estrutura gramatical" — fora da posição de quem age, cria, pensa etc. O homem negro, por exemplo, "não pode ser imaginado como filho ou pai ou irmão de alguém, nem pode ser imaginado como alguém que fala uma língua filosófica", algo que ele associa ao irreconhecimento de uma política a ser proposta por esse homem, política a ser discutida.[386] Só que é Wilderson que fala, e não um branco — ele é o autor da descontextualização e recontextualização do conceito de morte social, por exemplo. É ele que fala em uma posição ontológica.

É interessante que o desinteresse de Fanon na ontologia tenha tido a ver com uma incerteza aterrorizante que só iria embora com a descolonização *e* com a abolição da raça. Historicamente e com poucas exceções, metafísica foi essa prática filosófica orientada à conquista de uma segurança; capturar a essência para assegurar o saber para assegurar a existência correta. O "sentido metafísico" de que fala Sartre, apesar de nada ter a ver com uma prática filosófica, faz sentido. De todo modo, o nível exigido de segurança variou e varia bastante. E a questão é: ainda que pensando a própria despossessão no interior de um mundo estruturado pela violência racial, o afropessimismo encontra sua segurança no mais improvável, nesse não-ser, nessa *nadidade que somos*. Ao menos, é o que parece... o que podemos dizer é que Wilderson e os afropessimistas oferecem ao menos uma certeza: enquanto *este* mundo não for desfeito, nada mudará quanto a essa posição ontológica = posição social/cultural em que as pessoas negras se encontram agora. Seria o afropessimismo, então, um esforço de oferecer *uma* orientação possível nas mais desorientadora das realidades? Wilderson diz que, como escritor negro, sua tarefa é "dar sentido a toda essa violência sem que ela me sobrecarregue e me desoriente".[387]

É dito que o afropessimismo é mais uma "metateoria do que uma teoria". Ele nos permite visualizar o problema de teorias existentes: seu compromisso com o enquadramento linear-progressista do tempo histórico e da possibilidade de redução e eventual fim da violência contra pessoas negras. Pode-se dizer que, dessa

---

386 Frank B. Wilderson III, *Afropessimism*, p. 165.
387 Ibidem, p. 246.

Sobre o estatuto racial da ontologia

forma, o afropessimismo tem a ver com saber navegar em uma realidade que nos é antagônica sem esperanças reformistas de redenção. Um saber negativo, claro. Não pense nisso, não ache aquilo, não tenha essa expectativa...

De todo modo, essa orientação não é uma oferta unilateral do acadêmico. Wilderson chega a afirmar que, *finalmente*, as "fantasias [...] e os trabalhos intelectuais das pessoas negras em revolta" encontraram uma sintonia possível com a universidade — com a intelectualidade afropessimista.[388] Parece mais arrogante do que é: Wilderson, na verdade, identifica suas ideias operando — ao menos em parte — quando as pessoas negras se revoltam contra o próprio *mundo*. "O afropessimismo [...] não é uma igreja onde se reza, nem um partido a ser eleito. O afropessimismo são as pessoas negras no seu melhor. 'Revoltadas com o mundo' são as pessoas negras no seu melhor".[389] A orientação que seu texto oferece já está presente nessas revoltas extra-acadêmicas.

Sim, é quase como se, diante da certeza da morte — não a que perturba as pessoas que não lutam por sua própria humanidade, mas a que se torna possível no posicionamento ontológico das pessoas negras como antítese e condição de possibilidade do humano —, fosse possível retomar o sentido metafísico em nossa existência cotidiana.

É difícil negar que a morte ocupe tempo e espaço na vida cotidiana das pessoas negras e brancas de maneiras profundamente distintas. Na verdade, é difícil negar boa parte do discurso afropessimista, mesmo quando assume ares irrespiráveis; no mínimo, compreendemos a revolta que o alimenta, a sensação de um desamparo singular e o encerramento do horizonte progressista na produção de futuros ainda estruturados pela violência contra pessoas negras. De todo modo, o afropessimismo — enquanto éthos que excede as palavras acadêmicas — se mistura com o cotidiano enquanto uma cultura (=ontologia) *da morte*, elaborada ao seu redor. E não é sequer uma morte autêntica, como diz Warren retomando Heidegger.[390] É a morte da própria possibilidade de morrer de maneira *humana*. Porque o afropessimismo são as pessoas negras em sua revolta antimundana, testemunhamos, mais uma vez, um estranho *nós* nadificado com o qual deveríamos nos identificar, quase como uma captura indecente de revoltas que excedem o enquadramento ontológico oferecido por Wilderson e outros.

---

388   Ibidem, p. 173.

389   Ibidem, p. 40.

390   Calvin Warren, *Ontological terror*, p. 113.

192   *Apenas me prometa uma batalha, por sua alma e pela minha*

Tornou-se um hábito afropessimista, aliás, estender o nome de seu *nós* a pessoas que partilham um ou outro de seus pressupostos ou compromissos. Esse hábito, na verdade, era tudo que me interessava quando comecei este ensaio. Porque envolve esse *nós* que, mesmo figurado no esforço de uma ontologia crítica do que somos, parece encontrar sua coesão no desvelamento de uma metafísica naturalizada *e* denegada por um outro — metafísica que não é nossa, nem de autoria desse *nós* afropessimista. Por que, então, deveríamos nos identificar com e no afropessimismo?

Sim, "crítica do que somos". Não se deve esquecer que, na incorporação filosófica da revolta antimundana, Wilderson quer nada mais, nada menos do que a concretização do sonho fanoniano: o fim da raça.

A metafísica que o afropessimismo oferece é a metafísica dos brancos — são eles que acreditam que são humanos, eles que acreditam que *nós* não somos. Uma situação estranhíssima. O que diabos você está fazendo, Frank? Que interesse é esse, afinal, que Wilderson tem na ontologia? Estaria ele retomando o interesse ausente em Fanon? Lembremos que o desinteresse fanoniano era uma forma de recusar a etnofilosofia de Tempels e suas ficções cristãs/coloniais. Bem, a metafísica descrita não é *do* afropessimista, ela é afropessimista, ou nos incita um afropessimismo se nos livramos da imaginação temporal do progressismo. O que pode significar essa distinção?

Um *nós* nadificado. Não-resistência ontológica/cultural. Tempels, etnofilosofia. Desinteresse — uma cultura estagnada. "Sabemos que a sociedade bantu não existe mais". Tudo se encaixa agora — quem é que acredita que Wilderson é *nada*? Que povo deve ser estudado etnofilosoficamente quando os outros estão com suas culturas estagnadas, aprisionadas em ficções?

"Tudo se encaixa agora" talvez seja a afirmação mais ridícula deste texto; certamente é a mais fictícia. Expressão de um sentimento genuíno de descoberta, porém — descoberta renascentista, sincrética, meio que delirante, Pico della Mirandola.

Wilderson é como um Tempels negro, autor de uma etnofilosofia da branquitude: *Afropessimismo = A filosofia branca*, ontologia afropessimista = cultura branca. Como, no interior de um mundo estruturado pela raça, as pessoas negras *não são*, e como o ser-negro é não-ser — de modo que até o uso de verbo "ser" como conectivo se torna impróprio —, a crítica "do que somos" não diz e nem pode dizer respeito a nós.

193   Sobre o estatuto racial da ontologia

Diz apenas os modos de operação da branquitude e sua relação com *este* mundo de acordo com os modos de sua autonaturalização. Diz mais ou menos — a etnofilosofia de Wilderson, assim como a de Tempels, perde-se na mistura de ficções, projeções, experiências e o que o outro diz/pensa. Algo que se deve à necessidade de traduzir, para uma linguagem filosófica, o que está dado de maneira cotidiana. Há outros problemas em cena, claro. O fato é que o discurso afropessimista oferece um vocabulário que *não é* ou nem sempre é o das pessoas brancas. A diferença é que, talvez, Wilderson tenha sido mais preciso do que Tempels falando do povo bantu (e generalizando para todos os povos africanos).

Por isso, aliás, não há espaço, no afropessimismo, para a diferença entre raça e ser-racializado como a feita até aqui. Mais uma vez: a raça é o *um* — o ser-racializado é o múltiplo variável, sujeito aos devires do mundo. É preciso desfazer a equação *racialidade = negridade*. Além disso, esse *um* — isso que permanece, essa mesmidade, essa matéria —, se entendido como forma da alteridade radical, da diferença entre naturezas, não pode jogar as pessoas negras de um lado e as pessoas não-negras *em geral* do outro. Wilderson aparece, de repente, com essa ideia de que humano é *todo mundo* menos as pessoas negras. Não, Frank, como isso pode ser verdadeiro? Por causa de algo herdado? O que a história do colonialismo — quando produzida sem deixar de fora continentes e povos inteiros — nos mostra é outra coisa. Sim, há promessas de "embranquecimento" mais numerosas e intensas feitas para pessoas racializadas de outras maneiras — há "votos de fidelidade à branquitude" a serem renovados e tudo o mais.[391] Ainda assim…

Ah, sim, isso é problema meu — são meus os conceitos e eu que me vire. Bem, é isso que estou fazendo desde o início. Não, não é uma crítica no sentido de dizer "Frank, você não entendeu..." — é mais um esforço de pensar de outra forma para não cair no afropessimismo. Não, Frank não aparece com essas coisas "de repente" — ele tem toda uma vida que alimenta a firmeza dessa posição, dessa divisão de fronteiras. Sim, entendo, identifico-me com o sentimento. Ainda assim, intolerável, uma identificação impossível. Além disso, corro o risco de trazer de volta o histórico e o empírico exatamente porque ontologia afropessimista = cultura branca, correndo também o risco de soar uma interpretação absurda. Talvez não seja tão absurda, dado que Wilderson,

---

391   Rodolfo Horoiwa, "O duplo cromaqui colonial da racialização amarela", *amarelitude*, 21 nov. 2022, disponível em: https://amarelitude.medium.com/o-duplo-cromaqui-colonial-da-racializa%C3%A7%C3%A3o-amarela-c56d26159321.

194   *Apenas me prometa uma batalha, por sua alma e pela minha*

na produção desses textos autobiográficos, tenta traduzir uma experiência dele — que é uma experiência *comum*, nada individual — do que o outro-branco faz, pensa e diz em uma metafísica descritiva que nos dará a imagem de um mundo.

Queria dizer: há algo que se perde na tradução. Alguma coisa, uma que seja. Somente isso, nada de mais. O que é interessante, de todo modo, é que Wilderson deve anular — porque a metafísica afropessimista é descritiva — qualquer desejo de pensar ontologicamente a si mesmo que ultrapasse as fronteiras da consciência branca. É no interior dela que ele se situa; é ela que ele exibe em sua interioridade. Digo "ele"... quem é ele? Não, não é Wilderson — é a figura que ele assume no texto: o *nada*. Não é só o desejo que deve ser anulado. É o próprio *eu* como *eu*-negro de Wilderson.

> Ser-nada = ser-escravo, essa é a posição herdada no interior de uma sociedade/cultura organizada pela violência contra pessoas negras. Para mim, é sempre uma experiência constrangedora ler Frank se dizendo um Escravo, com essa maiúscula, negando-se a participação na humanidade; muitas vezes, ele parece se ver como/através de uma negatividade mais negativa do que a sociedade em que se encontra — *parece*. Ele sabe que não é só aparência porque sabe o que a raça autoriza contra pessoas racializadas como ele foi e é e será até os seus últimos dias. E sabe que o fim disso é o fim *deste* mundo. Por isso, ele sabe que é Escravo. Mais uma vez, o constrangimento que sinto me parece interditar o caminho que ele decidiu trilhar. O que importa, porém, a interioridade particularizada de meu sentimento diante de uma *ontologia*, diante da estrutura do próprio mundo ou da organização de toda uma sociedade/cultura? Dizia, no entanto, que algo se perde na tradução...

Wilderson nos diz que a "ontologia política negra está interditada".[392] Talvez ele concordasse com a afirmação de que a ontologia afropessimista não é *do* afropessimista, mas etnofilosofia do outro = branco. Algo meio Davi Kopenawa pensando sobre como são estranhos e terríveis e cômicos diversos elementos de nossa cultura, coisas que valorizamos de maneira excessiva e que, no interior de outras sociedades, sequer fazem sentido; sobre como nossa normalidade pode até mesmo ser distópica para outros povos. De todo modo, quando Wilderson nos fala dessa interdição, está nos falando de sua nadidade, da impossibilidade de que a ontologia seja *sua*.

---

392   Frank B. Wilderson III, *Afropessimism*, p. 247-8.

195 Sobre o estatuto racial da ontologia

Não, ele não está nos falando isso. Muito do que faço neste livro é um exercício de corrupção. As descontextualizações, os deslocamentos são requisito básico para o *uso* dos textos para além de sua mera interpretação; quero forçá-los a percorrer um caminho que os distancia do autor, trazê-los para uma nova composição — a entrada nela exige um sacrifício. Talvez isso seja, na verdade, uma forma mais problemática de interpretação, ou talvez toda interpretação tenha um pouco disso. Talvez... se não for assim, ainda temos o problema, claro, de saber o ponto exato que termina a interpretação e começa o uso, o problema de lidar com uma *zona de indistinção*. O que me faz lembrar da mais ridícula afirmação de Deleuze: "[...] me imaginava chegando pelas costas de um autor e lhe fazendo um filho, que seria seu, e no entanto seria monstruoso. Que fosse seu era muito importante, porque o autor precisava efetivamente ter dito tudo aquilo que eu lhe fazia dizer. Mas que fosse monstruoso também representava uma necessidade, porque era preciso passar por toda espécie de descentramentos, deslizes, quebras, emissões secretas que me deram muito prazer".[393] Ora, sabe-se bem o quanto Deleuze corrompeu os textos que usou para pensar e formular seus conceitos; por outro lado, não é difícil perceber, em muitos casos, como havia uma fidelidade bastante peculiar nisso — era preciso que o filho fosse mesmo do autor: é isso que ele diz com toda a seriedade que essas palavras ridículas podem carregar. Se trago esta citação agora, é porque, ao contrário de outros usos, o que faço dos textos de Wilderson é o mais corrupto, mais problemático; o mais movido, apesar de tudo, por um estranho senso de fidelidade. Sim, Wilderson está nos falando tudo isso.

O texto de Wilderson, aliás, por não poder ser a exposição de uma metafísica negra — como um tratado filosófico tradicional —, é o tipo de texto que se torna acessível quando se herda a posição ontológica negra: uma narrativa escrava — "Wilderson sugere que o único enquadramento narrativo disponível para quem teve antepassados escravizados [...] é o da 'narrativa escrava', não importa o gênero literário usado: a letra de música, o ensaio crítico, a autoficção ou qualquer outro".[394] A expressão "narrativa escrava" é a que se usa para classificar, de maneira acadêmica, os textos autobiográficos como os de Equiano e Douglass comentados no ensaio anterior.

---

393   Gilles Deleuze, *Conversações, 1972-1990*, trad. Peter Pál Pelbart (São Paulo, Ed. 34, 2008), p. 14.

394   Julius Greve, "Hip Hop Naturalism: a poetics of afro-pessimism", *Ecozon@*, v. 13, n. 1, 2022, p. 76.

196   *Apenas me prometa uma batalha, por sua alma e pela minha*

Fico imaginando o que ambos diriam disso. O fantasma, porém, não pode resolver isso para nós.

As fórmulas ser-negro = ser-escravo e ser-escravo = ser-nada são um de nossos problemas de tradução aqui. Pode-se sugerir que o termo "escravo" seja substituído por outro; poderíamos ficar apenas com "nada", que é de fato seu sinônimo no afropessimismo. Confesso que isso de se dizer "nada" não me constrange tanto: fico com a impressão de uma afirmação misteriosa, monástica, carregada de uma espiritualidade inabalável. Para Wilderson, entretanto, essa troca não sinonímica está interditada: "não há existência possível para a negridade que não seja escravidade".[395] Não há para onde correr. O *nada* pode quando muito servir de espelho e, ao fazer isso, só pode ser Escravo, pois essa é a posição descrita na ontologia = etnofilosofia. Tarefa de descrição nada desimportante, mas é preciso sempre pensar no que está sendo pressuposto: a precisão desse espelhamento, por exemplo. Será que Wilderson reflete tão bem esse olhar do outro?

Voltemos, em mais uma digressão, a Fanon acompanhado por Glissant, pelo "ente que se apõe", e também ao sujeito fantasmal de Mbembe e Tutuola. Para que serve a insistência na existência, inclusive na histórica, como aquilo que precede e aponta outras possibilidades de um *nós*? Porque é nela que se desdobra a luta política através de todas aquelas metamorfoses não-lineares. Fanon não se interessava pela ontologia — fosse ela o mesmo que cultura ou não — porque era preciso lutar contra as formas da estagnação e da clausura, recuperar a mobilidade e a dinamicidade na existência em sua totalidade. O *ser* é o estático, inventado para ser assim, desejado por ser assim; seja na ontologia bantu fabricada por Tempels, seja na produção colonial do ser-negro (e do ser-racializado em geral), seja nas teorias da natureza humana que os europeus inventaram para si mesmos. Uma existência, porém, obrigada a participar da realidade colonial, pode ser uma existência tempestuosa, em que o *eu* é lançado em uma espiral de encontros e desencontros consigo e com o outro — não é possível *ser* inteiramente o que a ontologia branca diz; pouco importa se estamos falando do ser-negro ou do ser-branco. O que pode ocorrer a partir da apreensão móvel desse fato, como diz Douglas Barros, é essa percepção de que "todas as diferenças" são "diferenças nenhumas": "O negro é esse ponto descentrado que sustenta o devir do não-ser".[396] É apenas nisso que pode surgir uma

---

395   Frank B. Wilderson III, *Afropessimism*, p. 42.

396   Douglas Rodrigues Barros, *Lugar de negro, lugar de branco? Esboço para uma crítica à metafísica racial* (São Paulo, Hedra, 2019), p. 62.

197 Sobre o estatuto racial da ontologia

ontologia crítica do que somos para além do movimento especular do afropessimismo e do desinteresse fanoniano.

Na verdade, essa ontologia crítica é um subproduto da exposição que Fanon faz da existência como campo de batalha contra todas as ontologias que são tão somente expressões de uma cultura tomada como instituição estática, atemporal, inexistencial: como diz Foucault, toda a questão é o "atravessamento" dos limites descobertos em sua contingência. Sem isso, como entender o que há de fictício e imaginário em nós — ficções raciais e não-raciais, representações imagéticas raciais e não raciais —, sobretudo o Escravo do afropessimismo? Como entender que, a despeito da realidade propriamente imaginal da raça, sua potência nadificante é limitada pela existência, existência que, ao se alimentar de uma contraficção, pode relembrar um *nós* como impossibilidade da identidade-raiz e de toda forma de essencialismo? É na existência que a singularidade da escravidão como ocasião natal se perde — nosso mundo não teria existido como tem existido até aqui sem ela, mas ela não nos lançou na clausura de um *nós* exclusivamente negro; sua força abissal nunca esteve em plena sintonia com suas práticas de diferenciação, imobilização e coisificação. Na diáspora, *um* se fez múltiplo sem cessar, ao mesmo tempo que o mundo foi erguido pelo trabalho de encerramento de cada múltiplo em *um* distinto de outro *um*: inúmeras raças, às vezes mais, às vezes menos, todas produzidas por um processo idêntico de esvaziamento, pelo uso da raça como forma da alteridade radical. Se isso é o que nos diz uma ontologia crítica do que somos, uma ontologia de autoria desautorizada nossa, que carrega nosso nome impróprio, a ontologia/cultura branca que o afropessimismo etnografa não pode ter prioridade no que pensaremos sobre comunidade, pertencimento e aliança.

Mais uma vez, o problema é que, nas sociedades coloniais e pós-coloniais, do navio à república democrática, nunca foi possível governar e domesticar a própria nadificação conservada em seu interior. Se prestarmos atenção às outras formas de racialização, se saltarmos por cima da fronteira que Wilderson reproduz em sua etnofilosofia, encontraremos o fato de nossa não-singularidade em relação à raça. Não foi o colonizador que tentou nos separar pela aplicação violenta de suas categorias? O afropessimismo acredita demais nas promessas de embranquecimento feitas às outras comunidades racializadas; por mais que, com frequência, algo nessas promessas seja cumprido, por mais que isso exija, dessas comunidades, uma ontologia crítica atenta a esses processos, só mesmo quem acredita na generosidade da branquitude é inocente a ponto de acreditar que se encontra no interior do humano do outro lado do Escravo (quando, historicamente, nem mesmo as pessoas agora-brancas foram poupadas). Não são poucas as pessoas que nisso acreditam, claro — como não são poucas as pessoas que acreditam na singularidade do ser-negro e na inexistência de analogias entre as múltiplas formas de violência racial. O afropessimismo não pode fugir de um *dividir para conquistar* porque não confia no ente que se apõe e na possibilidade de sua ontologia crítica. Acredita apenas que o nada reflete o humano de maneira adequada, como se esse humano tivesse se dito e representado e instanciado sempre de uma única maneira e em relação a uma única coisa — pior: como se pudéssemos confiar no humano.

Essa série longa de digressões dentro de digressões serve apenas para dizer que, quando penso na Palestina, pouco me importa o passado escravo para ver como funcionam, ainda hoje, os processos de racialização. A mesma Palestina na qual tantos afropessimistas enxergam violência, mas nada com o que se identificar e solidarizar: ausência de analogias possíveis, eles não são como nós. Não, isso não é Frank — ele abriu essa possibilidade, no entanto. Na verdade, ela já estava aberta, ele não inventou nada. O que ele fez foi nos dar um possível enquadramento teórico para uma insensibilidade. Um dos preços, talvez, de se anular para ver e fazer ver as operações da branquitude. A escravidão de pessoas negras no passado só me toca em sua espectralidade através da *raça*, ou seja, desse outro *um* que toca Gaza, disso que estava lá antes e permaneceu depois das possibilidades históricas das quais ela foi condição, do que não é meu ou nosso e pouco se importa com o que sentimos e imaginamos e pensamos — o esvaziamento nos reuniu, não o ser-negro exclusivamente como (não-)ser-nada. Eu vejo em Gaza a presença da barbárie colonial que vejo nos arquivos da escravidão. Não, isso não é uma competição, uma tentativa de calcular violências e sofrimentos: o fato é que, se me perguntarem que está mais próximo da pessoa escravizada negra do passado, o que posso responder? Que coragem eu teria em dizer "eu"? O conforto no qual me encontro neste exato momento que escrevo estas palavras... sim, Frank, posso sair na rua daqui a quinze minutos e morrer por ter herdado o que herdei. E daí? Para onde esse fato me leva, para onde a sua imagem afropessimista, para onde o seu mito? O que Baldwin disse diante da Guerra do Vietnã? "Todo vilarejo bombardeado é minha terra natal"...

Uma pequena pausa. O que tentava dizer, até o momento, é que, se raça não é a mesma coisa que ser-negro, se ela é condição móvel e contingente de possibilidade de outros processos de racialização para além do ser-negro, então não há motivo incontornável para pensarmos que a produção de vazios a serem preenchidos tem qualquer relação exclusiva com o ser-negro, com a negridade, o que seja. A figura do *nada* não pode ser negra a não ser que queiramos que seja, e por que haveríamos de querer algo assim? Wilderson quer. Quanto a isso, nada podemos fazer. Ele querer isso, no entanto, significa algo para mim: abrir mão de seu *eu* para figurar o *nada* é um gesto autodestrutivo — no plano literário. Se há algum masoquismo nisso, o fato é que Wilderson tomou uma decisão, e que ele está por aí sustentando essa decisão; ele não morreu de morte social fora do texto. Fico pensando em Descartes, que produziu esse *eu* que duvida de tudo como uma figura literária, que não faz sentido fora do texto: em nosso cotidiano, não temos esse tipo de dúvida, sabemos mais ou menos que existimos, que nosso corpo é nosso, que não estamos sofrendo a mais sombria das conspirações divinas. Nem ele tinha dúvidas quanto a tudo isso. As meditações eram artificiais: ele também não estava meditando por seis dias seguidos, é tudo uma cena que ele montou para fazer aparecer esse *eu* peculiar, um *eu* seguro de si porque venceu o demônio da dúvida hiperbólica, radical, sem-sentido, essa dúvida que ninguém teve. A diferença é que Wilderson troca o *eu* certo de si pelo *nada* também certo de si. A mais estranha ficção, algo digno do romance e da poesia. "Quem está escrevendo esse livro?" é uma pergunta que Wilderson faz em *Afropessimismo*. Como um poeta. Como se Descartes, em outro mundo possível, tivesse encontrado a certeza de si e de sua existência pelo fato de que escreve. Outro mundo possível? Não foi precisamente no texto, na criação literária do *eu* que duvida, que ele encontrou o *eu* que tem certeza? De todo modo, quero dizer que estou tratando o *nada* como uma espécie de eu-lírico, que é um não-eu-lírico, que, por não-ser, está entregue ao que o outro faz dele. O outro humano em relação antagônica com o negro que ele é. Bem, se eu me digo negro e humano, também posso fazer algo; não mais para violentar, mas para dar mais uma volta poética. Quase no que Fred Moten chamaria de "uma poética social do *nada*", como me disse o querido Bruno Amorim. Uma volta crítica? Pior: um filho monstruoso.

Retornamos ao espelho que Wilderson se torna. Uma noite antes de começar a escrever este texto, estive em uma palestra, dada por um antigo professor dos tempos de graduação, sobre a relação entre monges/monjas e demônios na filosofia dos Pais e das Mães do Deserto, filosofia vivida nos desertos egípcios dos séculos terceiro e quarto depois de Cristo, ali onde o olhar imperial não exercia mais poder por intermédio de seus agentes.[397]

> Foi um momento de interrupção da escrita, estava ali para pensar em outras coisas; como sempre, no entanto, não consigo prestar muita atenção — algumas palavras me capturam e, quando saio da sinuosa jornada mental à qual me submetem, é tarde demais: raça, era nisso que estava pensando. Não lembro exatamente o que; pouco importa.

O monasticismo, em sua fugitividade, não podia deixar de ser uma batalha contra uma forma de vida anterior, no interior da qual essas pessoas antes se encontravam pela mera contingência do nascimento, mas que agora carregavam consigo, em seus corpos, para qualquer lugar que fossem — a continuação demoníaca do império por outros meios, podemos dizer. Nesse sentido, o trabalho de crítica e transformação de si começava na revolta antimundana, no desejo de se retirar do mundo para retirar de si o mundo. Uma ontologia crítica *vivida* de si. Era preciso se deslocar para encarar as tentações mundanas, as operações dos mais variados demônios, para reencontrar Deus.

Bem, duas coisas me tocaram a atenção pela primeira vez, como essas palavras que, apesar de sua proximidade, só dizem algo porque chegou, enfim, o momento de escutá-las: i) na incessante batalha contra os demônios — que, no deserto, tornam-se mais nítidos, seus contornos mais precisos, seus modos de operação melhor rastreáveis —, monges e monjas não se diferenciavam por inteiro de seus adversários; ii) algo que ocorre, segundo Evágrio Pôntico, porque demônios habitam seus *logismoi*, pensamentos-imagem, "podendo até mesmo ser dito que os demônios são [...] *esses* pensamentos".[398] Fiquei pensando na presença do outro demoníaco em nós, nos fantasmas coloniais e no pequeno segredo da colônia de que Mbembe nos fala; fiquei pensando em Wilderson; fiquei pensando, também, em Neusa Santos, quando diz que

---

[397] A palestra de Marcus Reis foi baseada em um artigo publicado que citarei daqui em diante.

[398] Marcus Reis, "Subjetividade e demônios nos Padres do Deserto (III e IV d.C.)", *Terceira margem*, v. 28, n. 55, 2024, p. 48, grifos meus.

201 Sobre o estatuto racial da ontologia

nosso ideal do *eu* tende a ser branco, e em Eng & Han quando dizem que a falsa promessa da integração racial — do acolhimento no interior da branquitude — nos lança a uma experiência de perda que é a perda desse ideal; por fim, fiquei pensando no protagonista kafkiano que passa seus dias tentando entrar em um castelo que — quase surrealmente — parece se afastar, tornar-se mais impenetrável quanto mais ele o circunda, destino impossibilitado por normas ininteligíveis em sua hiperordenação caótica. Fiquei pensando, no geral, nos demônios conjurados pelas mais diversas práticas coloniais.

Mais uma vez, a perda, a melancolia. "A exclusão que nos lança para fora dessas normas — mais especificamente, a perda reiterada da branquitude como ideal — firma um enquadramento melancólico para os processos de racialização e assimilação [...], que se tornam, precisamente, uma série de integrações falhas e não-resolvidas".[399] Como o luto sem fim de Sharpe, interminável porque o rito funerário perde sentido diante da iterabilidade do evento traumático; perde-se, sobretudo, o ideal de uma vida enlutável que encontramos refletido no ser-branco. Talvez não seja isso que Sharpe queira dizer. Ainda assim, digo: o que se quer, no fundo, é viver como o outro, o branco; não há outro exemplo, no cotidiano da vida racializada nas Américas, de uma relação inquebrável entre ser e ser-enlutável. Se o que se ama é a branquitude, se isso não raro é inevitável no interior de uma socialidade pós-colonial, a relação que se pode ter com ela é a de uma "identificação fantasmagórica, assombrada" — o que significa se identificar com o sempre-perdido, com esse vazio?[400] O que significa o esvaziamento do próprio *eu* na melancolia, como dizia Freud? Seria esse vazio o mesmo que a nadidade do afropessimismo, o ser-nada da ontologia = cultura branca? Que demônio sussurra nos ouvidos de Wilderson?

Se a ontologia explicitada na autobiografia de Wilderson não é dele, porque o *nada* não é, e, portanto, não pode dizer uma ontologia crítica de si, o que isso significa em termos de uma possessão demoníaca? O afropessimismo de Wilderson nos leva a uma jornada pelo deserto — não um deserto para o qual ele se desloca, e sim um deserto que ele se torna ao nadificar-se para fins de exposição da ontologia = cultura branca. É ele que se torna meio de alta visibilidade e nitidez dos demônios-pensamentos, meio de apresentação desses terríveis *logismoí* coloniais. Eis o seu

---

399 David L. Eng e Shinhee Han, *Racial melancholia, racial dissociation: on the social and psychic lives of Asian Americans* (Durham e Londres, Duke University Press, 2019). p. 35.

400 David L. Eng e Shinhee Han, *Racial melancholia*, p. 37.

202   *Apenas me prometa uma batalha, por sua alma e pela minha*

esforço, seu sacrifício, a beleza agoniante e grotesca e surreal de seu gesto. Mostra-se o próprio *nada* para mostrar o que é a cultura branca, a sociedade branca, o mundo branco – correndo o risco de falhar, claro, embora ele não pareça considerar essa possibilidade. Curioso, aliás, como sua autobiografia é um registro dos movimentos desse ser-nada, *nada* que é uma figura assumida de maneira deliberada, identificação autodestituinte. Não é Wilderson, é *nada* que ali fala conosco, que registra "seus" movimentos. Ao mesmo tempo, "ele" precisa dizer que, na verdade, está parado, está na *mesmidade* de "sua" nadidade. De maneira mais precisa e rigorosa, podemos dizer que o "auto" da biografia sequer faz sentido.

Outro problema de tradução: se os textos de "Wilderson" são como os de Douglass e Equiano, se tudo é narrativa escrava, então... Douglass e Equiano não decidiram, no entanto, colocar-se como *nada*; muito pelo contrário: tentaram mostrar uma reconquista de si, a criação insistente e trabalhosa de um *eu* fugitivo, dado sempre a uma distância da cultura das plantações e dos navios negreiros. Não, eles nada têm a ver com o texto afropessimista.

Em *Incognegro*, outro texto "auto"biográfico, "Wilderson" retoma uma pergunta que lhe foi feita sobre a possibilidade de voltar a se relacionar com mulheres negras no futuro. A resposta oferecida no texto é a seguinte: "Eu sou nada, Naima, e você é nada — a resposta indizível à sua pergunta dentro de sua pergunta. [...] Se retirássemos os substantivos que você usou (substantivos habituais que nos permitem sobreviver dia após dia), a sua pergunta me soaria assim: Será que o nada voltaria a se relacionar com o nada? Naquela noite, faltou-me coragem e integridade para dizer tais palavras. Agora, mal consigo escrevê-las".[401] São palavras intragáveis. O que "Wilderson" diz é algo que ninguém deveria poder dizer. Isso, *ninguém*, somente ninguém poderia dizer algo assim. Agora que foi dito, essas palavras habitam meu pensamento, como um demônio que vazou de "seu" texto e agora me possui. Tarde demais. Como diz Moten, ouvir palavras dessa espécie é algo que dá trabalho e, "por mais que fazer esse trabalho valha a pena, a sensação de que algo igualmente indispensável se perde ao realizá-lo não é ilusória".[402] O que é perdido, afinal? Moten não responde; não precisa, é intuitivo: perde-se *tudo*. Perde-se uma série de fantasias ao redor da própria vida — não é a essa possibilidade sempre excessivamente próxima que a antinegridade do mundo nos sujeita?

---

401   Frank B. Wilderson III, *Incognegro: a memoir of exile & apartheid* (Durham e Londres, Duke University Press, 2015), p. 265.

402   Fred Moten, "Uma poética", p. 35.

203 Sobre o estatuto racial da ontologia

Em outro momento, Moten diz algo interessante, um elemento do pensamento fanoniano que se perde na leitura de "Wilderson": se o ser-negro é fabricado, se é o efeito de algo ter sido "trajado, por assim dizer, com um corpo e uma pele sujeitos à mais violenta legibilidade", é preciso pensar que esse processo criativo ocorre *"ex nihilo*, literalmente, 'fazer algo do nada'".[403] Algo que perdemos na tradução, como estava dizendo antes — lembremos que a nadificação é condição de possibilidade para o surgimento do ser-negro; ao menos é isso que tenho tentado mostrar até este momento. O nada... bem, o nada não é. A nadificação é a abertura de um vazio a ser preenchido. O que proponho é o seguinte: podemos ler "Wilderson"-deserto *como se* estivesse mostrando, contra a "sua" vontade — vontade que, em "seu" texto, parece ser sempre aparecer brevemente para logo desaparecer na entrega voluntária à involuntariedade —, um momento anterior à racialização específica das pessoas negras. "Ele" está dizendo outra coisa, claro; mas o que pode ser a pretensão autoral do *nada*? "Ele" decidiu assumir uma figura como meio de visibilidade. Pode o *nada* ter controle total sobre o que mostra, sobre o olhar do outro, sobre o que podemos ver por meio dele? Assim, não há como concordar com Warren, nessa altura das coisas, quando ele diz que o negro "é o *nada incorporado* em um mundo antinegro".[404] Falar em nadidade e nadificação é falar em algo que *vem antes*, algo que não podemos continuar sendo porque teremos de incorporar uma identidade racial, porque teremos, também, que assumir essa posição do ser-negro diante do outro.

O que quero dizer com isso é que "Wilderson" se oferece como o *nada* derivado da deserção que a raça opera — a humanidade foi feita fugir para que surgisse o ser-negro. Isso vem depois do *nada*. Proponho ler o gesto de "Wilderson" como algo que nos deixa em um ponto antes disso; não chegamos no *ser* positivado ainda. Se essa violência racial, nadificante, porém, é exercida na manufatura de uma realidade social em que a não-humanidade é relativa, há duas possibilidades do humano que foge. A primeira é a do que, de maneira retroativa, é lembrado como humanidade negada; a segunda é a que é forçada goela abaixo como ideal impossível do *eu* e que nos escapa como o castelo do romance de Kafka, deixando uma subjetividade melancólica em seu rastro. Como espelho da ontologia branca, "Wilderson" escapa à melancolia: seu texto não é a revelação involuntária de uma perda não-reconhecida, mas identificação explícita e nada passiva com essa perda. Tenhamos em mente como ele afirma que é preciso ter coragem para

---

403   Ibidem, p. 43.

404   Calvin Warren, *Ontological terror*, p. 43.

204 *Apenas me prometa uma batalha, por sua alma e pela minha*

se colocar na posição na qual ele diz que foi colocado. O devir-deserto é outra ordenação do sensível que funciona apenas quando se abraça a imobilidade do *nada*; agora, é possível fazer ver alguma coisa.

Veja, diz "Wilderson" sem nunca tê-lo dito, veja o que é a vitória do demônio-orgulho (*hyperēphanía* = o fazer-se aparecer do alto), o pensamento luciferiano da branquitude. Veja como esse pensamento pensa que pode recriar o humano à sua imagem e semelhança, e veja o custo desse gesto. "Wilderson" não precisa ir ao deserto, pode trazê-lo até nós. Ao invés de fugir, "ele" remove de cena as mobilidades conquistadas para nos fazer pensar no fato de que, no enquadramento linear-progressista do tempo, elas são todas relativas e, portanto, esbarram nas fronteiras ao redor do humano. Sem melancolia: veja como esse humano é o que nos destruirá para se conservar, sem constrangimentos, sem tabus. O *nada* não é humano porque é sua condição de possibilidade. E se, de maneira fanoniana, desequivocando a leitura da zona de não-ser como zona de não-humanidade, dissermos algo como: 'sim, exatamente! Abraçar o não-ser era o que precisávamos desde o início, era a nossa entrada em outro sentido de humanidade; não mais a branquitude universalizada de maneira orgulhosa, e sim a mais terrível das humildades?' (um dos Pais do Deserto diz que "o caminho para a humildade é o seguinte: autocontrole, oração, pensar-se inferior a todas as criaturas"[405] — pensar-"se" inferior a ponto de declarar-"se" *nada?*).

Antes da racialização, antes do ser-negro, há um vazio — "Wilderson" não vê a diferença entre uma coisa e outra. Não é "ele" que vê de todo modo — "seus" olhos refletem o demônio no meio do deserto que "ele" se tornou, ou refletem algo que não podemos dizer se é monge ou demônio, reflexo de uma zona de indistinção em que tudo se confunde. Por acaso, por uma estranha contingência, nesse estranho movimento de imobilização de "si", ao deixar "sua" escrita se tornar meio de circulação dos pensamentos demoníacos, "Wilderson" fica preso nesse momento anterior, no *nihil* do *ex nihilo*. A "auto"desertificação nos dá — sem querer — uma imagem de quando o mundo ainda não havia sido criado, informe, quando a matéria estava solitária. Era preciso moldar, ainda, o ser-negro; moldar, portanto, todo e qualquer ser-racializado. O ponto inaugural da ontologia = cultura branca, aliás, porque é o momento antes do devir-branco. Antes de tudo, o que poderíamos ter sido? Nada, não-ser. Nesse retorno ao qual submeto o afropessimismo — contra a vontade de "Wilderson" porque "ele" abriu mão da voluntariedade por nós —, não encontramos

---

405 Anônimo, *The sayings of the Desert Fathers*, trad. Benedicta Ward (Kalamazoo, Cistercian Publications, 1975), p. 237.

uma ancestralidade que nos enraíza, mas a manifestação de uma oportunidade e de uma abertura, pois ainda há tudo a ser feito, barro a ser moldado. De repente, o vislumbre de outros mundos possíveis. Será que podemos, com isso, pensar um *nós* mais interessante? A revolta antimundana não era, afinal, o critério para participar do afropessimismo? O que mais importa? Não era tudo voltado para um futuro em que raça desaparece juntamente com as representações raciais que ela torna possíveis?

Se há uma tentação contra a qual é preciso lutar, então o problema é lidar com múltiplas possibilidades do que podemos ser, múltiplas *imagens (do) que somos* — a cada momento de intrusão do fora demoníaco, é preciso colocar uma imagem contra a outra. "Wilderson" não quer nos oferecer isso; deixa falar o demônio com toda a liberdade possível, pois apenas essa liberdade pode resultar na nadificação de alguém. Quer suspender a intrusão em seu momento. "Ele" não quer conjurar um conceito de *eu* como aquilo que se opõe a esse outro-imaginal interiorizado, ou melhor, que se interiorizou na psique individuada vindo de outro lugar. Ele sabe que fazer isso seria conveniente demais; há um conforto nisso, nessa zona de soberania do *eu* que nos dedicamos a denunciar recorrendo à psicanálise. O problema de levar excessivamente a sério essa soberania é que isso implica uma estranha repartição de nosso interior: há pensamentos-demônios, há pensamentos nossos e, no meio dessa confusão, brilhando em sua distinção, um *eu*... e, assim, retornamos à imagem da psique como teatro separado de um espectador consciente. Há algo de intuitivo nessa imagem, mas, o que acontece quando pensamos pensar um pensamento que foi pensado por um outro? A questão da autoria se torna complicada, e talvez o problema seja que nos importamos demasiado com ela; a identificação da autoria se tornou, para nós, pouco dissociável do enclausuramento proprietário e do exercício branco da liberdade — a perda de tudo isso nos lança à melancolia. Se, no entanto, e até certo ponto, começamos na impropriedade das origens, na heteronomia racial e na despossessão, e levamos isso profundamente a sério, para onde vamos?

Para onde não vamos? É preciso lembrar que, se o outro-imaginal que nos habita nos incompleta, isso é feito mesmo quando ele nos seduz com a possibilidade fantástica de uma completude, e "completude" = outra maneira de dizer a ausência de pecado, a ausência de um decaimento em direção àquela mesma inferioridade abraçada na humildade de "Wilderson". Não, vamos pensar no que o afropessimismo quer evitar. Por causa da zona de indistinção, tornada ainda mais nebulosa pelos hábitos ilusionistas e traiçoeiros dos demônios, é de se esperar

206 *Apenas me prometa uma batalha, por sua alma e pela minha*

que qualquer ideia de perfeição se esvazie de sentido: porém há um demônio, um dos mais terríveis, que é a vaidade (*keinodoxía* = glória por dentro vazia). Ela tenta sempre nos convencer de que o trabalho da ontologia crítica no deserto chegou, depois de tanto suor, ao seu fim desejado; pode-se dizer que o problema começa, aliás, na expectativa de um fim e no desejo que acompanha essa esperança. A vaidade nos diz, por exemplo, que é hora de descansar e se vangloriar do feito, talvez até de julgar negativamente quem não está em nossa companhia na completude. De onde surge essa possibilidade?

Na incompletude, no jamais encerrar a si como obra inteiramente sua, na luta contra um outro que me habita, quem diabos sou eu?

Cito Mbembe, mais uma vez: "Se existe um pequeno segredo da colônia, é certamente a *sujeição do nativo por seu desejo*. No palco colonial, é essa sujeição pelo desejo que, afinal, leva o colonizado 'para fora de si', iludido pela vã quimera da imagem e do sortilégio. Deixando-se levar, o colonizador penetra um outro ser e vive dali em diante o seu trabalho, a sua língua e a sua vida [...] Foi devido a essa experiência de enfeitiçamento e de 'estranhamento' (*estrangement*) que o encontro colonial deu origem a uma profusão de fantasmas".[406] Ao dizer isso, Mbembe está falando de outra relação com o demônio — não se trata de deixá-lo falar, mas de assumir a fala do demônio como sua. "Wilderson" não pode fazer algo nesse sentido porque o "sua" está interditado; o *nada* não tem, não possui nada. Deserto e espelho.

Já Mbembe... ele não deixa de soar um tanto injusto, dada a maneira como nos acostumamos a ouvir certas coisas, quando afirma, no parágrafo seguinte, que há uma resistência em admitir "o fato de [pessoas africanas] se terem deixado envolver, seduzir e enganar por esse 'enorme cordel da maquinaria imaginária' que foi a mercadoria".[407] Não é muito diferente do que diz em outro texto, citado no terceiro ensaio deste livro, sobre o pressuposto tão comum do "africano como apenas um sujeito castrado, o passivo instrumento de gozo do outro", algo presente no "centro do paradigma pós-colonial da vitimização", em que "encontramos uma leitura do eu e do mundo como sendo formados a partir de uma série de conspirações".[408] "Vitimização": palavra difícil de engolir. Sem pensarmos nisso que Mbembe está nos dizendo, entretanto, fica um vazio aberto na história do próprio colonialismo, em que *todas* as trocas comerciais entre indígenas e europeus, no continente africano, teriam de

---

406   Achille Mbembe, *Crítica*, p. 211-2.
407   Ibidem, p. 213.
408   Achille Mbembe, "As formas africanas", p. 181.

207 Sobre o estatuto racial da ontologia

ter sido movidas por coerção pura. E isso não aconteceu, vide a diferença entre as formas de reivindicação do passado que Hartman encontra em Gana e que têm a ver com o fato de que, para muitas pessoas lá, o antepassado é quem vendeu as pessoas embarcadas para as Américas.

Como essa vitimização de si — me perdoem — se diferencia do abraço afropessimista da nadidade? Bem, "Wilderson" não se pensa exatamente como vítima. Não nesse sentido. Em *Afropessimismo*, "ele" confessa que, trabalhando no Congresso Nacional Africano, na luta contra o *apartheid*, esteve em uma comissão de paz que operava, na verdade, como fachada para o contrabando de armas — para as ações do braço armado do partido, uMkhonto weSizwe. O *nada* carregava a lança da nação, vejam só. "Na Comissão de Paz do CNA, escrevi relatórios para a Anistia Internacional e para o Observatório dos Direitos Humanos. Como disse, porém, também estávamos metidos com o contrabando de armas. Tínhamos de esconder isso nos relatórios, claro; para receber apoio dessas ONGs ocidentais, você precisa ser uma vítima 'pura'".[409] Não, o *nada* está ali para outros fins. Além disso, "ele" não deseja o preenchimento dessa lacuna, desse vazio: em seu desprendimento antimelancólico, está pouco se lixando para o humano inalcançado. "Ele" nada tem a lamentar, ainda que, em diversas ocasiões, seu texto soe tragicomicamente choroso. "Ele" assumiu por vontade imprópria a figura do *nada*, isso que importa, isso que não podemos esquecer.

Retomemos o poema de Lorde: o brilho das "moedas amarelas brilhantes" retorna, como assombração, perturbando um senso possível de comunidade. É isso que dizia no ensaio anterior. Bem, esse brilho demoníaco faz parte do que Mbembe chama de "pequeno segredo da colônia", o desejo pelo metal que se interiorizou. Como diz Abba Poemen, um dos monges do deserto, "se a negligência e a ganância não tivessem entrado na alma, o espírito não teria sido derrotado no combate contra o adversário".[410] Há outros pensamentos demoníacos, outros demônios-pensamentos em operação, claro. O que importa é que, na separação radical entre o *eu*-vítima e o outro-adversário, perde-se uma noção mais complicada de agência: tanto por sua negação total, como por sua simplificação gratuita. Agir não é estar sob inteiro controle de si — essa é a fantasia de soberania que devemos recusar. E sofrer, por outro lado, não é estar sob inteiro controle do outro. É no interior dessa complicação angustiante que devemos situar o problema da tentação: a batalha

---

409   Frank B. Wilderson III, *Afropessimism*, p. 255.
410   Anônimo, *The sayings*, p. 169.

208 *Apenas me prometa uma batalha, por sua alma e pela minha*

contra os demônios não é algo que se dá entre o que *eu* sou e um outro, mas sua arena = o que somos. Até mesmo a parte de nós que julgamos ser capaz de administrar o resto e o todo da psique pode estar sob ocupação demoníaca, estrangeira. Lá onde menos esperado, sussurram o que pensamos ser palavra nossa porque pensamos que a palavra "nossa" é ancorada em uma capacidade infalível de identificar autoria.

Quantas pessoas não estão por aí afirmando sua autodescolonização e repetindo formas e imagens coloniais de outros tempos? Aliás, como sequer podemos identificar, de maneira definitiva e segura, neste momento, tudo que é colonial em nós? É preciso ter humildade.

Tudo piora se lembrarmos — e quisermos lembrar — o fato de que, entre outras coisas, a colonização foi um processo de formação subjetiva: múltiplas formas e posições impostas sob coerção militar. Se isso não significa que as pessoas colonizadas tornaram-se o que se tentou fazer delas, o problema é entender o que significa a autoria de um pensamento (uma imagem, um sentimento) quando há um campo de batalha. Quais foram os motivos para a apropriação crítica do que foi apropriado e para a recusa do que foi recusado? O quanto a dimensão crítica da apropriação foi manchada por uma situação de heteronomia prévia? Até que ponto a recusa não foi um movimento de denegação que conservou algo do recusado sempre por perto, em uma intimidade inconsciente? Até que ponto podemos confiar no que dizem os descolonizados sobre si mesmos? "Quem está escrevendo este livro?", pergunta-se "Wilderson".

Se parece um quadro desolador, é porque gostaria de dizer que capturar o sujeito no passado colonial de modo infalível não pode ser pré-condição para o pensamento crítico e para a ação dissensual. Fabricamos imagens, metáforas, recuperamos dados variados, mas isso não basta. Se há mais uma coisa interessante a se pensar com os monges e às monjas do deserto, nesse Egito contraimperial e nada-kemético, é o fato de que o exercício crítico/dissensual não depende de um conjunto fechado de normas para a luta contra os demônios que nos habitam, e sim de um olhar reflexivo generoso, capaz de se surpreender, de ser surpreendido em sua insensibilidade, de deslocar a si sempre que necessário e sempre que a situação assim o exigir. "Cada vez mais acredito que um centro de toda prática ascética é o *proséchein*, o prestar atenção, o estar presente àquilo que estamos presentes" — "*preste atenção* aos desejos, veja o que eles solicitam, perceba seus meandros, seus pactos, o que eles pedem em troca".[411]

---

411   Marcus Reis, "Subjetividade e demônios", p. 57-8.

209 Sobre o estatuto racial da ontologia

Se, muitas vezes, importará saber de onde veio o que está em nós, entender como opera, o que faz em nosso íntimo, o fato é que, em última instância, o que move nossa decisão — deixar que os demônios se demorem ou não em nós, que encontrem ou não uma "ecologia psíquica própria para assentar morada e frutificar-se"[412] — é uma aversão ao que está sendo oferecido na tentação, recusa alimentada pelo estudo prático dos efeitos e dos modos de funcionamento da tentação em suas diversas faces. De nada adianta saber o que foi o crime do passado se, por exemplo, isso nos move à sua reprodução, ou se nem sequer nos move. "Às vezes", diz Lorde, "nos drogamos com sonhos de novas ideias. A cabeça vai nos salvar. O cérebro sozinho vai nos libertar. Mas não há ideias novas aguardando nos bastidores o momento de nos salvar".[413] O que pode uma abstração quando o demônio fala ao nosso desejo? Todo o exercício do conhecimento depende, de maneira fundamental, de um rearranjo da sensibilidade e da imaginação, e sabe-se lá como algo assim começa. Com frequência, nem notamos que algo mudou na hora da mudança. Outras tantas vezes, as coisas são intuitivas, parecem certas ou erradas, algo nos toca ou não, está em sintonia ou não. Pode uma teoria da ação política ser construída sobre terreno tão pouco confiável? O terreno pode ser mais bem organizado, melhorado em múltiplos sentidos, claro — mas quando se tornará o princípio de uma completude, de uma perfeição, quando deixará satisfeito o demônio da vaidade?

Para Evágrio, a vaidade — como a inveja e o orgulho — é um pensamento-imagem que habita a melhor parte de nós, a parte responsável pelo conhecimento e pelo acesso ao divino; o *tò logistikón* da gramática platônica. Assim, sua força é proporcional à força dela. Sua função é fazer aparecer, via uma operação imaginal, um ponto de completude onde não há, e não por acaso ela tende a se manifestar com maior intensidade na velhice, quando se torna mais plausível encerrar a juventude como tempo do erro, superado no progresso etário-espiritual. No tempo cristão, porém, todo progresso é retorno: na espiral do decaimento na carne, afastamo-nos do Criador e a Ele será preciso retornar valendo-se das práticas de purificação e cuidado de si. Se a "colônia surge sempre como a cena onde o *eu* foi roubado do seu teor e substituído por uma voz cujo condão consiste em ganhar corpo num signo que desvia, revoga, inibe, suspende e erradica qualquer vontade de autenticidade", diz Mbembe, deduz-se que "um *eu* alheio (alienado) teria sido colocado no lugar do *eu* próprio, fazendo assim do negro o

---

412   Ibidem, p. 51.

413   Audre Lorde, "A poesia não é um luxo", em *Irmã Outsider: ensaios e conferências* (Belo Horizonte, Autêntica, 2020), p. 48.

210 *Apenas me prometa uma batalha, por sua alma e pela minha*

portador, a despeito dele, de significados secretos, de obscuras intenções, de um inquietante estranhamento que comanda a sua existência sem seu conhecimento e que confere a certos aspectos da sua vida psíquica e política um caráter noturno e quiça demoníaco".[414] De acordo com esse raciocínio, se a aparição do estrangeiro na terra indígena marca o início de uma fratura interna, o problema do demônio é resolvido na recuperação do *eu* autêntico, retorno para o que estava lá antes da queda, unidade corrompida e rompida pelo primeiro demônio.

"Logo se alega que o Ocidente seria inteiramente culpado por essa fratura interna e o processo de cura visaria, então, pôr fim a essa fissura psíquica. Escapar d*isto* (a colônia como figura da intrusão e da discordância) exigiria que fosse restaurada no sujeito uma matriz simbólica original (a tradição) capaz de impedir o desmembramento do corpo Negro".[415] Se não há falsidade na afirmação de que a presença colonial trouxe uma profusão infernal de pensamentos (imagens e sentimentos) que assombraram, de maneira inédita, a existência cotidiana das pessoas colonizadas, isso não significa que o início da colonização pode ser enquadrado como o mesmo tipo de evento que foi o primeiro afastamento do Criador, princípio da Queda. Confunde-se, nisso, o tempo histórico e o mítico — a mitologização do encontro colonial é o que dará sentido à ideia de restauração de um vínculo originário perdido, fazendo da cura um retorno ao pré-colonial ancestralizado, quando demônios supostamente não fraturavam o sujeito, nem faziam dele um campo permanente de batalha. O retorno, portanto, é criativo — a fabricação de uma África mítica, África-*um*, não-histórica, ainda fora da História é evidência incontestável disso. Pode o retorno, ainda assim, ser o desfazimento da fratura, encerramento da batalha? É mesmo a mitologização, nesses casos, a expulsão de todos os *logismoí* coloniais, exorcismo completo? Ou é somente outro arranjo do campo fraturado que somos, denegado sempre ao deixarmos a voz da completude se demorar em nós?

Bem, eu dizia que "Wilderson" não nos leva a nada parecido com isso porque "se" recusa a oferecer um *eu* para além da nadidade. "Sua" humildade sem precedentes é a oferta de uma imagem tão inferior de "si" — do *eu* negro — que só pode acompanhar o nome "nada". Entre isso e a sedução da completude: eis o ponto que nos encontramos no momento. Moten associa o texto de "Wilderson" a um remédio amargo: "É difícil de engolir, porém é brilhante, absolutamente necessário. Faz você se

---

414   Achille Mbembe, *Crítica*, p. 187-8.
415   Ibidem, p. 188.

211 Sobre o estatuto racial da ontologia

sentir melhor" — "só que você vai detestar o gosto".[416] Sim, diria que a leitura de *Afropessimismo* foi terapêutica. Na pandemia, deu-me uma clareza inédita, desértica, apesar do constrangimento e desse ponto de uma concordância impossível que não deixa de me atrair, mais uma vez, de volta a esse *nada* tagarela. Essa clareza, porém, nunca esteve sob posse de "Wilderson"-Escravo, figura última da despossessão. "Ele" se oferece como o *meio* para uma iluminação — como os espelhos que nossas almas são para Surauardi. O *nada* é o meio de fabricação do ser-racializado; é o meio de uma aparição de outra coisa que não é o *nada*. O que "Wilderson" pode fazer aparecer, "auto"nadificando-se — assumindo a nadificação que o lança em "sua" negridade, deixando a possessão demoníaca se demorar até perder a posse de "si" —, é algo que depende de nós. É preciso que alguém faça algo *ex nihilo*.

Sim, brincando com palavras. Não pode ser mais ridículo do que dizer: "eu sou nada". Não pode ser menos verdadeiro. Mais um joguinho: afropessimismo = ontologia branca = etnofilosofia da branquitude = autobiografia do outro = demonologia crítica de si...

Sim, uma leitura terapêutica. Não só antes, agora também. Porque sei que raça não é a mesma coisa que o ser-negro, e sei que o ser-negro é variação do ser-racializado. Sei que a genealogia do ser-negro me lança a outro lugar que não a escravidão, que pode mesmo me fazer reencontrar as outras ficções do branco. Digo "sei" porque preciso dizer — faço apenas contraficção e finjo que isso conta como *ontologia da raça*. Não fui o primeiro, no entanto, a chamar ficção de "saber". Talvez isso seja só falsa humildade — não posso ser como você, "Frank", não posso ser *nada*. Assumir essa posição como "*sua*" foi a decisão que "*você*" tomou no mesmo gesto que recusou a possibilidade de uma tomada de posição.

Há como dizer a força do texto afropessimista — como "auto"biografia da imagem que o outro fabricou — sem dizer que é um paradoxo, no fim, que nos interpela? Nada escreve algo. Algo sobre? "Sua" nadidade. Sobre "si" — que "si"? A reflexividade do "auto-" é o meio de aparição do produto desses processos de nadificação que a raça comanda. "Wilderson" é o monge que, em nome de um saber libertário, torna-se o lugar desértico da mais intensa aparição. O que me lembra de Sun Ra — o que significa, mais uma vez, pela última vez, dizer-se mito e não realidade? Situar-se como a própria vida do paradoxo? "Não vim até vocês como realidade, vim como mito — porque é isso que as pessoas negras são:

---

416 Fred Moten, "Uma poética", p. 30-1.

212   *Apenas me prometa uma batalha, por sua alma e pela minha*

mitos" — pouco diferente de se perguntar como *nada* pode se relacionar com *nada*. Porque a interrogação de "Wilderson" é vazia: *nada* pode apenas reproduzir, na mais absoluta humildade, um pensamento demoníaco. Não é uma interrogação, é uma afirmação: o *nada* não pode se relacionar com o *nada*. Sun Ra se afirma mito falando a outro mito — gesto curioso porque, assim como Wilderson, está *entre* pessoas negras, não diante do outro que os nadifica/mitologiza. O problema, e ambos sabem disso, é que a presença do outro há muito deixou de ser um problema geográfico; talvez nunca tenha sido: os *logismoí* coloniais estão em nós, no interior do campo de batalha onde nos confundimos com o adversário: "a psique negra está em uma guerra perpétua consigo mesma porque foi usurpada pelo olhar branco".[417]

Por outro lado, isso em nada parece bastar para que se afirme a indistinção absoluta das relações inter- e intrarraciais. Não, sabemos que há alguma distinção; muitas vezes, ela é tudo que nos importa. É o que encontramos no documentário sobre Baldwin, na passagem entre esses dois momentos: entrevistado pelo cineasta branco e, depois, conversando com outras pessoas negras. Como Sun Ra está conversando. Ainda assim...

Interpreto Sun Ra — se isso pode ser ainda nomeado "interpretação", se usar sua fala dessa maneira pode contar como exercício hermenêutico...

O que é, aliás, uma interpretação na prática do comentário filosófico? O que faziam aqueles rapazes cristãos ao inventarem a verdade do texto e do autor? O que significa inventar o fato de um dado a ser descoberto, abrindo, dessa maneira, o debate sobre as múltiplas possibilidades do *um*? Dizia Foucault: "o fato de o texto primeiro pairar acima, sua permanência, seu estatuto de discurso reatualizável, o sentido múltiplo ou oculto de que passa por ser detentor, a reticência e a riqueza essenciais que lhe atribuímos, tudo isso funda uma possibilidade aberta de falar. Mas, por outro lado, o comentário não tem outro papel, sejam quais forem as técnicas empregadas, senão o de dizer *enfim* o que estava articulado silenciosamente no *texto primeiro*. Deve, conforme o paradoxo que ele desloca sempre, mas ao qual não escapa nunca, dizer pela primeira vez aquilo que, entretanto, já havia sido dito e repetir incansavelmente aquilo que, no entanto, não havia jamais sido dito. [...] O comentário conjura o acaso do discurso fazendo-lhe sua parte: permite-lhe dizer algo além do texto mesmo, mas com a condição de que o texto mesmo seja dito e de certo modo

---

417   Frank B. Wilderson III, *Afropessimism*, p. 247.

213 Sobre o estatuto racial da ontologia

realizado. [...] O novo não está no que é dito, mas no acontecimento de sua volta".[418] Mais um paradoxo. Como se resolve um paradoxo? Mostrando que é uma questão de aparência, de falta de *clareza*. ...interpreto Sun Ra como se fosse o mito do qual Lévi-Strauss nos fala: o que *se* pensa nos homens.

Não, eu não. Outra pessoa me disse isso, Julia Alves, ela de fato é antropóloga; já eu, eu estou fingindo que sei do que falo. Conversávamos sobre mito, eu tentava encontrar uma passagem em Lévi-Strauss que me ajudasse com toda a discussão sobre o mito da democracia racial. Acabamos voltando a Sun Ra. Ela me diz: "ele se pensa como mito, portanto o mito pensa a si?" — abençoada seja a antropologia, essa filosofia com gente dentro, como diria Ingold. Ela continua dizendo que, se Sun Ra pode viver a si como mito — e não só ser vivido pelo outro como realidade —, ele já se encontra como variação mítica, já não é exatamente o que as pessoas brancas criaram. Não é muita coisa, mas é movimento. A questão parece sempre voltar à permanência da raça, na continuidade de uma série de constrangimentos a essa mobilidade. Julia diz que talvez a colônia seja um "impedimento da força criativa do mito"; diria que raça é esse impedimento. Não é precisamente a raça que nos obriga, ao menos em um primeiro momento, a fazer uma oposição entre mito e realidade para reafirmarmos nossa humanidade? Poderíamos ser outros mitos pensando a si mesmos, mas corremos atrás do real para que nos salve.

"Os Ojibwa consideram os mitos como 'seres dotados de consciência, capazes de pensar e agir'".[419] Lévi-Strauss está dizendo, também, que mitos se pensam entre si — não precisamos entrar no labirinto do estruturalismo para decifrar essa estranha proposta que ele nos oferece. Se dissermos algo como "Sun Ra é um homem, é humano", e se ele se declara um mito, o que temos? Um mito se anunciando no interior do homem. Como sua fabulação.

Não quero retomar a ideia de que o mito é apenas a palavra falsa, não se trata disso. Sun Ra, no entanto, está nos puxando para essa oposição entre mito e realidade. Antes, isso se tornou ocasião para que eu pudesse pensar no imaginário e no fictício que também são opostos ao real. Agora, porém, o problema é outro: o humano é uma

---

418 Michel Foucault, *A ordem do discurso: aula inaugural no Collège de France, pronunciada em 2 de dezembro de 1970*, trad. Laura Fraga de Almeida Sampaio (São Paulo, Loyola, 1999), p. 25-6.

419 Claude Lévi-Strauss, *O cru e o cozido (Mitológicas v. 1)*, trad. Beatriz Perrone-Moisés (São Paulo, Cosac Naify, 2010), p. 31, n. 4.

ficção branca, como diz o afropessimismo retomando Fanon. Tudo é relativo: em um de seus poemas, Sun Ra pergunta "se você não é mito, é realidade de quem?". Sim, só que ele não diz que é realidade quando está diante de pessoas negras. Como "Wilderson", ele precisa oferecer um lembrete, dizer a presença do outro ainda que ausente. Logo mais, todo mundo naquele espaço estará a caminho de outro planeta, e talvez o problema desapareça junto do outro que se interiorizou como um demônio. Talvez. No deserto, mesmo que de outro planeta, descobrimos outra coisa. Há esperança, porém. Enquanto isso não acontece, um mito fala a outros mitos — podem eles se pensarem entre si? Ora, não é isso que tem ocorrido desde o início?

Sim, devo levar a sério todas as metáforas, as ficções, as afirmações mais estranhas. Mitos falantes, o *nada* contrabandeando armas, rapazes que aprendem a ser como fantasmas metamórficos. Dionne Brand diz: "Ainda mais curioso é esse negócio de ser uma ficção em busca de sua metáfora mais retumbante".[420] No episódio que abre *Afropessimism*, no relato de "Wilderson" sobre o surto psicótico que o levou à emergência hospitalar, "ele" diz que não podia dizer ao médico que havia descoberto, "de maneira repentina, o que significava ser um afropessimista"; afirma também que, no meio de toda aquela confusão mental, foi capaz de recuperar os versos de um poema esquecido:

para o Dia das Bruxas lavei meu

rosto e vesti meu
uniforme do colégio   bati de porta em
porta como um pesadelo.[421]

Ao fantasiar-se de si — de nada —, "Wilderson" se torna um pesadelo. Eis sua "metáfora mais retumbante". Sun Ra se afirma mito, "Frank Wilderson" se afirma *nada*, eu me afirmo o quê? Falta-me coragem, acho.

Resta pouco fôlego agora para continuar. Mais um pouco, logo essa loucura vai chegar ao fim. É preciso terminar onde começamos com este livro. Por quê? Não sei, sou fascinado por essa circularidade; a ontologia = contraficção crítica pode ser como a jornada terapêutica

420   Brand, *A map to the Door*, p. 19.
421   Frank B. Wilderson III, *Afropessimism*, p. 17.

no divã ou como os processos alquímicos de transformação espiritual: volta-se a si e ao ponto de partida como algo outro, alterando o próprio terreno sobre o qual se deu esse movimento circular. É uma ideia que me diverte.

Em outro dos poemas de Sun Ra, encontramos o seguinte: "Melhor destino eu decreto / Esses e outros contos contados / Mitos não são meus / Outros mitos de mitologias negras / Emanam do além das / fronteiras mensuradas do tempo".[422] No filme, o resto de sua fala é: "Não sou real, sou assim como vocês. Vocês não existem nessa sociedade. Se existissem, não estariam buscando igualdade de direitos. Vocês não são reais; se fossem, teriam algum *status* diante das nações do mundo. Somos, portanto, todos mitos. Não vim até vocês como realidade, vim como mito — porque é isso que as pessoas negras são: mitos. Venho de um sonho sonhado pelo negro muito tempo atrás".[423] O caráter relacional da existência — que é sempre existência social — está ali, mas outra coisa é afirmada, algo que remete ao poema: há outras mitologias, outros sonhos. Por que um mito nascido de um sonho ancestral — sonho negro — diria "não sou real" e "eu não existo"? Ainda neste mundo/planeta, o que mais há para se dizer? "O negro não existe. Não mais do que o branco", diz Fanon. O que mais ele diz não existir? Vejamos: "missão negra", "questão negra", "o malgaxe", "sociedade bantu"; "fardo branco", "um mundo branco", "uma ética branca", "uma inteligência branca".[424]

São todos nomes *essencialistas* — "a experiência negra é ambígua, pois não existe *um negro*, mas sim *negros*";[425] algo ocorre aqui: a existência mais uma vez precedendo a essência. Toda vez que se busca capturar alguém/um povo por um nome desses, ele passa a inexistir: tanto porque o nome tem como referente uma essência inventada, como porque seu uso é garantido por uma violência que constrange a existência do nomeado. Mesmo no caso do que é branco? Apesar do devir-branco ser a participação na autoexpansão da mobilidade e no constrangimento do outro, nos termos fanonianos, isso ainda é um constranger-se a ser sempre a mesma coisa, um branco: não poder não-ser isso, não poder se abrir a outras possibilidades existenciais.

---

422 Sun Ra, *The immeasurable equation: the collected poetry and prose compiled and edited by James L. Wolf and Hartmut Geerken* (Wartaweil, Waitawhile, 2005), p. 79.
423 Sun Ra, *The immeasurable equation*, p. 31.
424 Frantz Fanon, *Pele negra*, p. 240, 44, 109, 197, 240.
425 Ibidem, p. 149.

216 *Apenas me prometa uma batalha, por sua alma e pela minha*

Assumindo-se mito branco e sonho negro ao mesmo tempo, Sun Ra não sai do plano imaginal, seu nome é o de uma imagem: o problema não é resolvido buscando uma essência tida como dado natural. Se o campo de forças adversárias que somos é espaço de múltiplas possibilidades do *eu*, há sempre uma ficção dissidente, contraficção a ser levada adiante. Além das fronteiras mensuradas do tempo, a partir de uma ancestralidade futurística e, portanto, paradoxal, não há essência a ser reencontrada — há outro planeta, nada mais. Não iremos finalmente descobrir o real por trás das aparências, por trás da imagem, da máscara. Outro planeta = outras relações entre real e imaginário, realidade e ficção, realidade e mito; outros arranjos, outros emaranhados, outras zonas de indistinção, outras impossibilidades. Outros paradoxos, talvez.

O *nada* também é ficção que "Wilderson" decide habitar de maneira especular: rosto limpo, a face do pesadelo do outro. O *nada*, sabemos, não é o produto do processo de racialização, mas sua condição — corrosividade que abre o espaço para o ser-racializado. Por que o branco não deixou o vazio esvaziado? Se o ser-racializado é constituído como objeto fobígeno, e se a fobia, como diria Lacan, "intervém como um elemento de sentinela avançada, e contra alguma coisa inteiramente diversa, que é, por natureza, sem objeto, a saber, a angústia", retornamos a Warren: se, para Heidegger, a angústia é a presença do nada, a experiência "deste estar suspenso onde nada há em que apoiar-se",[426] então a violência contra pessoas negras, Warren diz, surge na recusa da angústia e na imposição do terror às pessoas racializadas como negras — terror que produz o próprio ser-negro.[427]

Não, não quero esse senso de exclusividade. Na imposição do terror a todas as pessoas racializadas.

Ainda sobre a angústia heideggeriana, é preciso lembrar que ela consiste na experiência de uma "estranheza que é ao mesmo tempo um não sentir-se em casa" — oportunidade para acolher esse desenraizamento, esse desterramento involuntário e encontrar uma forma de transcender o que se é e tem sido.[428] Como quando se "descobre" outra terra e as pessoas que a habitam, que habitam uma realidade em que boa parte do que é mais caro ao europeu moderno faz sentido. Diria que essa oportunidade diante de uma diferença que *não* é de natureza é a oportunidade

---

426 Martin Heidegger, *Conferências e escritos filosóficos*, trad. Ernildo Stein (São Paulo, Nova Cultura, 1991), p. 39.

427 Calvin Warren, *Ontological terror*, p. 9.

428 Marco Aurélio Werle, "A angústia, o nada e a morte em Heidegger", *Trans/form/ação*, v. 26, n. 1, 2003, p. 97-113.

217 Sobre o estatuto racial da ontologia

de uma ontologia crítica do que se é: mais uma vez, "uma vida filosófica na qual a crítica do que somos é, ao mesmo tempo, a análise histórica dos limites impostos a nós e um teste de seu possível atravessamento".[429] No encontro com esse outro — esse estranho, estrangeiro —, um europeu perde a oportunidade; entra em modo de autodefesa, imagina um perigo, lança a si mesmo em sua direção, em direção ao que-será-racializado. No processo, torna-se ele o verdadeiro perigo, torna-se outra ficção: ser-branco. Agora, deve viver assim, dedicado a proteger sua "metáfora mais retumbante": o Humano. Warren está certo ao dizer que tudo começa no problema com o *nada* e com a angústia diante dele. É assim que outras possibilidades cosmológicas e outros sentidos de globalidade foram e ainda estão interditadas no interior *deste* mundo.

Podemos, por fim e deleuzianamente, extrair de "Wilderson" o *nada* que não é o ser-negro — afinal, o *nada* nada pode ser —, e sim o pesadelo que dá origem à raça como forma da alteridade radical, forma que permitirá produzir um *segundo* vazio — aterrorizante e artificial — *no* outro como modo de lidar com a angústia dessa experiência de desterramento de si em terras estranhas. Vazio que, por sua vez, não poderá ficar esvaziado: logo será preenchido por representações raciais as mais diversas e improváveis. "Wilderson", no entanto, permanece ali, no *nihil* do *ex nihilo*, antes da criação, antes do ser, antes da essência, antes da clausura, antes do cercamento de um *nós*, antes de tudo — como oportunidade que o europeu recusou para se tornar branco, oportunidade de, deslocado de si mesmo na estranheza radical de si, descobrir que nada ele tem de essencialmente ser: ele poderia muito bem ser como essas pessoas "selvagens" e "primitivas". Deixemos "Wilderson" e seu afropessimismo nesse (não-)lugar desértico, onde o que é mais bem refletido, em "sua" humildade monástico-niilista, é o terror angustiado do outro. O que pode "alguém" querer dizer — na densidade autoevidente de "sua" presença, na "sua" presença diante de outras pessoas, nesse circuito de reconhecimento e verificação empírica — com a negação da "própria" realidade? Nada, é claro. Sobre o *nós* que não é aquilo de que não se cessou de falar, deve-se calar.

---

429   Michel Foucault, "Qu'est-ce que les Lumières?", p. 577; ed. bras.: "O que são as Luzes?", p. 351.

Epílogo ordinário

"Então eu cantaria porque saberia como é ser livre"
— Nina Simone, *I wish I knew how would it feel to be free*

Ela gostaria de dizer coisas — mais do que isso: gostaria de cantá-las. Se houvesse liberdade, não haveria este livro, mas nada do que foi escrito faria mais sentido nesse outro cenário, nesse outro mundo possível. Que curiosa essa situação em que seria possível "dizer tudo que devo dizer" e, ao mesmo tempo, seria desnecessário. Lutamos contra a linguagem por meio dela, nada além disso. Como falar sobre raça de maneira adequada quando a própria língua foi racializada junto com os ouvidos que recebem suas palavras? Tentamos, ainda assim. Como Baldwin no documentário *Meeting the man* que, alguns anos atrás, abriu o curso "Filosofia negra I: Imagens da noite".

"Onde viam verde, nós víamos vermelho"
— BK, *Visão*

Como em outros trechos da música, uma dinâmica que envolve a expansão da própria mobilidade — e, portanto, da liberdade em múltiplos sentidos — e o constrangimento da mobilidade alheia. Isso foi e é o colonialismo: uma estrutura em-cascata, multiescalar, com várias dimensões em disputa: geográfico-espacial, temporal, político-social e mesmo existencial. No meio disso tudo, como sinal verde para todas as violências imagináveis, a raça como forma de uma alteridade radical, de uma diferença de natureza que produz, de um lado, o ser-humano, do outro, o menos-do-que-humano, anti-humano, um perigo de proporções fantasmáticas para o mundo que os brancos imaginaram para si.

"Desde o início, por ouro e prata"
— Racionais MC's, *Negro drama*

A modernidade como início de uma nova era da extração mineral, era marcada por uma metamorfose peculiar: a do ser-negro transformado em ser-mineral ou, como diria Mbembe, *homem-mineral, homem-metal* e *homem-moeda*. A metáfora de Mbembe diz respeito ao modo como a pessoa escravizada foi situada no imaginário colonial, ou seja, na realidade colonial: um recurso a ser extraído, modificado e comercializado, *como se* fosse ouro, prata. Ali na paisagem, parte dela, não como o humano apartado, na posição senhorial sobre a terra. O destino do que se tornou "natureza", portanto, entrelaçado ao das pessoas racializadas

220 Epílogo ordinário

como negras, mas não só ao delas. A matéria do mundo modernizado: desde o início, raça, aquilo que permanece nas paisagens manufaturadas, uma das coisas de que é feita a realidade, incluindo as pessoas que serão responsáveis por erguê-la, por fazer a sua manutenção. O início do *negro drama* "entre o sucesso e a lama".

> "Ah, e como um rio, tenho corrido desde então"
> — Sam Cooke, *A change is gonna come*

Dessa vez, a música não caracteriza o que será analisado no texto: trata-se de um aceno a um futuro desprendido do entrelaçamento infernal de tempos que tem a raça em seu coração. Um futuro, portanto, "livre do fardo da raça", para usar as palavras de Achille Mbembe, palavras que repetem a proposição mais radical da filosofia de Frantz Fanon. De que adianta se prender, de maneira excessiva, ao passado nos arquivos da escravidão, à própria escravidão como uma cena originária, se não é para pensar no que, *desde o início*, foi a luta contra a realidade imposta pelas práticas coloniais? Chega de uma obsessão com os arquivos da escravidão — e seus silêncios e suas lacunas — acompanhada por acenos vagos à fabulação de outros futuros. Nosso problema é a organização melancólica de nosso olhar para o passado, que nos faz repetir, para o delírio das audiências brancas, que somos ainda o ser-despossuído do passado. Sim, pode ser que, em parte, sejamos mesmo, mas e daí?

> "Apenas me prometa uma batalha, pela sua alma e pela minha"
> — Gil Scott-Heron, *Your soul and mine*

Antes, por ter sido pensado como uma meditação sobre identidades raciais, o capítulo se chamava "Negro da casa, negro do campo, continua negro" (*The story of O. J.* de Jay-Z). A mudança vem do rumo inesperado que o ensaio tomou: uma comparação entre o processo de autonadificação do afropessimista Frank Wilderson — da ocupação de um *eu*-lírico que se diz "nada" — e a luta espiritual dos monges e das monjas do deserto nos primórdios do cristianismo, de um cristianismo fugitivo e dissidente em relação ao império. No deserto, essas pessoas se tornaram não o *eu* que luta contra o demônio, mas o próprio campo dessa batalha, com zonas de indistinção entre monge/monja e o demônio que se interioriza na alma como um pensamento ou uma imagem. Que demônios carregamos em nós, como isso afeta a possibilidade de dizer quem somos se não podemos mais ser quem podíamos ser antes de tudo isso? Gil canta: "Se você avistar o abutre em sua direção, voando em círculos em sua mente, lembre-se de que não há como escapar, pois de perto ele lhe seguirá: apenas me prometa uma batalha, por sua alma e pela minha".

Agradecimentos

Em primeiro lugar: ao Leonardo Araujo Beserra e à equipe da GLAC (Cris Ambrosio, Juan Rodrigues e Ana Godoy) pelo acolhimento da proposta, pela confiança, pela paciência, por todo o trabalho. A todas as pessoas que contribuíram de uma maneira ou de outra, lendo e comentando os ensaios, conversando sobre as ideias aqui apresentadas: Bruno Amorim, Claudio Medeiros, Diego Gondim, Julia Alves, Juliane Bianchi, Stefano Harney, Rubens Akira. À turma da disciplina de Estética II do Programa de Pós-Graduação em Filosofia da Universidade Federal do Rio de Janeiro, que tem discutido comigo o primeiro ensaio do livro, discussões que me ajudaram a melhorar o texto nas revisões finais. Por fim, à Faperj pelo financiamento de minha pesquisa e a minha supervisora Carla Rodrigues.

Sobre a autoria

Victor Galdino é filósofo, professor e tradutor. Mestre e doutor em Filosofia pela Universidade Federal do Rio de Janeiro, onde concluiu sua graduação, também tem formação em Psicanálise pela escola Corpo Freudiano. Até o lançamento deste livro, vinha realizando seus estudos de pós-doutorado em Filosofia na UFRJ, com a pesquisa "Desfazendo a partilha colonial do sensível: do arquivo da escravidão ao arquivo fenomenológico".

Este percurso de estudo contínuo com a filosofia se dá pela repetida experiência de não-entendimento que Victor Galdino teve com este campo do saber, logo no primeiro período do bacharelado, especificamente em um curso sobre o pensamento do filósofo alemão Martin Heidegger, que analisava as proposições no livro *Ser e tempo*. Galdino acredita que sem essa experiência, a de nada compreender, jamais teria mudado de futuro, ou seja, não teria permanecido com o problema ao longo de tantos anos de estudo, pois, como tantos colegas do período, queria ter trabalhado com arte, cinema, cultura. Assim, o autor escolheu um caminho, expressamente explícito aqui, em *Imagens da noite: ensaios sobre raça e racialização*: não-entender, desentender, entender; começar de novo, mais uma vez, até a última vez; tal como se dá a tentativa constante de compreender e formular conceitos próprios, que possam funcionar diante de um pensamento que existe quase que metalinguisticamente no interior das múltiplas configurações linguísticas do pensar, e (por que não?) posteriormente ser propositivo. Além disso, sendo especialista em Filosofia do Imaginário, ocupando-se precisamente das maneiras como fabricamos as associações, as ordens e as fronteiras de acordo com as quais vivemos e pensamos, Galdino define-se como um pensador "pós-analítico pós-continental", uma brincadeira séria que acompanha uma crença na circulação pelas diferenças como forma de ser fiel ao pensamento, não às escolas e aos seus limites.

Por fim, Galdino traduziu com outras pessoas os livros: *Tudo incompleto* e *Mais uma vez, subcomuns: poética e hapticalidade*, dos estudiosos da tradição radical negra Fred Moten e Stefano Harney, ambos publicados pela GLAC edições, respectivamente em 2023 e 2024; *Desfazendo gênero*, publicado pela editora da Unesp em 2022, *Sentidos do sujeito* e *Que mundo é este? Uma fenomenologia pandêmica*, ambos publicados pela Editora Autêntica em 2021 e 2022, todos de autoria da filósofa Judith Butler. Sozinho, traduziu recentemente *Liberdade como quilombagem*, do antropólogo Neil Roberts, que se encontra no prelo pela editora Papéis Selvagens.

IMAGENS DA NOITE:
ENSAIOS SOBRE RAÇA E RACIALIZAÇÃO
Victor Galdino

AUTORIA   Victor Galdino
EDIÇÃO   Leonardo Araujo Beserra
COEDIÇÃO E PREPARAÇÃO   Ana Godoy
REVISÃO   Michele Mitie Sudoh
DESIGN CAPA E DIAGRAMAÇÃO   Leonardo Araujo Beserra
PROJETO GRÁFICO MIOLO   Namibia Chroma Estúdio

GLAC edições
COORDENAÇÃO EDITORIAL   Leonardo Araujo Beserra
COMUNICAÇÃO   Cris Ambrosio
COMERCIAL   Juan Rodrigues

© Victor Galdino, Rio de Janeiro, novembro de 2024

© GLAC edições, São Paulo, novembro de 2024
Praça Dom José Gaspar, 76, conj. 83, Edifício Biblioteca,
Centro, São Paulo – SP, 01047-010 • glacedicoes@gmail.com

Dados Internacionais de Catalogação na Publicação (CIP)
de acordo com ISBD

G149i

Galdino, Victor

Imagens da noite: Ensaios sobre raça e racialização / Victor
Galdino ; organizado por GLAC edições. - São Paulo : GLAC
edições, 2024. 256 p. ; 12cm x 19cm.

Inclui índice, apêndice e anexo.

ISBN: 978-65-86598-33-9

1. Filosofia. 2. Filosofia negra. 3. Afro-diáspora. 4. Raça.
5. Racialização. 6. Violência. 7. Imaginal. 8. Colonialismo.
9. Identidade. 10. Significação. 11. Sensibilidade. 13.
          Representação. I. GLAC edições.   CDD 100
2024-3450   II. Título.   CDU 1

Elaborado por Odilio Hilario Moreira Junior - CRB-8/9949

Índice para catálogo sistemático:
1. Filosofia 100
2. Filosofia 1

Este livro foi impresso nos papéis Avena 80gr (miolo) e
Supremo LD 250gr (capa), nas fontes das famílias Arial,
Times New Roman e Field Gothic em novembro de 2024
pela Gráfica Graphium.

#Inegociável

Deveria ser impensável que, diante da normalidade capitalista-
-colonial, a vida seja percebida como excesso pelos governos
ocidentais. Que as práticas de engendramento das inversões
de mundo em outros mundos diante do violento e espetacular
cotidiano sejam concebidas como "revolta de minorias" pelas
sociedades liberais. Aqui, nesta série de livros, tais considerações
não se erguem; ao contrário, em vez de serem rechaçadas, elas
nem mesmo se levam em conta. Por isso um título junto ao
subtítulo na vertical, como uma flecha ereta pronta para uso,
e um homenzinho, símbolo da fugitividade do presente, em
horizontalidade com a autoria do texto, que experimenta e realiza
comunas radicais em autoexílio. A vida não é uma exceção; a
separação é que é a convenção. Por quilombolas insurreições
silenciosas, impalpáveis e opacas: uma serpente marinha que
espreita o mínimo movimento do continente, ataca e o envenena
com a perda da submissão a terra, a ordem!

UM EXISTIR IMPAGÁVEL